博士后文库

中国博士后科学基金资助出版

沥青混合料疲劳性能评价与对比

黄 明 著

科学出版社

北 京

内 容 简 介

沥青混合料的疲劳性能关系到路面的多种损坏，此性能纳入规范指标是今后混合料设计的大势所趋。此前的研究经验多集中于基质沥青，而我国在较高等级公路的路面均采用改性沥青，因此本书主要对改性沥青混合料的疲劳性能进行研究。将常用改性沥青和新型改性沥青混合料疲劳性能展开评价与对比的研究，涵盖 70#基质沥青、SBS 改性沥青、橡胶沥青、Terminal Blend 胶粉改性及其复合改性沥青和环氧改性类沥青，给出了基于性能分级的设计建议。另外对疲劳性能试验方法、定义、判断标准、疲劳性能影响因素、自愈合对疲劳性能的补偿等进行了相关方面的系统研究。

本书适合高等院校交通运输工程等相关专业的高年级本科生和研究生阅读，也可供从事沥青路面技术的设计、施工等专业的工程技术人员参考。

图书在版编目(CIP)数据

沥青混合料疲劳性能评价与对比/黄明著. —北京：科学出版社，2016
（博士后文库）

ISBN 978-7-03-050310-7

Ⅰ.①沥… Ⅱ.①黄… Ⅲ.①沥青拌和料-疲劳-研究 Ⅳ.①U414

中国版本图书馆 CIP 数据核字（2016）第 258102 号

责任编辑：姚庆爽 / 责任校对：桂伟利
责任印制：张 伟 / 封面设计：陈 敬

科 学 出 版 社 出版
北京东黄城根北街 16 号
邮政编码：100717
http://www.sciencep.com

北京教园印刷有限公司 印刷
科学出版社发行　　各地新华书店经销
*

2016 年 10 月第 一 版　　开本：B5（720×1000）
2016 年 10 月第一次印刷　　印张：18 1/4
字数：355 000

定价：100.00 元
（如有印装质量问题，我社负责调换）

《博士后文库》序言

博士后制度已有一百多年的历史。世界上普遍认为，博士后研究经历不仅是博士们在取得博士学位后找到理想工作前的过渡阶段，而且也被看成是未来科学家职业生涯中必要的准备阶段。中国的博士后制度虽然起步晚，但已形成独具特色和相对独立、完善的人才培养和使用机制，成为造就高水平人才的重要途径，它已经并将继续为推进中国的科技教育事业和经济发展发挥越来越重要的作用。

中国博士后制度实施之初，国家就设立了博士后科学基金，专门资助博士后研究人员开展创新探索。与其他基金主要资助"项目"不同，博士后科学基金的资助目标是"人"，也就是通过评价博士后研究人员的创新能力给予基金资助。博士后科学基金针对博士后研究人员处于科研创新"黄金时期"的成长特点，通过竞争申请、独立使用基金，使博士后研究人员树立科研自信心，塑造独立科研人格。经过 30 年的发展，截至 2015 年底，博士后科学基金资助总额约 26.5 亿元人民币，资助博士后研究人员 5 万 3 千余人，约占博士后招收人数的 1/3。截至 2014 年底，在我国具有博士后经历的院士中，博士后科学基金资助获得者占 72.5%。博士后科学基金已成为激发博士后研究人员成才的一颗"金种子"。

在博士后科学基金的资助下，博士后研究人员取得了众多前沿的科研成果。将这些科研成果出版成书，既是对博士后研究人员创新能力的肯定，也可以激发在站博士后研究人员开展创新研究的热情，同时也可以使博士后科研成果在更广范围内传播，更好地为社会所利用，进一步提高博士后科学基金的资助效益。

中国博士后科学基金会从 2013 年起实施博士后优秀学术专著出版资助工作。经专家评审，评选出博士后优秀学术著作，中国博士后科学基金会资助出版费用。专著由科学出版社出版，统一命名为《博士后文库》。

资助出版工作是中国博士后科学基金会"十二五"期间进行基金资助改革的一项重要举措，虽然刚刚起步，但是我们对它寄予厚望。希望通过这项工作，使博士后研究人员的创新成果能够更好地服务于国家创新驱动发展战略，服务于创新型国家的建设，也希望更多的博士后研究人员借助这颗"金种子"迅速成长为国家需要的创新型、复合型、战略型人才。

中国博士后科学基金会理事长

序

沥青路面在车辆行驶过程中，承受着压缩、拉伸和弯拉等作用，路面材料将出现不同程度的应变。研究表明，沥青混合料即使在远小于材料极限应变的情况下，长期反复地作用也会导致材料的疲劳破坏，其表现为路面出现裂缝，影响路面使用寿命。因此，研究沥青材料的疲劳特性已成为国内外道路工作者关注的热点。

黄明在攻读博士学位期间，就沥青混合料的疲劳性能进行了大量的试验研究，该书主要就是在此基础上撰写完成的。该书详细论述了为试验选取的多种改性沥青（如 SBS 改性沥青、橡胶沥青、Terminal Blend 胶粉沥青、复合改性沥青、泡沫环氧沥青等）和不同级配类型的混合料，采用四点弯曲小梁进行疲劳试验，并与中点加载试验进行对比。为判断是否发生疲劳破坏，作者采用 AASHTO TP-8 的 N_{f50} 法、ASTM D7460 归一化劲度次数峰值法、耗散能法以及应力-应变 R^2 等四种评价标准，并根据实验结果指出不同方法的适用性。鉴于沥青混合料疲劳寿命受多种因素的影响，其中既涉及材料本身的性能，又有试验方式，如试验温度、加载频率等外在因素的影响，通过回归分析判定了影响疲劳寿命的主要因素，进而建立了几种改性沥青混合料的疲劳寿命预估方程。

近年来，国内外学者都注意到沥青混合料疲劳微裂缝具有自愈合的特性，为此作者对改性沥青混合料的自愈性能进行了试验研究，研究中考虑了不同应变、温度、放置间隙时间等对自愈性的影响，结果发现自愈合特性对延长沥青混合料的疲劳寿命具有积极的贡献，因此对于沥青混合料要正确而全面地评价其疲劳寿命，必须考虑其自愈性，并加以必要的修正。

这里还特别需要提出的是，作者在取得博士学位后，又开展了环氧沥青混凝土施工工艺的创造性研究。环氧沥青混凝土是热固性材料，强度高、刚度大，国内外多用做大跨径钢桥的桥面铺装，但这种材料的最大缺点是施工要求非常高，温度、施工时间都有严格的限制，否则将会严重影响施工质量。作者为了降低其施工温度，延长施工时间，将沥青发泡技术应用到环氧沥青工艺上，使拌和温度降低了 30～50℃。由于施工温度大幅降低，因此大大延长了可施工时间，使施工质量得到有效保证。发泡环氧沥青工艺的开发可以说是一种重要的技术创新。

沥青混合料疲劳试验需要耗费大量的时间和精力，作者不仅具有严谨的科学态度，而且具有不怕疲劳、不怕艰苦的敬业精神，才能够获得如此丰富而有价值的研究成果，应该说作者为深入探究沥青混合料疲劳性能作出了重要贡献。相信该书的出版将为业界同仁提供颇具价值的参考资料。

2016 年 6 月 6 日

前　言

随着交通量的增大，刚性、半刚性基层所带来的面层反射裂缝的增多，路面的损坏由之前单一的车辙问题变成多以疲劳开裂为主、车辙损坏为辅的形式。但无论从混合料性能评价、混合料设计研究，还是从路面结构设计，我国目前对混合料疲劳性能的关注都较为缺乏；再者国内外对疲劳性能研究多集中于基质沥青混合料，对改性沥青混合料的疲劳性能的研究尚不成熟，研究也跟不上我国高等级公路大量采用改性沥青面层设计的脚步。本书将针对这些问题，对基质沥青和多种常用改性沥青混合料进行多种因素影响下全面系统的疲劳性能研究。

本书以沥青混合料的疲劳性能为研究对象，选用当下最为流行且稳定性最高的四点弯曲小梁弯曲疲劳试验方法，此法为美国 AASHTO T321-03 标准，后被我国 JTG E20—2011 纳入规范进行标准化。本书作者进行了大量的疲劳试验，这些疲劳试验均采用了多因素全面设计。读者可通过查阅试验结果，对沥青混合料的疲劳性能在某一种影响因素下进行全面的了解，并且研究过程考虑了沥青混合料的自愈合对疲劳性能的补偿作用。通常而言，高温和疲劳性能是矛盾的，这导致推行考虑高温和疲劳兼顾的混合料设计方法时，不能有失偏颇；现如今的混合料设计，多以高温性能为主，导致疲劳性能会有所缺失，路面体现出来的因疲劳开裂所带来的破坏比比皆是，而如果考虑疲劳性能更多，那么会不会出现高温性能的不足？因此，在进行混合料设计时，混合料的疲劳性能自愈合效果是值得认真思考的，只有更加全面地分析疲劳性能，才能在设计中做到两者兼顾。自愈合的研究日渐增多，定量地分析方能指导混合料的精确设计，今后的高温、疲劳兼顾设计中亦值得推崇开来。

本书不求达到理论和方法的多而全，而力求研究能够新颖和实用，本书内容主要为作者近年来攻读硕士、博士以及在博士后工作站期间所完成的有关混合料疲劳性能研究成果的提炼，并吸收了国内外同行的研究成果。在本书的研究、试验和撰写过程中，得到了同济大学黄卫东研究员的悉心指导和帮助，是他引领我进入了沥青这个斑斓的世界。在相关课题和论文开题过程中，作者曾经得到上海市政工程设计研究总院（集团）有限公司的温学钧教授级高级工程师、徐健教授级高级工程师，同济大学吕伟民教授、李立寒教授和李淑明副教授的指导和帮助，另外，同济大学博士研究生李本亮为 1.2 节～1.6 节的部分内容提供了宝贵的科研资料。作者在此向他们表示深深的感谢。

由于作者水平有限，书中难免存在不妥之处，恳请广大读者批评指正。

黄　明

2016 年 6 月于上海

目　　录

第1章 绪 论

1.1 研究背景与意义

疲劳性能，即材料在重复荷载的作用下抵抗出现破坏的能力[1]。鉴于交通量的增加、重载超载的出现、半刚性基层的普遍使用、水泥路面的黑色改造工程的深入等，疲劳破坏是目前沥青路面出现的最多的损坏之一[2]。根据最新的报告和调研结果可知，实际情况是大部分路面出现的是开裂而不是车辙[3-5]。这种破坏形式的关键在于混合料的疲劳性能的不足，疲劳性能的不足源自混合料设计中没有体现出疲劳性能的重要性。

目前国内外对基质沥青混合料的疲劳性能研究较为普遍，但对改性沥青混合料的疲劳性能的研究尚不成熟，也未形成一套规范的体系，这是由于改性剂的加入，改性沥青的组成变得十分复杂，影响沥青性能的因素变得更多，黏弹性状态的体现并没有基质沥青明显，之前的基质沥青的规律并不适合改性沥青[6]。由于交通量的急剧增加，我国目前大量使用改性沥青，沿用国外的基质沥青研究经验已经不再适合，建立全面的评价现行多种改性沥青混合料疲劳性能的体系是十分有必要的。

在疲劳性能评价的过程中，值得注意的是：常规沥青混合料在疲劳损伤后具有一定的愈合功能，这已经得到了国内外广泛的认可，未考虑自愈合的疲劳寿命与实际路面疲劳寿命相差很大；此外，美国亚利桑那州的工程实践发现，橡胶沥青路面出现裂缝往往出在路肩或停车带上，行车带上的裂缝较少或较细[7]，这说明适当的行车荷载对于橡胶沥青路面的疲劳有一定的帮助。Kim等也认为作为改性剂的聚合物是长分子链时，能够明显观测到沥青具有自愈合现象[8]，这说明相对基质沥青，改性沥青具有更好的自愈合性能。因此，有必要在设计过程中的疲劳性能中考虑自愈合的效果。

在混合料设计层面，我国的热拌沥青混合料设计采用马歇尔设计方法，设计过程中最常用的两个核心试验是马歇尔试验和车辙试验，试验指标要求在备选方案中马歇尔稳定度达到最大和车辙动稳定度尽量高，进而限制设计时的沥青用量与空隙率，在设计过程中考虑稳定度、流值，这导致设计出来的混合料沥青用量不能过高，空隙率不能过小[9,10]；在沥青胶结料层面，常用的是三大指标和黏度，或是一些科研单位使用的SHRP指标高低温分级[11]；这一套设计方法体现了对沥青混合料高温稳定性的重视，这主要是因为马歇尔设计取自国外多年基于柔性基层的设计经验,柔性基层最大的隐患在于出现路面车辙损坏[12];在路面设计层面,路表弯沉值的限制是对路基沉降和路面车辙的一个综合控制[13],仅在层底拉应力的限制上体现了一定的对疲劳性能的担忧,但最大拉应力是一个极限破坏值,它与疲劳破坏之间有一定关联,但并不能直接转换[14],故路面设计层面也不体现疲劳性能的重要性。

在改性沥青混合料的使用日渐广泛的情况下,不同沥青混合料的疲劳寿命是关注的方向之一,需要完善不同沥青混合料的疲劳寿命和一般规律认识[15]。尽管各种改性沥青广泛应用于路面,但很多都是试验性质的,改性沥青用在路面上究竟性能如何?优异到何种程度?如何根据需要选择改性沥青?考虑与不考虑自愈合因素对沥青混合料疲劳寿命的影响程度有多大?不同材料的愈合能力对疲劳寿命的愈合能力定量影响程度如何?已知改性沥青混合料疲劳特性,如何针对性的进行路面应用设计?尽管已有部分研究对上述几个方面进行了探索,但其研究对象、研究深度均难以回答上述问题。需要对改性沥青材料的疲劳性能、疲劳演变规律、自愈合性能等进行系统研究。

已有研究大部分考察基质沥青混合料的疲劳性能,也有对改性沥青混合料的疲劳寿命研究,但研究零散,未成系统。改性沥青因其优异的性能,具有很好的疲劳性能,需要系统地比较不同改性沥青的疲劳性能。通过改变沥青用量、空隙率、应变水平等因素,考察改性沥青的疲劳特性,获得其疲劳方程,就为相同条件下不同该改性沥青的疲劳性能对比提供了基础,对于工程应用亦具有积极的参考意义。

此外,沥青路面即使出现裂缝,但其在一定条件下可以自行愈合,从而延长其服务期限。由于愈合与沥青紧密相关,已有研究表明,高温、流动性、高沥青用量下愈合能力更好,对于沥青混合料的高沥青用量和改性沥青条件下更需要对其进行关注。所以,目前对混合料疲劳性能的评价体系不完全适用于我国的情况,本书将集中于各种常见的改性沥青混合料的疲劳性能评价、对比和规律分析,通过大量的客观试验数据,建立包括疲劳试验方法、试验标准、影响因子重要性、疲劳行为方程以及标准自愈合环境(条件)在内的系统评价改性沥青混合料疲劳性能的方案,最终提出基于评价和对比的混合料设计建议。对改性混合料的自愈合特性进行研究,并考察其影响条件和规律,对于充分发挥沥青混合料的疲劳寿命具有重要意义。这也是在进行了大量的疲劳试验中所认识的。而各种愈合条件对改性沥青混合料的自愈合能力的影响程度的定量分析与总结,有利于路面设计中疲劳寿命的选用。

在对沥青混合料的一般疲劳特性,以及自愈合特性的研究基础上,要考虑到沥青混合料综合疲劳方程的表达问题。尽管已有很对疲劳方程形式,但其表达或考虑改性沥青较少,或没有考虑沥青混合料的自愈合特性,或没有考虑到同样条件下劲度模量的影响，则通过前述研究将这些因素考虑进疲劳方程中，以更好地表达沥青混合料的疲劳特性。在实践应用时，如果对混合料的疲劳性能有了准确的把握，在混合料设计中提出考虑自愈合的疲劳性能指标进行控制，待将来等效厚度的换算关系得到实际工程验证与确认后，设计出的混合料还可用于减薄沥青路面的结构厚度，这将会降低路面工程造价并延长路面寿命，可节省大量建设成本，产生巨大的社会与经济效益。

1.2　研究现状

1.2.1　多影响因素下沥青混合料的疲劳性能

沥青混合料的疲劳性能的研究经历了一个十分漫长的过程，文献可追述的对沥青混合料疲劳的研究性描述是在 20 世纪六七十年代美国的 Monismith、Pell 分别建立了建立沥青混合料疲劳性能预测方程，从而确立了按应变控制和应力控制疲劳试验模式下经典的疲劳寿命预估模型[16]。他们认为劲度是各种影响因素的集中表现，它与骨料的种类、级配类型、基质沥青、沥青用量、空隙率、应力应变水平和试验温度都有密切的关系。在常应力控制模式下，随着沥青混合料的劲度模量的增加，加载过程中的应变会越来越小，单次破坏的力变小，疲劳寿命会逐渐增长；而在常应变控制模式下，试件在承受一定应变条件下产生的应力增大，导致疲劳寿命减小。因此，Monismith 认为厚沥青层路面，更符合常应力模式，为了获得高劲度的沥青混合料，应采用密级配和高黏沥青；而对于薄沥青层路面，应采用开级配和较软的沥青。另外，温度对沥青混合料的疲劳寿命存在显著的影响。在常应力的控制模式下，疲劳寿命随着试验温度的降低显著增长。但是，在采用控制应变的加载模式，当试验温度较低时，疲劳寿命的变化相对不如前者影响明显；当温度上升时，疲劳寿命增长明显。温度影响着混合料的劲度模量，而劲度模量与疲劳寿命直接相关。试验温度略下降一些，混合料劲度模量增大，在常应力疲劳试验中，相应的疲劳寿命会增长；但是在常应变疲劳试验中，疲劳寿命会缩短。此前的研究表明，温度较低时，加载模式下所检测到的疲劳寿命的结果基本接近。而在较高温度下，两种加载模式的试验结果的差值显著。

随后的美国 SHRP 计划及相关后续研究中，以加利福尼亚大学伯克利分校为代表又对疲劳性能进行了大量研究，并提出了各种各样的疲劳性能预估模型[16,17]，这些研究主要在路面结构设计层面上进行而较少在混合料层面上进行[18]。

随着研究的深入，研究者逐渐将视野拓展到混合料影响因素层面，并有针对性地提出了许多基于这些影响因素的模型。

Finn 等认为沥青混合料的疲劳特性不仅与应变水平有关，也受混合料劲度模量的影响，建议将劲度模量引入疲劳预估模型；1985 年，Monismith 等提出了采用式（1.1）所示结构方程来预测沥青混合料的疲劳性能[19]，这一结构形式后来在壳牌石油（Shell Bitumen）以及美国地沥青学会（Asphalt Institute）的设计规范中得以进一步应用。

$$N_f = Ck_1\left(\frac{1}{\varepsilon}\right)^{k_2}\left(\frac{1}{E}\right)^{k_3}$$ （1.1）

其中，N_f 为疲劳破坏时的载荷作用次数；ε_t 为施加的拉伸应变值；E 为沥青混合料的劲度模量；C 为实验室与现场修正系数；k_1、k_2 和 k_3 为由通过实验室内试验确定的参数。

该预测模型将沥青混合料的初始劲度模量作为一个影响疲劳寿命的因素加以考虑，因为其可以同时反映试验条件和混合料因素的影响，以简化预估模型中影响变量的优点[19]。式（1.1）是目前沥青混合料疲劳预估模型最为主要的结构形式，绝大多数的沥青混合料疲劳研究都以此为基本结构形式，在此基础上引入各种指标从而得出新的疲劳预估方程，这些不同形式的预估方程在世界各国的沥青路面结构设计中得到了广泛应用[19]。

Finn 等利用之前研究的疲劳试验结果[20]，引入了有效沥青体积 v_{be} 和空隙率 v_a 有关的方程，建立了基于有效沥青体积、空隙率和沥青混合料的动态压缩（复数）模量的疲劳关系式。该模型在美国地沥青学会 AI MS-1 设计手册中得以应用。

El-Basyouny 和 Witczak 在 NCHRP 1-37A 的研究中[21]，对 Finn 研究的参数进行了进一步的修正，提出了基于沥青混合料的动态压缩模量和沥青层厚的沥青层疲劳开裂预估模型。

上述公式在壳牌公司[22]和美国地沥青协会的设计规范[23]中进一步应用。该模型将应变和混合料的模量加以考虑，可以反映出试验条件和混合料因素的影响，具有简化预估模型中影响变量的有点。公式的基本形式也是现在主要使用的疲劳公式，后续研究多从指标参数上或者添加疲劳指标进行改进。

而 AI 在 1982 年采用了混合料体积特性系数 C 来定义疲劳表达，综合考虑沥青体积与空隙率的影响。

$$N_f = 18.4C\left(4.32\times10^{-3}\varepsilon_t^{-3.29}E^{*-0.854}\right)$$ （1.2）

$$C = 10^M$$ （1.3）

$$M = 4.84\left(\frac{V_b}{V_a+V_b}-0.69\right)$$ （1.4）

在 LTPP 疲劳开裂结构的优化与模拟的研究中，文献[24]基于沥青层厚度的沥青层受力模式过渡关系式，在 AI 疲劳方程基础上提出了沥青层疲劳开裂的预估模型

$$N_f = 0.007566\times10^M\beta_{f1}k_1'\left(\frac{1}{\varepsilon}\right)^{3.291\beta_{f2}}\left(\frac{1}{E}\right)^{0.854\beta_{f3}}$$ （1.5）

$$k_1' = \frac{1}{0.000398 + \dfrac{0.003602}{1 + e^{(11.02 - 3.49 h_{ac})}}} \tag{1.6}$$

其中，E 为混合料动态模量（psi）；β_{f1}、β_{f2}、β_{f3} 为标定参数（研究中分别为 1.0、1.2 和 1.5）；h_{ac} 为沥青层厚度（in）。

Xiao[22]提出一种预估疲劳寿命的数学模型，采用了回归分析和人工神经网络（ANN）方法，可以精确地预估再生橡胶沥青混合料的疲劳寿命。

华南理工大学道路工程研究所通过对 618 组国内外应变控制模式下的四点弯曲疲劳试验结果进行多元回归统计分析，结合北京 ALF 试验路的现场验证，引入加载模式系数 MF 指标，构建了常应力、常应变与中间形式的疲劳寿命修正模型如式（1.7）所示[25]：

$$N_f = 5.314 \times 10^{17} \left(\frac{1}{\varepsilon}\right)^{3.973} \left(\frac{1}{E}\right)^{1.579} (\text{VFA})^{2.720} \left(\frac{1}{1 + e^{-5.790\text{MF}}}\right) \tag{1.7}$$

其中，N_f 为实际路面疲劳寿命；MF 为加载模式系数；ε 为应变水平（10^{-6}mm/mm，微应变）；E 为沥青混合料动态抗压模量（MPa）；VFA 为沥青饱和度（%）。

Harvey 等创立了对控制应变的疲劳试验结果，他们的试验统计相关性表明，沥青填隙率和混合料劲度模量的相关性不太密切，建立了基于沥青用量、空隙率与应变水平的疲劳寿命预估方程[23]。本模型建立在大量的试验基础之上，具有很好的概括性。

$$N = 2.2953 \times 10^{-10} e^{0.594\text{AC} - 0.164\text{AV}} \varepsilon_t^{-3.73} \tag{1.8}$$

其中，N 为混合料疲劳寿命；AV 为空隙率(%)；AC 为沥青用量(%)；ε_t 为应变。这是比较有效的预估混合料疲劳寿命的方程形式，也是与本书较为相近的方程形式。

美国 SHRP-A-404[26]则通过对大量试验的分析，提出了如下方程：

$$N_f = K_1 \exp(K_2 \times \text{VFB}) \varepsilon_t^{-K_3} (S_0')^{-K_4} \tag{1.9}$$

其中，N_f 为疲劳破坏性时的载荷作用次数；VFB 为沥青填充率；ε_0 为初始应变值；S_0' 为混合料的初始劲度模量损失；K_1、K_2、K_3、K_4 分别为通过试验确定的参数。

而室内疲劳试验有不同的控制模式，如应变控制和应力控制模式，而不同控制模式下的疲劳方程难以相互比较。Monismith 和 Deacon[27]对沥青混合料的疲劳性能研究，针对疲劳加载过程中沥青混合料的强度和劲度逐渐变化，需要考虑到疲劳加载过程中应力和应变水平以那种方式变化即加载模式，而极限的加载模式可由两种明确的试验方法确定，即应力控制（或荷载控制）模式与应变控制（或位移控制）模式。并提出了模式系数（mode factor，MF）的概念，其表达式为

$$MF = \frac{|A| - |B|}{|A| + |B|} \tag{1.10}$$

其中，MF 为模式系数；A 为因 C 模量降低导致的应力变化百分率；B 为因 C 模量降低导致的应变变化百分率；C 为设定的沥青混合料劲度降低百分比。

对于应力控制疲劳试验假定 MF=-1，对应变控制疲劳试验假定 MF=1，而应力和应变控制的中间模式，MF 在 -1～1。

欧洲在疲劳性能的研究上成果也颇丰。

壳牌设计方法中推荐的疲劳方程选用沥青体积 v_b 和劲度模量 S_{mix} 作为混合料影响变量，建立了疲劳关系[24]。

Bonnaure 等汇总了法国、英国、荷兰和比利时的 5 个研究中的 146 个疲劳试验数据（其中 75 条为控制应力，71 条为控制应变），用统计方法进行分析，取沥青针入度指数 PI、沥青体积 v_b 和弯曲劲度模量 S_{mix} 为影响因素变量，整理出了控制应变和控制应力两种模式下的疲劳行为方程[28,29]。

Witczak 等假设控制应变模式适用于厚度≤5cm 的薄沥青层，控制应力模式适用于厚度≥20cm 的厚沥青层；对于中间厚度的沥青层，其疲劳寿命介于两种模式之间。并在 Bonnaure 建立的疲劳关系式基础上，提出了按沥青层厚度过渡的疲劳关系[30]。

法国道桥中心实验室（LCPC）在《法国沥青混合料设计指南》[31]中提出了建立在直接拉伸试验的预估。

$$\varepsilon_6 = 10^{-4}[-A_0 + A_1(1-\Gamma) + A_2 E_{0,300s}] \tag{1.11}$$

其中，ε_6 为在 10℃及 25Hz 时的疲劳试验下的经过 10^6 次循环的可容许应变；Γ 为线性损失（应变从 50×10^{-6} 增加到 500×10^{-6}，线性损失是应变为 500×10^{-6} 的模量值与 0 变形时的模量值减小的比率）；$E_{0,300s}$ 为温度为 0℃、加载 300s 时的模量。

疲劳性能的关系式中的 ε_6 和线性损失量 Γ 分别是根据 Linder 和 Montier 的数据库建立的。

另外还给出了沥青含量 TL 和相应的压实度变化 ΔC 的预估公式：

$$\Delta\varepsilon_6 = 3.3\Delta C \tag{1.12}$$

$$\varepsilon_6 = (-125 + 72TL - 4.85TL + 3.3\Delta C)\times10^{-6} \tag{1.13}$$

该公式建立在集料密度 2.85g/cm³ 和 40/50 等级的沥青基础上，在配合比调整时，当对于胶结料含量低于 7%时，沥青含量每增加 1%，ε_6 可以提高 $25\mu\varepsilon$。

上述的研究成果大都建立在普通沥青的基础上，在应用上有局限性，一般难以推广到改性沥青混合料上，而关于改性沥青疲劳方程的研究较少，加州大学伯克利分校对常规改性沥青混合料性能进行了研究[32]，对几种改性沥青的疲劳性能进行了疲劳性能测试，并回归出了疲劳性能预估方程，但预估方程中沥青用量、级配与空隙率都是固定的，只是基于应变水平一个变量的预估方程，尚难以看出这种改性沥青疲劳性能的全貌[29]。

试验手段方面，目前大部分都是采用四点小梁弯曲疲劳试验，最开始出现四点弯曲小梁试验的是在 1969 年，加利福尼亚大学伯克利分校的 Monismith 实现了控制应力四点弯曲疲劳试验，建立基于混合料复数模量和应力水平下的室内疲劳寿命预估模型[27]。除此之外也有其他一些方法。例如，Guo[33]提出了利用 APT 做现役柔性路面疲劳寿命预估的方法，有效地结合了四点弯曲梁疲劳和野外足尺试验。Jiménez 等[34]用一种名为 Félix 试验的三点小梁疲劳试验检测沥青混合料疲劳性能，相比四点小梁较为简单，也可以得出混合料小梁的劲度模量和耗散能。试验考虑了温度因素对疲劳的影响。此方法较为简便，适用于简易的实验室。Kim 等[35]采用了一种单轴压缩模型（uniaxial constitutive model）对原样基质沥青进行了控制应力和控制应变的疲劳性能的研究，且能够简洁有效地反映沥青混合料的黏弹性。

目前国内在进行沥青路面混合料设计时，由于之前主要参照国外柔性路面以车辙为依据的设计经验，然而近十年来由于疲劳开裂引起的反射裂缝成为半刚性路面与水泥路面加罩最主要的损坏，才开始引起我国学者和工程人员的注意。目前国内的研究集中在单个基质沥青或者改性沥青混合料的疲劳性能，和一些基于力学的基础研究，研究点较散，且缺乏一定的深度。

华南理工大学的虞将苗对基质沥青、SBS 改性沥青与 SBR 改性沥青的疲劳性能进行了评价，回归了在不同可靠度下的疲劳性能预估方程[36]，袁燕对改性沥青胶浆的疲劳性能进行了研究[37]，吴旷怀对大样本条件下沥青混合料疲劳进行了深入研究[38]，郝培文等对不同级配类型沥青混合料抗疲劳特性进行了研究[39]，李智慧等对沥青胶结料疲劳性能研究现状作了分析[40]，黄卫、邓学钧对沥青混合料疲劳响应新模型进行了研究[41]，朱洪洲等对柔性基层沥青路面疲劳性能及设计方法进行了研究[42]，仰建岗对基于局部应变预估沥青路面疲劳开裂寿命进行了研究[43]，周志刚对交通荷载下沥青类路面疲劳损伤开裂进行了研究[44]，张华对注式沥青混凝土（GA）疲劳性能进行了研究[45]，这些研究对于沥青混合料及疲劳性能的深入认识起到了重要作用。

1.2.2　疲劳寿命定义标准的研究

1. N_{f50} 法

此法是目前现行判断方法中最为直观便捷的方法。在沥青混合料应变控制疲劳试验中，使用最为广泛的疲劳判断标准为 50%的初始劲度模量衰减，并作为 AASHTO T321[46]的标准。考虑到实验仪器的调整和稳定，选取第 50 次的劲度模量作为初始劲度模量。然而有研究认为 50%劲度模量衰减是一个主观的选择。例如，1993 年的 AAPT 论文中，对这些标准的选用表述如下：应变控制——50%是工业上应变控制试验已经采用的准则,工业准则是试验完全断裂时停止试验,然而,在荷载保持恒定的试验中,需要确定一个可操作的限制来停止试验,以防止 LVDT 等或设备的其他部分对试件造成破坏[47]。之后 Hopman 等提出使用能量比来作为判断疲劳破坏的工具,在能量比和加载次数的图中,能量比会随着加载进行而增加,但能量比曲线偏离初始阶段拟合的直线时,认为发生了疲劳破坏,在 W_n-n 关系图中,在疲劳破坏点 N_1 处关系线斜率出现显著变化,此变化一般在弯拉复数模量减少 40%处,并认为此处出现断裂破坏,这是传统疲劳试验判断标准的理论依据,因此不少研究提出了基于 40%劲度模量为定义破坏的修正的概念。

许多试验证实了疲劳破坏发生在 40%的初始模量降低处。据此,SHRP-A303 中推荐 50%的初始劲度模量减少作为疲劳试验的判断标准,即疲劳寿命 N_{f50} 法,形成 AASHTO TP-8 标准[46-48]。Zhou 等[49]认为 N_{f50} 仅仅是在试件产生裂缝时对应的加载次数,而完整的疲劳寿命应该包括裂缝的产生和扩张至断裂阶段。对于 50% 劲度模量的衰减,因其相对标准为第 50 次的劲度模量,而第 50 次劲度模量的变化会造成疲劳寿命的较大波动,对于初始劲度模量较小的试件反映更明显,试验结果的应用还需众多修正系数。对于大应变,尤其当面临使用改性沥青的情况,加载造成的加热会造成试件劲度模量的迅速降低而使得疲劳寿命显著减小,导致 50%时劲度模量采集的偶然性加大。Yoo[50]也提出了采用 N_{f50} 法很难区别弹性和塑性形变的范围。

虽然 N_{f50} 法运用至今存在不少争议,但它仍是评价疲劳寿命的常用经验方法,它具有准确和便捷的确定方式,有大量实践指导和规范指南作为参考。

2. N_{fNM} 法

N_{fNM} 法中文可翻译为归一化劲度次数积峰值法。它源自美国 ASTM D7460 中的方法,最先由 Rowe 和 Bouldin[51]提出,他们借用应力控制模式下的能量比 $R_n^s = nE_n^*$ 作为应变控制疲劳判断的载体。在 nE_n^* - n 关系图中,nE_n^* 在其达到峰值处对应的作用次数作为疲劳寿命,采用归一化劲度次数积方法对试验结果进行分析。试验表明,如果试验在 50%劲度模量减少处(即传统的疲劳实验法方法),则一般不能获得 $N \times M$ 的峰值,使用 Rowe 和 Bouldin 推荐的试验至 20%初始劲度模量,一般的沥青混合料试验均能达到 $N \times M$ 峰值,而本书研究的改性沥青混合料,甚至直到 5%~10%初始劲度模量的程度,才出现 $N \times M$ 的峰值。

该方法已纳入 ASTM D7460 指南[52],依照此法制定了 Normolized modulus 疲劳寿命定义新法。具体的定义为:疲劳寿命点被定义为归一化劲度次数积在荷载次数图中达到峰值时的加载次数,依旧设定第 50 次的劲度模量为初始劲度模量。对归一化劲度次数积的获取如下。

归一化劲度次数积（Normolized modulus×cycles，NM）为

$$NM = \frac{S_i N_i}{S_0 N_0} \qquad (1.14)$$

其中，NM 为归一化劲度次数积；N_i 为加载次数；S_i 为第 i 次加载时时间的劲度模量；S_0 为初始劲度模量，取第 50 次加载时的劲度模量；N_0 为初始次数，取 50。

当 $N×M$ 达到最大值时，N_f 即为材料的疲劳破坏次数。虽然公式中提出了初始劲度模量选取第 50 次的劲度模量，这是一个定值，$N×M$ 虽与 S_0、S_i 和 N_i 有关，但它的最大值出现时的横坐标与 S_0 无关，故此时的 N_f 与 S_0 的取值无关。由于 S_0 和 N_0 是固定值，本书在接下来的计算过程中省去 S_0 和 N_0 的计算，直接记 $S_i×N_i$ 为 $N×M$。

3. 应力应变回线法

类似动态剪切流变试验（DSR）试验中沥青的应力和应变，混合料也具有这种类似的黏弹性。根据黏弹性的原理，疲劳试验过程中，无论应力控制模式还是应变控制模式，应力应变的输入输出都不会完全在一个重合的相位上。对于应力控制模式，输入应力（或力）保持不变，输出应变（位移）会逐渐变化；应变控制模式则应变保持不变，输出应力逐渐变化；随着疲劳变形的深入，应力或应变回归曲线会发生变形，与原始的曲线会越来越"不像"，从统计学上表述即两者的相关性越来越小，这种变化如图 1.1 所示。

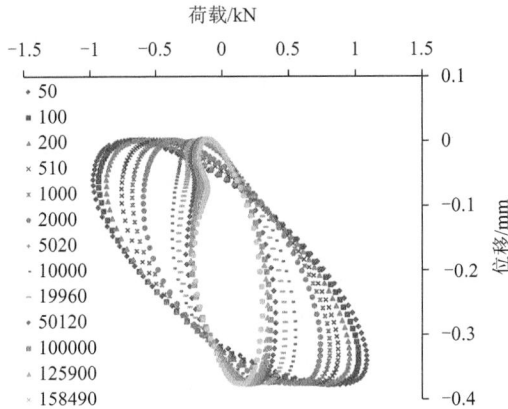

图 1.1 应变控制试验中荷载-位移滞后环

Al-Khateeb 和 Shenoy[53]通过观察应力-应变回线提出了一个疲劳破坏新定义的方法，即二者提出连续加载的输出与初始加载的输入之间的 R^2 统计相关性作为疲劳破坏标准。在疲劳试验的某个时间点，会明显观察到在应力-应变回线（或者在正弦波形图中）上出现一个明显的扭曲或偏移，这个点即疲劳开裂的开始，出

现很大的扭曲或偏移时则认为达到完全破坏。但这只是一个定性的评价。

在疲劳试验中，在试件还是完整的，没有任何损坏时，当正弦波形应变加载到试件上时，一个正弦波应力会在试件中产生，相应的应力-应变回线也是平滑的。随着持续加载，材料开始出现微裂纹，这些微裂纹会来带不均匀应力，应力响应回线也就随之变得扭曲，过了这个点之后，疲劳破坏渐渐发展。经过最初的应力-应变回线的细微扭曲之后，扭曲开始变得剧烈。

一般应力-应变曲线是根据荷载-位移曲线表征的，因此，应力-应变回线的变化能够通过荷载-位移正弦曲线观察得到。应力响应的正弦曲线一开始是平滑的，随着破坏的产生，变得扭曲并最终变得平坦，表明应力响应不再根据应变而变化。

Al-Khateeb 和 Shenoy 在他们早期研究的基础上于 2009 年提出了用定量的方法评价这一破坏标准的方法[54]。该书译为"统计数值 R^2 法"（R^2 Statistic）。

在应力控制疲劳试验中，R^2 代表应力曲线与最初连续循环曲线的相关性，可通过统计方法计算出来。R^2 会在 0～1 变化，此法的计算和验证会在第 2 章中完成，并判断其适用性。

4. 耗散能法

人们在疲劳问题提出的同时，就注意到疲劳过程中的能量耗散现象。随后人们又发现疲劳损伤的产生、累积以及疲劳破坏都与疲劳过程中的能量吸收和累积有密切的关系。耗散能法可分为耗散能变化率法和 Hopman 的耗散能偏离法。Carpenter 和 Jansen[55]提出使用耗散能变化率（ratio of dissipated energy change，RDEC）反映累积损伤和疲劳寿命间的关系，继而 Ghuzlan 和 Carpenter 验证和扩展了这种应用，Carpenter 等使用 RDEC 作为一个能量参数来描述 HMA 的疲劳损伤。RDEC 公式为

$$\text{RDEC} = \frac{\text{DE}_{n+1} - \text{DE}_n}{\text{DE}_n} \tag{1.15}$$

其中，RDEC 为每次加载的耗散能变化率；DE_{n+1} 为第 $n+1$ 次加载产生的耗散能（kPa）；DE_n 为第 n 次加载产生的耗散能（kPa）。

使用 RDEC 作为一个能量参数来描述沥青混合料的疲劳损伤，该理论首先阐述了在疲劳加载过程中试件产生的应力和应变不完全同步，成正余弦变化，如图 1.2 所示，它是由每一个循环中的变化所对应的应力所带来的应变所绘出的曲线，可以称为迟滞回线，应力-应变曲线所覆盖的面积代表了每次循环荷载的做功，即一次循环外界做功消耗的能量，此能量会带来材料的损伤。对于线性黏弹性材料，在弯曲疲劳试验中，每次循环荷载的能耗由式（1.16）计算。耗散能法更多地用于处理沥青混合料的疲劳响应问题，多作为一种试验结束后的能耗分析。这一方法的主要特点是疲劳试验中的总能耗和循环荷载的重复作用次数之间存在某

一特定关系，耗散能法严格意义上不能脱离 N_{f50} 法，而是一种基于已知疲劳次数后的经验回归的方法。

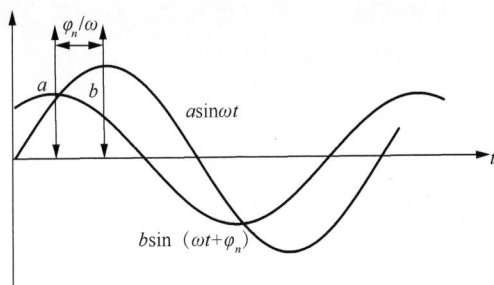

图 1.2　疲劳试验中应力和应变相应曲线

Hopman 的耗散能偏离：在疲劳试验过程中，因为沥青材料的黏弹性，荷载的作用具有一定的延迟性，表现为一个加载周期内应力和应变的响应不是线性而是形成环形，该环构成的区域面积对应着一个周期的耗散能。耗散能环的形状伴随着疲劳试验过程不断变化。耗散能的计算如下：

$$W_n = \pi \varepsilon_n \sigma_n \sin \varphi_n \qquad (1.16)$$

其中，W_n 为第 n 次荷载时的耗散能；ε_n 为第 n 次荷载产生的应变振幅；σ_n 为第 n 次荷载产生的应力振幅；φ_n 为第 n 次荷载作用下应力和应变相位移。

在 RDEC 和次数的关系图中，可以看到损伤曲线分为三个阶段：快速下降阶段、平稳阶段、迅速上升阶段。RDEC 能够估计没有产生损伤而以其他形式耗散的能量，这就指明了一次加载过程相比前一次加载过程对混合料造成的损伤及具体比例。在初始阶段后会出现一个平稳的阶段——表明有稳定比例的能量转化为对混合料的损伤。Ghuzlan 发现 RDEC 在破坏的第三阶段与 N_{f50} 存在必然的联系，且 PV（plateau value，即 RDEC 变化到一定程度的稳定值）能由含有 N_{f50} 的方程计算，那么 PV 与 N_{f50} 就必定有某种拟合关系[55]，但试验过程中的数据采集间隔 m 不是定值，因为开始间隔小，后续随着数据量的增多采集间隔增大，一般使用对数坐标等间隔采集，这样就给 PV 计算带来了不便，而且耗散能变化率方法需对耗散能进行回归，易造成较大误差，且对于大应变不适用。Ghuzlan 等[56]的研究也发现 PV 对初始加载状态十分敏感，不便于控制。

Shen[57]研究发现疲劳寿命和累积耗散能两者都与混合料性质和试验条件分不开关系。它们受到混合料类型、参数、试验系数、试件空隙率、试验方法、过程和温度等多重因素的影响。目前较多地认为损伤和累积作用下的耗散能的差值有关，但截至目前，考虑了耗散能理论的试验仅体现在弯曲疲劳试验上，尚需进一步研究它能否用于其他类型疲劳试验和沥青路面疲劳设计中。

疲劳试验中每次加载对应的耗散能不仅反映了加载的应变特性，同时反映出了混合料材料的特性。同时每次加载的耗散能也反映了加载方式的不同，如图 1.3 所示，在应力控制条件下，耗散能随着加载次数的增加而增加，而在应变控制条件下则随着加载次数的增加而减少，在应用耗散能的疲劳寿命预测模型中，模型都是针对某种加载模式下的而没有通用的模型。

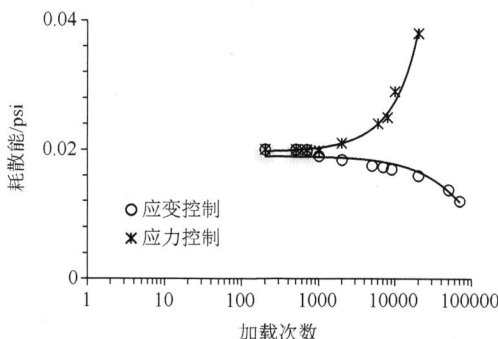

图 1.3　应力和应变控制疲劳试验过程中耗散能变化图[57]

Carptener 等从耗散能变化情况出发，将 RDEC 与传统的 50%劲度模量降低的疲劳寿命建立关系，认为使用与路面实际疲劳相关的一个适中损坏积累点，正如非改性沥青的 50%劲度模量衰减或者改性沥青的更多模量衰减的疲劳，可能与材料的经受多种损伤积累的真实破坏点相关。

通过计算联系两次耗散能的变化差值，RDEC 能够估计没有产生损伤而以其他形式耗散的能量，这就指明了一次加载过程相比前一次加载过程对混合料造成的损伤及具体比例。在 RDEC 和次数的关系图中，可见损伤曲线可分为三个阶段：快速下降阶段、平稳阶段、迅速上升阶段。在初始阶段后会出现一个平稳的阶段——表明有稳定比例的能量转化为对混合料的损伤。

Hopman 建议在应变控制模式下，使用能量比来判断疲劳破坏，其疲劳破坏点 N_1 定义为微裂缝产生到断开处。能量比 ER 定义为

$$ER = \frac{nw_i}{w_n} \qquad (1.17)$$

其中，n 为荷载作用次数；w_0 为第一次荷载作用产生的耗散能；w_n 为第 n 次荷载作用产生的耗散能。

在能量比和加载次数关系图上，能量比曲线偏离线性处就认为发生了疲劳破坏，如图 1.4 所示。

对于能量比，Ghuzlan 等[56]则通过如下公式定义：

$$ER = \frac{\sum\limits_{i=1}^{n} w_i}{w_n} \qquad (1.18)$$

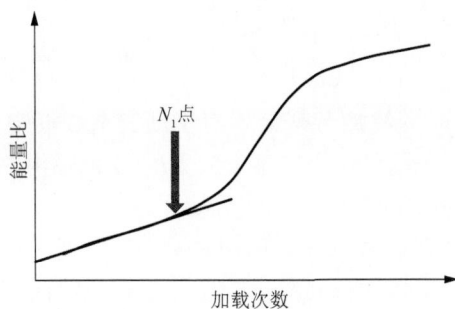

图 1.4　能量比与加载次数关系示意图[57]

对疲劳破坏点的定义也是能量比曲线偏离线性处。

对于正弦或半正弦加载模式下，Hopman 的能量比可表示为

$$\mathrm{ER} = \frac{n(\pi\sigma_0\varepsilon_0\sin\delta_0)}{\pi\sigma_i\varepsilon_i\sin\delta_i} \tag{1.19}$$

在应变控制模式下，应力为应变 ε 和劲度模量 S 的乘积，则能量比可表示为

$$\mathrm{ER} = \frac{n(\pi\varepsilon_0^2 S_0\sin\delta_0)}{\pi\varepsilon_0^2 S_n\sin\delta_n} = \frac{nS_0\sin\delta_0}{S_n\sin\delta_n} \tag{1.20}$$

Rowe 等[51]认为 $\sin\delta$ 的变化对于 S 的变化很小，故可将式中 $\sin\delta$ 之比看做常数，式中就只剩一个变量，就推出了应变控制疲劳试验下的能量比为

$$\mathrm{ER} \cong \frac{n}{S} \tag{1.21}$$

Rowe 对疲劳破坏的标准与 Hopman 和 Pronk 相似。

$$a_0 N_f + a_1\frac{(1+N_f)N_f}{2} = A'N_f^2 \tag{1.22}$$

对于控制应力的疲劳试验，每一次荷载的能耗随着荷载重复作用次数的增加而增加；对于控制应变的疲劳试验，每一次荷载的能耗随着荷载重复作用次数的增加而减小。

1.2.3　疲劳演变规律与损伤规律及表达

沥青混合料的疲劳特性方面，沥青混合料在低于其破坏强度的多次重复荷载作用下，会出现疲劳破坏，对这种低于强度的疲劳破坏的研究在金属材料领域有非常广泛的研究。在金属材料投入应用前，都会对其完整疲劳性能进行研究，即需给出金属材料的应力-寿命曲线（S-N 曲线，或 Wohler 曲线）。同样，对于沥青浑混合料材料，由于沥青的黏弹性特点，其疲劳特性也存在类似金属的变化趋势，也存在疲劳极限，在不同的应力比/应变条件下，其疲劳性能变化不是一致的。通常的沥青混合料疲劳特性，均未给出半对数坐标下的线性回归，即基于疲劳寿命

与应力/应变的回归公式 $N_f = \alpha \left(\dfrac{1}{\sigma}\right)^{\beta}$ 来给出混合料的疲劳方程。该方程无法预估疲劳极限以下的应力/应变的疲劳寿命，对于沥青造成沥青混合料一次断裂的疲劳，亦无法给出预测，方程仅仅为在某一应力/应变范围内的疲劳特性，而没有给出沥青混合料的全应力/应变范围内的疲劳特性。

张华[45]对 GA 浇注式沥青混合料的四点弯曲疲劳研究中，根据劲度模量的变化规律将加载分为三个阶段，并将劲度模量缓慢发展阶段后的劲度模量迅速减小的第三阶段作为定义为疲劳裂缝出现区域，通过对第二阶段的线性回归确定模量稳定衰减点和疲劳破坏转折点。针对浇注式沥青混凝土疲劳性能的影响因素，根据特征的不同分为内在因素和外在因素两大类进行研究。内在因素有混凝土设计、施工工艺、原材料性能和养护过程产生的影响因素；外在因素包括外部环境如空气、湿度、温度以及荷载因素。并在因素影响研究的基础上，建立针对高劲度模量浇注式沥青混凝土的疲劳破坏判断方法，对以往常规的疲劳破坏判断方法和新判断方法进行对比研究。另外，将浇注式沥青混凝土与高弹改性 SMA-10、改性沥青 AC-10 三种材料进行不同使用条件下的疲劳性能对比。

对于第二阶段的线性回归，采用 $S_N = S_0 - \alpha N$，劲度模量衰减率 $\alpha = \mathrm{d}S / \mathrm{d}N$，本书作者认为 α 与应变水平有关，同时从研究中可以看出对于不同的温度 α 也不同，即对于某种混合料劲度模量衰减率与应变水平和加载温度有关，而与沥青用量等关系不大，则可以考虑将 α 作为不同材料的疲劳变化特性的一个指标。

同时发现对于 GA 混合料第一阶段模量降低 80%左右而荷载次数仅占疲劳寿命的 5%～10%，而模量缓慢发展的第二阶段占疲劳寿命的额 70%～85%。

分析沥青混合料四点疲劳加载试验中，李本亮[58]对橡胶应力吸收层的研究也发现，模量变化的三阶段明显，初始阶段 6.6%的总作用次数造成 60%的劲度模量衰减，而中间阶段约 10%的劲度模量衰减对应总作用次数的 73.4%。吴旷怀[38]亦发现初期的 10%～20%的 N_f 作用次数造成 25%～35%的模量衰减，而之后的 80%～90%的 N_f 作用次数只造成 15%～25%的模量衰减。可见对于沥青混合料的疲劳试验，疲劳过程中其模量的衰减与作用次数不是成比例对应的。而能够反映沥青混合料疲劳特性的最重要阶段在模量缓慢变化的阶段，此阶段是一个稳定的衰减，从前述分析可见此阶段极大部分的加载次数仅仅对应少量的模量衰减，同时为便于分析，可以作为沥青混合料的一个疲劳特性指标来分析。

吴旷怀[38]将同等条件下大样本沥青混合料的常应变控制下进行小梁弯曲疲劳试验，发现不同试件的疲劳寿命相差较大，但疲劳破坏过程均是类似的。采用 20%初始劲度模量为破坏标准，并采用残留模量比 $\alpha = E_i / E_0$ 和循环次比 $\beta = N_i / N_f$ 通过 $\alpha = A e^{-\frac{\beta}{B}} + C$ 来分析混合料的疲劳过程。并通过疲劳损伤分析发现试件疲劳损伤服从统一的幂指函数衰减规律，呈现出明显的非线性，与经典的 Miner 线性累计损伤理论不同，其通过广泛应用的疲劳损伤的公式 $D = 1 - \dfrac{\tilde{E}}{E}$ 推导出试验用沥青混合料的疲劳损伤演化规律： $D = 1 - \alpha = 1 - Ae^{-\frac{\beta}{B}} - C = 0.4975 - 0.3257e^{-\frac{N_i}{0.3390N_f}}$。

1.2.4　不同沥青混合料的疲劳性能对比

由于我国是使用改性沥青的大国，因此不同沥青混合料之间的疲劳性能对比在我国近期研究中比较常见。

朱洪洲等[59]提出了适用于疲劳试验过程中的沥青混合料的损伤演化规律，建立了一个科学的疲劳破坏标准，阐明了一种疲劳破坏的定义方法与荷载作用模式无关。对比不同结构组成对沥青混合料的影响，选用 BP 神经网络和遗传算法相结合的方法，分别以疲劳性能、高温稳定性以及综合性能为目标进行了沥青混合料性能优化设计。通过对 AC13、AC20、ATB25 三种类型沥青混合料试件进行了常应变三分点小梁弯曲疲劳试验发现，由于密实型沥青混合料含有较多的沥青胶浆，其疲劳性能一般较嵌挤型沥青混合料更好。分析了柔性基层沥青路面的疲劳性能特点，并提出了基于疲劳的路面结构设计方法，旨在从结构上探索延长路面使用寿命的途径。

谢晶等[60]选用四点弯曲疲劳试验来评价木质纤维、聚丙烯腈及矿物纤维等三种纤维对 SMA 疲劳性能的影响，认为在相同应力水平下，掺加聚丙烯腈 SMA 的疲劳寿命最长，掺加矿物纤维 SMA 次之，掺加木质纤维 SMA 较差。

孙兆辉等[61]通过在 MTS810 上采用应力控制模式进行小梁弯曲疲劳试验发现，SAC20 级配与 LAC20 级配抗疲劳性能基本相等，而 AC20 级配抗疲劳性能则明显优于其余两个级配。

刘宏富等[62]对相应的四种沥青混合料进行了三点弯曲疲劳对比试验。结果表明：不同温度时，三种沥青的抗疲劳性能大小顺序一致，优劣次序为 SBS 改性沥青>A-70#沥青>A-30#沥青。无论 AC-20 还是 AC-25，在相同应力条件下，A-30#硬质沥青混合料的疲劳寿命都要优于 SBS 改性或 A-70#沥青混合料。

虞将苗[36]对 SBS 改性沥青 SMA、SBR 改性沥青 SMA 以及复合改性浇注式沥青混合料进行四点弯曲疲劳试验研究，发现相同应变水平下，SBS 改性沥青 SMA 具有较长的疲劳寿命，复合改性浇注式沥青混合料次之，而 SBR 改性沥青 SMA 的疲劳寿命则最小。

相对而言，目前国外针对不同沥青混合料的疲劳寿命的对比较少，国内大多针对基质沥青和 SBS 改性沥青进行了一些较为零散的研究，为获得常见的改性沥青混合料的疲劳寿命全貌以对设计施工提供参考，有必要对常见的各种改性沥青混合料进行全面的、基于所有常见路用状况和自愈合环境下的疲劳寿命对比。在研究过程中，亦会涉及一些新诞生的改性沥青，功能性较强有发展潜力的改性沥青。

1.2.5 沥青混合料设计中对疲劳性能的考虑

此部分包括了许多未能细分的杂项。这些均是混合料疲劳性能对于混合料设计所起到的影响，有些已纳入规范，但大多数还是停留在研究层面，没有纳入设计指标。

McLeod 认为基于疲劳性能与沥青混合料的有效沥青用量有关的考虑，他首先提出了最小 VMA 标准问题[63]；Campen、Smith、Erickson 等进一步发展了最小 VMA 标准，通过最小 VMA 标准，保证混合料中最小沥青用量，从而保证混合料的疲劳性能与耐久性[64]。Superpave 混合料设计方法使用了最小 VMA 标准，但 VMA 技术要求并不高；SMA 混合料设计的 VMA 技术要求大大提高（大于 17%），其疲劳性能明显提高[65]。

考虑到 bottom-up 疲劳开裂从下面层开始，美国提出了下面层采用富沥青层的思想，以提高疲劳性能[66]；周富杰等提出了高温与疲劳性能平衡的沥青混合料设计思想[67]，并且通过 Overlay tester 试验实现了对疲劳性能的检验，但其研究主要基于普通沥青与常规改性沥青，沥青用量提高幅度有限；浇注式沥青混凝土是高沥青用量的混合料，空隙率基本为零，所用沥青以硬沥青为主[68]。

法国沥青混合料设计方法中提出的混合料水平 4 设计，这个水平通过水平 1 的旋转压实和水敏感性试验，水平 2 的轮辙试验和水平 3 的劲度模量试验后，通过疲劳的测定。水平 4 的混合料的疲劳试验用于大型的工程，目标层承受疲劳，采用锥棱柱试件两点弯曲疲劳试验[31]，此设备的精准度不足，每种设计的结果复现率不高，试验误差较大，而且其设计是基于前面 3 个水平的，并未将疲劳作为首要考虑因素，仍不能很好地解决疲劳损坏的问题。

壳牌公司的 Strata 混合料沥青用量在 9%左右，空隙率在 1%左右，所用沥青为 SBS 高黏度改性沥青，SBS 在沥青中掺量较普通改性沥青高 50%，相应混合料疲劳寿命可达 50 万次（$1250\mu\varepsilon$）以上[69]，但混合料的高温性能不足，所用的类似 AC-5 的级配较细，施工时难以控制；国内武汉理工大学、哈尔滨工业大学、长安大学、东南大学、长沙理工大学等也开发有基于 SBS 高黏度改性沥青、高沥青用量的混合料[70-74]，上述几种改性沥青虽然具有很好的疲劳性能，但其沥青用量较高，适用的范围仅限于应力吸收层。

ARAC-13 橡胶沥青混合料也采用高黏度、高沥青用量的设计思想，但混合料在高沥青用量下高温性能较好[75]；从结构能力（弯拉疲劳）和抗反射裂缝能力（剪切疲劳）等效角度来看，橡胶沥青混合料相当于两倍厚度的普通沥青混合料[76,77]。沥青用量的显著上升导致混合料的成本上升，但从路面结构等效厚度来看，实际成本反而降低；但目前橡胶沥青混合料主要用于上面层，因此级配主要为间断级配，且所用级配单一，空隙率较大。如果将其考虑用于中、下面层，通过对沥青用量、空隙率及级配的调整，疲劳性能还有较大的提升空间。

1.2.6　自愈合性能的研究

1. 自愈合的存在和影响因素

许多工程材料在使用过程中都具有自愈合的性质，沥青混合料也不例外。Bazin 和 Saunier[78]最先指出了在荷载间隔期沥青混凝土的拉伸强度会恢复，这是自愈合性能的研究雏形。

Kim 等[79]在传统的弯曲梁实验的加载间歇期中，引入了一个长达 24h 的愈合时间，最终发现沥青的疲劳寿命提高了一倍多，而这取决于所用的沥青类型。

Carpenter 等[80]通过疲劳试验解释了中低应变下疲劳行为的不同，用耗散能法证明了自愈合确实存在。同时发现在低应变水平下或在较长的荷载间歇时间下，自愈合现象较为明显，并解释了为什么在工程实际中添加改性剂可以增加混合料的疲劳性能。

Castro 等[81]的试验提出了考虑自愈合后的疲劳寿命的指标，让研究者和实践者意识到忽略荷载间歇期的自愈合会导致疲劳寿命出现严重偏差的事实，但 Castro 的试验也仅验证了基质沥青混合料在常规沥青用量范围以内的自愈合疲劳寿命，且仅考虑发生在时间间歇期的自愈合。因此，要获得准确的疲劳寿命，必须考虑多方面因素的沥青混合料的自愈合能力。

Zhang[82]通过间接拉伸试验，指出对常规的沥青混凝土，存在一个损伤临界点，在该临界点之前为微观损伤，损伤可愈合；而在该临界点之后为宏观损伤，损伤不可愈合。

虞将苗[83]在中沥青层疲劳开裂预估模型研究专题中总结了 AI 疲劳模型疲劳次数 Nf-AI 与众多试验段的实测疲劳寿命 Nf-Field 对比，如图 1.5 所示。

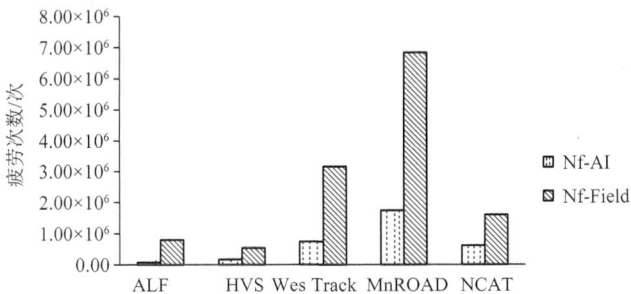

图 1.5　AI MS-1 疲劳开裂预估寿命和实际现场寿命的对比

由于 AI 疲劳模型疲劳次数 Nf-AI 根据实验室数据拟合得到，图 1.5 的对比结果反映了通过实验室疲劳试验获得的疲劳寿命是与真实情况有相当大的差距的，而实验室的疲劳试验是在固定频率、固定温度、短时间内完成的，与现场环境有很大的不同。

针对聚合物改性沥青，Kim 等[79]认为作为改性剂的聚合物是长分子链时，沥青具有较高的自愈合速率，且初期的自愈合速率（10s 以内）与范德瓦耳斯力（非极性组分的表面张力）成反比。他们都不认为聚合物可以有效地增强沥青自愈合速率。

在工程实际中，人们观察到沥青路面的裂缝经过长时间的无荷载或者夏季升温，裂缝数量会减少。沥青路面的这种裂缝愈合能力是沥青的一种本质特征，通过愈合可以延长沥青混合料的疲劳寿命。而从试验室疲劳寿命的测试一般采用连续加载模式，即无间歇的方式，室内疲劳寿命用于路面设计需要有修正系数。各国有考虑沥青自愈合能力的修正系数，英国的 Pell 建议愈合修正系数为 5，Brown 建议为 20，SHELL SPDM(1987)中为 5，而比利时 BRRC 为 7.1，荷兰 DWW 中为 4[84-86]。

通过沥青混合料的自愈合行为研究不仅能够理解沥青混合料疲劳特征，获得更为真实的沥青混合料疲劳寿命，并为室内试验结果与现场疲劳性能的差异提供一种补偿，且对于充分认识和利用沥青混合料的自愈合性能做好准备，具有重要的理论和应用研究价值。

考虑到愈合需要间歇时间，而室内模拟有连续加载和间歇加载模式。连续加载模式又可以分为连续加载单次间歇模式（图 1.6）和连续加载多次间歇模式（图 1.7），间歇加载模式（图 1.8）主要差异体现在加载时间和间歇试件比上。各种加载模式的不同，疲劳寿命的延长也不同。间歇加载可以较好地模拟连续车流下的加载间歇，以及多次加载多次间歇的愈合情况，但在疲劳试验中，采用间歇加载难以考虑温度升高等对愈合的影响（疲劳试验需要控制试验温度），就需要采用连续加载与单次间歇结合的比较。同时，连续加载过程也是对混合料疲劳的损伤过程，对混合料进行疲劳损伤，造成混合料内部的微裂缝产生，进而观察其愈合恢复，重点关注的是损伤后的愈合。

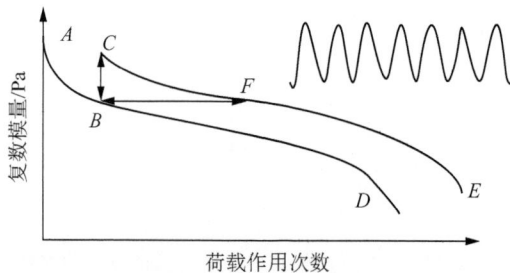

图 1.6　连续加载单次间歇自愈合试验示意

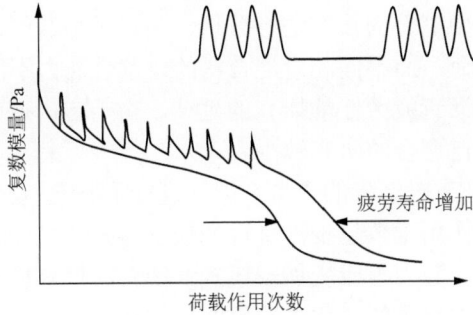

图 1.7　连续加载多次间歇自愈合试验示意

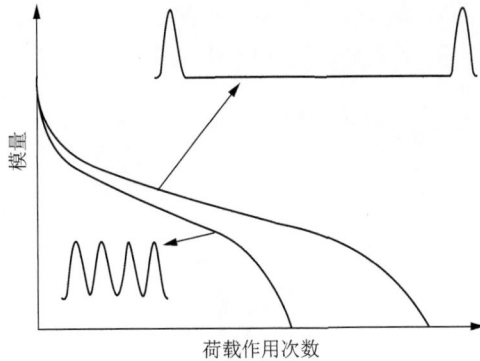

图 1.8　间歇加载自愈合试验示意

　　自愈合研究中，关于沥青愈合影响的因素，已有研究发现了沥青官能团的化学特性（如链长、链分支）与沥青胶结料的愈合能力的关系。愈合的一种机理是分子从开裂界面上的自扩散。润湿是指开裂界面互相接触的过程，而本质性愈合是润湿开裂界面随试件而获得强度的过程。润湿可由力学性能（包括黏弹性）和材料表面自由能来表征，而本质性愈合测初始阶段由沥青表面自由能表征，随后随时间的本质性愈合由沥青胶结料分子在开裂界面上的自扩散来表征。亦有通过分子模拟技术来分析沥青组成分子的自扩散效能[87]。并建立润湿和愈合方程来分析愈合过程及所受因素的影响[88]。

　　研究通过采用包含间歇的 1.1s 加载系列（0.1s 加载，1s 间歇）进行三分点沥青混合料小梁的位移控制疲劳试验，并比较间歇和非间隙的疲劳曲线，发现间歇后沥青混合料疲劳寿命增加 5～10 倍[89]，验证了沥青混合料自愈合的作用。

　　Daniel 验证了采用振动冲击方法用于沥青小梁的愈合特性，动态弹性模量随着温度的升高而降低，而经过间歇后动态弹性模量恢复，而疲劳间歇期微裂缝的闭合和沥青混合料的自愈合造成试件劲度模量的增加。愈合或劲度模量的值随着间歇其温度的升高而增加，试验的两种沥青混合料愈合能力不同[90]。

　　沥青砂试件的扭转试验，并采用动模量变化、伪劲度模量变化、应变耗散能对动态力学分析试验中试件的损伤进行分析，验证了加载间歇期的自愈合延长了沥青混合料的疲劳寿命，而不同沥青混合料的自愈合能力不同[91]。

自愈合的研究是沥青疲劳性能研究的延续，由于国内疲劳研究在时间和深度上还缺乏积累，故对自愈合的研究较少。

单丽岩[92]通过DSR对沥青的自愈合能力进行了研究，发现间歇时间越长沥青性能恢复越好，荷载作用次数越少沥青性能恢复越好，温度越高沥青性能恢复越快，不同的加载模式（应力与应变加载模式）沥青的自愈能力不同。同时，通过观察间歇前后沥青复数模量的变化，发现间歇加载模式下沥青的疲劳曲线仅在大于间歇前模量的部分发生变化，当达到间歇前模量后仍然按照连续加载模式的变化规律变化。且通过沥青断面扫描发现在沥青出现银纹前停止荷载作用，时间足够长，沥青的模量可以完全恢复。图1.9～图1.11均选自单丽岩的研究[92]。

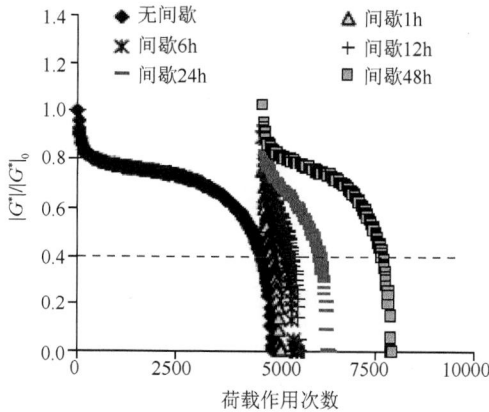

图 1.9　A沥青应力控制模式恢复曲线（初始模量的40%停止加载）

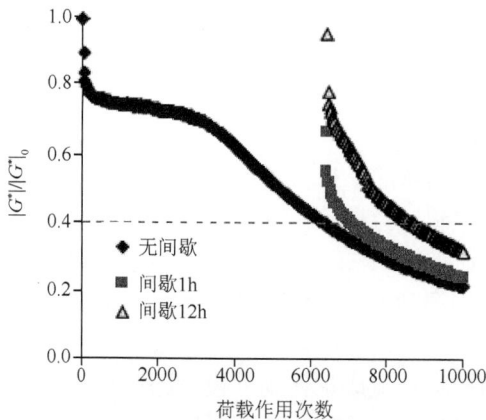

图 1.10　B沥青应变控制模式恢复曲线（初始模量的40%停止加载）

同时，因为自愈合和触变性均可导致沥青性能的恢复，其研究通过修正模量-相位角关系曲线来分析二者区别，发现荷载作用初期沥青模量的降低是由触变性造成的，但沥青试验内部出现银纹后沥青模量的恢复是由触变性和分子界面作用力共同造成的。

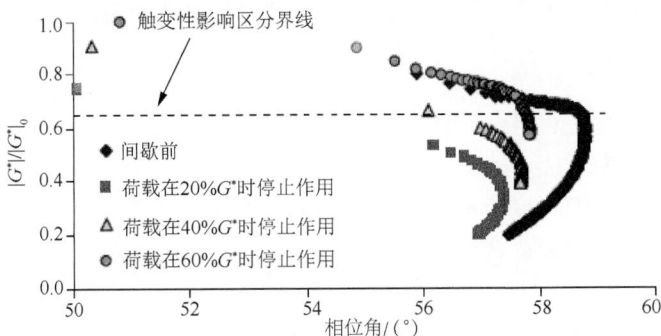

图 1.11　A 沥青修正模量-相位角关系（应变控制模式）

单丽岩通过沥青的自愈性研究，详细分析了沥青的自愈能力，其结论对沥青混合料的自愈研究有积极的参考意义，尤其是触变性的影响，在沥青混合料的愈合试验中也需要引起注意[92]。需要区分出来愈合的作用，不是所有的模量恢复都是由愈合造成的。对于低应变的荷载，例如，在其承受极限以下，加载后其模量的恢复可能就不是自愈合造成的，而可能是沥青混合料的触变性等造成的。

姜晥[93]通过 DSR 试验，选用沥青胶浆的复合剪切模量衰减和恢复程度作为沥青胶浆的愈合评价指标，结果表明荷载次数增加，胶浆愈合能力变弱，且应力控制模式下愈合能力随应力增大和试验温度降低变差，SBS 改性沥青胶浆自愈合能力优于基质沥青胶浆，而老化沥青胶浆相比基质沥青胶浆要差。

孙大权等[94-96]通过综述沥青混凝土的自愈研究，分析了沥青混凝土自愈合的评价指标和试验方法，对自愈合的评价上需要考虑损伤程度的影响；自愈合能力增强技术可分为混合料自身组成的主动增强技术和外来方法加速裂缝愈合或封闭的被动增强技术；温度是影响沥青混凝土自愈合行为的关键因素之一，而自愈合理论解释和愈合方程的应用有待进一步完善。

上述研究均针对沥青的自愈合能力进行研究，但沥青混合料才是路面的真正行为主体，其行为与沥青性能有所差异。对于不同沥青，其与集料的形成过程与黏附性是不同的，体现在沥青沥青混合料上则也不同，单纯研究沥青的自愈合性能，不能够反映出沥青混合料在路面上的真实情况。国外对于沥青混合料的自愈有一定的研究，但其对象多为基质沥青，且较少考虑愈合温度和荷载等条件对愈合能力的影响，同时其考虑愈合的修正系数仅仅针对的是疲劳试验温度下的 i 系数，其适用性有待验证。对于愈合的疲劳寿命修正，因为愈合主要发生在荷载作用下或者夏季炎热温度下，所以需要考虑愈合温度和时间对愈合能力的综合影响。

栾利强[97]通过 AC-13C 的不同温度下的直接拉伸疲劳试验，采用间歇加载模式（单次加载加间歇时间系列），通过不同的间歇时间分析沥青混合料的愈合能力。发现相同条件下，经过间歇的沥青混合料疲劳寿命明显长于无间歇时间的疲劳寿命，但间歇试件达到 0.5s 后（10Hz 加载频率）间歇时间对疲劳寿命的影响不明显。其采用的是间歇加载模式，没有给出间歇对疲劳寿命的定量影响分析。

2. 自愈合模型

Carpenter 和 Shen[98]用疲劳时的耗散能变化率（RDEC）和所谓的平稳值（PV）来量化评价间歇期对疲劳寿命的影响。Pronk 等[99]也基于能量观点建立了一个适用于沥青混合料的部分愈合模型；之后，Shen[57]借鉴了混合料评价中运用的 PV 法对沥青胶浆的疲劳和愈合性能进行了研究，发现与混合料测试中观察到的变化趋势大体相同，并建立了拟合模型。

Rashid 等[100]也提出了一个疲劳自愈合模型，此模型可以基于试验数据的预测沥青混合料不同荷载次数和荷载间歇时间下的拉压反复蠕变恢复试验结果。

3. 自愈合的试验和观测方法

Kim[101]运用无损检测仪 NDE 在 MMSL3 试槽中对沥青混合料的自愈合进行研究，认为应力波影响法的效果最好，此法可进行准确的分析相位速度并获取有效的取样深度。运用应力波和超音速检测两种仪器均能成功地评价出两次加载之间的相位速度的恢复程度。最后，通过观测相位波速，可以确定沥青混合料在加载间歇期的自愈合恢复程度。

Kessler 等[102]利用 DSR 直观地评价了沥青胶浆的疲劳性能和自愈合性能，沥青样品被放置在连续加载的状态下，不同试件分别经历 40min 和 6h 的间歇期，而后对材料的响应再次进行检测。在他的成果中指出，愈合的间歇期对材料响应影响显著，尤其在即将破坏之前的间歇期，愈合效果十分明显。

谢涛[103]通过 CT 图像，观察了试件内部裂纹的扩展情况，并可由此判断其破坏模式及应变特性。谢涛的研究认为，通过 CT 显示空隙在损伤演化中的作用和影响比较显著，对试件的变形起着控制作用；加载速度影响着混合料内部裂纹的扩展速率和发育程度；温度显著影响混合料的极限强度和裂纹扩展行为。

自愈合评价指标上，使用模量评价自愈合能力最为普遍，因为其是材料对外在荷载的一种相应表现形式，且是沥青和混合料试验中最重要的一种材料参数。也有使用自愈合前后寿命比来进行表征。

单丽岩[92]通过对沥青疲劳-流变机理的研究，采用 DSR 在不同应力和应变控制条件下研究沥青的疲劳性能并同时考虑其自愈合性能。在自愈合的评价上，她采用了三种愈合指标 HI，即初始模量比愈合指数 HI^1、疲劳曲线斜率愈合指数 HI^2、荷载作用次数愈合指数 HI^3，其计算公式为

$$HI^1 = \frac{\left|G^*\right|_{after}}{\left|G^*\right|_{initial}} \times 100\% \qquad (1.23)$$

其中，$\left|G^*\right|_{initial}$ 为间歇前动态模量（MPa）；$\left|G^*\right|_{after}$ 为间歇后动态模量（MPa）。

而通过将疲劳曲线首尾两点连线的斜率变化来评价沥青的自愈能力，提出了 HI^2：

$$HI^2 = \frac{D_{before\,rest}}{D_{after\,rest}} \times 100\% \qquad (1.24)$$

$$D_i = \frac{\left|G^*\right|_{initial} - \left|G^*\right|_{terminal}}{N} \qquad (1.25)$$

其中，D_i 为破坏率；$\left|G^*\right|_{initial}$ 为间歇前/后的初始动态模量（MPa）；$\left|G^*\right|_{terminal}$ 为间歇前荷载停止作用时的动态模量（MPa）；$D_{before\,rest}$ 为间歇前动态模量随加载次数减少的切线斜率；$D_{after\,rest}$ 为间歇后动态模量随加载次数减少的切线斜率。

图 1.12 为 HI^2 示意图。其中，D_0 表示 $D_{before\,rest}$，D_1 表示 $D_{after\,rest}$。

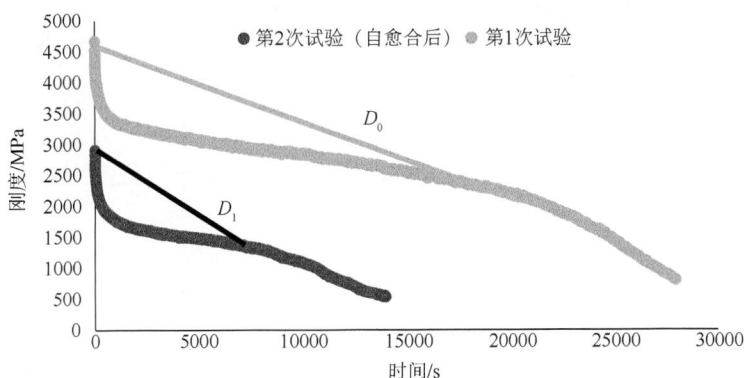

图 1.12　沥青疲劳评价指标示意图

考虑间歇前后疲劳曲线的接近程度，也采用前后疲劳寿命延长率来表征，但因应变控制模式下后期模量变化很慢（作用次数非常大），导致间歇前沥青状态变化不明显，作者引入结束与初始模量比进入，HI^3 计算如下：

$$HI^3 = \left(\frac{\left|G^*\right|_{terminal}}{\left|G^*\right|_{initial}}\right)\frac{(N_{after} - N_{before})}{N_{before}} \times 100\% \qquad (1.26)$$

其中，$\left|G^*\right|_{terminal}$ 为初始动态模量（MPa）；N_{before} 为间歇前的荷载作用次数；N_{after} 为间歇前的荷载作用次数。

通过对四种沥青在不同加载模式（应力/应变）、不同疲劳结束条件、不同间歇时间的愈合情况研究，发现HI^1可以反映沥青短期的愈合能力，但仅能反映初始模量的恢复情况，不能反映沥青抵抗荷载作用能力的恢复程度。HI^2指标中含有初始模量，使得其不仅受承受荷载作用次数恢复能力的影响，也受初期恢复能力的影响，此指标不适用于评价沥青承受荷载作用能力的恢复程度。HI^3能够反映沥青荷载模式的影响，同时不受初始模量恢复能力的影响。因此，最终选用了初始模量比愈合指数HI^1和荷载作用次数愈合指数HI^3评价沥青的愈合能力。

通过比较有无间歇的疲劳寿命比作为愈合能力的指标是一种普遍做法，同时还有通过间歇前后劲度模量比评价指标。考虑到疲劳试验耗时较长，对于疲劳寿命较少的混合料采用疲劳寿命的比值来表征，对费时超长的混合料可以考虑采用劲度模量的比值来表征。同时，结合前述疲劳寿命判断标准的分析，采用归一化劲度模量积的判断方法相比50%的劲度模量降低会增大混合料的疲劳寿命，使疲劳试验时间极大地延长，则对于高性能的改性沥青，使用劲度模量来进行表征愈合能力。

4. 自愈合研究的分析概括

这些研究大多针对普通沥青，混合料的沥青用量范围较窄（多在6%以下），少量针对高沥青用量的改性沥青混合料进行研究。而目前的疲劳寿命的判断标准即N_{f50}（达到初始劲度模量的50%即认为破坏）法，这种方法对沥青混凝土的愈合能力考虑不足，导致室内疲劳寿命比现场疲劳寿命严重偏小，因此必须将改性沥青混合料的自愈合性能考虑到疲劳寿命中才是全面评价改性沥青混合料疲劳特性的关键。

1.3 学术构想与思路、主要研究内容

1.3.1 学术构想与思路

前期的研究大多集中在对某种沥青混合料的疲劳性能影响因素研究、疲劳破坏判断方法以及疲劳方程的总结性推导，基质沥青及其混合料的疲劳性能研究的较为广泛和深入，这些混合料沥青用量的范围多在常规范围（3%～6%），路面结构亦多以柔性基层最为常见，鲜有各种改性沥青混合料疲劳性能的总体对比研究，检测疲劳性能时较少考虑疲劳自愈合的过程，故用其研究结果对我国现行改性沥青混合料设计较少有借鉴作用。

本书的学术构想是旨在通过对各种改性沥青混合料的疲劳性能进行较为全面的研究，包括对疲劳自愈合的考虑，寻求最为合理的自愈合环境（条件）以及疲劳破坏的判断标准，将通过试验得到的疲劳行为方程从定性的程度推断出在包括高温性能在内的多个因素影响趋势，提出指导混合料的设计的依据，降低路面厚

度和造价，并提高混合料抵抗疲劳开裂和反射裂缝的能力。

沥青疲劳性能的研究，尤其是考虑自愈合的特性，并分析其疲劳损伤演变规律，是对混合料疲劳本质研究的不断逼近。从最开始的给出疲劳寿命，到获得混合料的疲劳方程，尽管研究成果很多，但是将室内试验数据用于路面设计时需要给出很大的修正系数。道路工作者一直追求着对混合料疲劳本质特性的研究，希望通过混合料疲劳本质特性的研究获得混合料"真正"的疲劳寿命，从而可以直接用于指导路面设计。通过对考虑自愈合的疲劳特性的研究，以及疲劳损伤过程规律的研究，正是向"真正"的疲劳寿命获取更迈进一步，同时是对沥青混合料疲劳本质特性的一部分研究。

对于各种改性沥青混合料的疲劳特性的研究以及自愈合和考虑损伤过程的规律的研究，对于直接应用改性沥青混合料以及根据实际需求设计混合料，具有理论探索意义和实践指导意义。

在此学术构想下，本书将拓展混合料的沥青用量范围以及自愈合影响因素的种类，以期全面研究高沥青用量下的改性沥青混合料的考虑自愈合的疲劳寿命，以期支撑混合料设计和拓展混合料使用范围。在提出有效的设计建议之前，有必要对三方面的问题进行深入研究：一是改性沥青混合料材料组成与疲劳性能的关系；二是适于改性沥青混合料的疲劳性能评价方法与标准；三是考虑自愈合性能的各种改性沥青混合料的疲劳寿命的对比。通过这些研究一方面为建立改性沥青混合料设计体系中的疲劳性能指标的打下良好的理论基础，另一方面，将促进更为优质的改性沥青混合料的推广与应用。由于改性沥青混合料良好的疲劳特性，可用于半刚性路面及白加黑防治反射裂缝；考虑到疲劳问题一直是路面厚度设计不能得到突破的瓶颈，考虑了疲劳性能指标的改性沥青混合料的应用可减薄沥青路面的结构厚度。

本书的对象材料为各种改性沥青材料，通过四点弯曲小梁疲劳试验，对各种改性沥青混合料的疲劳特性进行深入研究，包括疲劳方程和疲劳演变规律的分析，从而分析不同给性沥青混合料的疲劳特性。在获得各种改性沥青混合料疲劳寿命与疲劳方程后，比较各种疲劳判断标准对沥青混合料疲劳寿命的影响，并给出对应推荐的方法。然后考虑混合料的愈合性能，以常用的改性沥青为例分析不同改性沥青的愈合能力，分析出愈合条件的影响，在之后的设计中给出标准的自愈合环境（条件）。对疲劳的研究同时考虑混合料的高温性能，分析其疲劳和高温的相对变化。最后给出各种改性沥青混合料的疲劳和高温性能进行比较与分级，同时结合各种改性沥青在路面结构中的应用进行分析，给出对应的建议措施。

学术思路为首先找准我国路面结构的特点，发现产生裂缝的原因，对各种路况进行研究，包括气候、环境、交通量进行详细的分析后，针对具体的沥青种类进行评判，分析出影响沥青及其混合料的疲劳影响因素，进而在试验室内对因素进行变量分析，定量分析出各种因素对沥青混合料疲劳性能和疲劳自愈合的影响程度，提出标准的自愈合环境（条件）；针对基质沥青、SBS 改性沥青、橡胶沥青、PE 改性沥青、岩沥青、硬沥青、Terminal Blend 胶粉改性沥青（在下文的级配或复合改性代号中简称 TB）以及 Terminal Blend 胶粉改性沥青的复合改性沥青混合料进行疲劳性能验证，将进行考虑自愈合后的疲劳寿命叠加效果，推导出各种影响因素下的疲劳回归方程，预估其在各种条件下的疲劳寿命，对上述所有基质沥青和改性沥青混合料的疲劳寿命进行全方位的对比，考虑到疲劳性能与高温性能的矛盾性，然后结合高温车辙试验结果对混合料疲劳性能进行控制和分级；最后将研究结果结合沥青路面设计理论，将其设计指标（既定交通量下的应变量）与疲劳寿命进行等价推算，结合温度场、剪应力场分析将不同的混合料进行高温性能分析，作为辅助设计影响因素，提出混合料设计建议。

1.3.2　主要研究内容

（1）疲劳试验手段的比选。选取中点加载和四点弯曲两种方案，分别选用了 MTS810 试验机和 IPC 公司的 BFA 试验机两种仪器，对比两种方案和两种仪器对于疲劳性能检测的精确度和稳定性。

（2）疲劳破坏判断标准的研究。以既定的疲劳试验方法，通过大量的疲劳试验数据进行数据稳定性分析和观测，对比常用的疲劳破坏判断标准进行研究，确定采用何种标准界定疲劳破坏的发生。对比不同加载次数时的模量作为初始模量对结果的稳定性，并对比不同的疲劳寿命定义标准，研究 AASHTO TP-8 的 N_{f50} 法，ASTM D7460 的归一化劲度次数峰值法，Carpenter 提出的耗散能法以及最新出现的应力-应变 R^2 法，对比四种方法的关系，提出不同沥青混合料的疲劳判断方法的适用性。

（3）影响因素试验。通过既定的方法成型混合料、制备试件、设计试验方案，通过更改不同因素的变量，找准影响这几种改性沥青混合料的疲劳性能影响内部和外部因素，如不同改性剂掺量、油石比、拉拔强度、黏度、试验温度、试验加载频率等，进行小梁疲劳试验观测其疲劳寿命变化，为提出疲劳行为方程作影响因素上的准备。再运用相关性分析影响因素的相关系数，对多因素、多水平的试验设计场合，观察各个指标（或变量）之间的相关程度进行判断，提出适合本例的影响主要因素。

（4）疲劳试验。设计出基于主要疲劳影响因素的疲劳试验，完成每种改性沥青混合料的疲劳寿命的评价，通过前期试验研究，给出影响疲劳性能的主要因素，并基于此进行疲劳方程推导全面试验设计，待通过自愈合疲劳试验修正后最终提出疲劳行为方程。

　　疲劳试验是本书研究的重点，在研究的不同阶段中均会用到疲劳试验。选定影响因素后，采用全面试验设计方法，即考虑多个影响因素下，对选择的几种改性沥青混合料回归出疲劳寿命预估方程。结合研究三种影响因素相关性分析的结论，对影响性最大的几种变量建立与疲劳行为之间的关系进行定量分析。

　　（5）利用 SBS 改性沥青和橡胶沥青两种混合料进行考虑自愈合下的疲劳寿命，考虑不同外部影响因素，应变大小、破坏程度、自愈合时间、温度和放置时荷载强度对自愈合的影响，分析出四种因素对自愈合的影响，提出最为合理和稳定的标准自愈合环境（条件）。再将其他改性沥青在标准自愈合环境（条件）下进行自愈合疲劳试验，进行疲劳寿命的修正。

　　（6）研究 Terminal Blend 沥青的复合改性效果，给出 TB+SBS、TB+岩沥青和 TB+PE 三种复合改性方法，提出疲劳性能优异的最适合 Terminal Blend 沥青的复合改性方案，完成各种改性沥青考虑自愈合后的疲劳寿命对比。

　　（7）以美国 ChemCo 环氧沥青为例，按马歇尔设计方法进行了混合料设计，利用万能材料试验机 MTS-810 试验机完成疲劳试验，并对沥青混合料小梁力学特性进行了检测，从沥青用量、摊铺等待时间、应力比三个影响因素，分析了环氧沥青混合料疲劳性能的变化规律，并回归了环氧沥青混合料的疲劳行为方程。并对自制的泡沫环氧沥青进行配方的比选，而后进行各种性能试验，包括重中之重的疲劳性能试验，对其施工性能进行验证。

　　（8）参考温度场与剪应力场的关系，提出各层混合料的高温性能辅助指标。各层所需高温车辙性能。路面温度场的确定，进一步确定剪应力场，根据剪应力场对于车辙性能的关系确定各层混合料所需高温车辙性能。结合路面设计理论，考虑上、中、下面层各自模量和温度，利用 BISAR 软件计算应变，通过行为方程来确定疲劳次数，由此来分析疲劳行为方程对混合料设计起到的作用，以高温稳定性为辅，完善混合料设计建议。

　　（9）高温性能影响辅助研究。将高温性能作为影响疲劳性能的关键影响因素之一，选用车辙试验，对多维度变量下的沥青混合料进行抗车辙性能的验证，并回归出不同影响因素下动稳定度曲线，利用曲线对在考虑疲劳性能指标的混合料进行物理参数（沥青用量、空隙率等）上的限制。

1.3.3　技术路线

　　本书的研究技术路线分为两线并入式，疲劳性能研究为主线，自愈合性能和高温性能研究为辅线，采用多支线路，主线采用逐层递进的技术线路。如图 1.13 所示，图中矩形框中的内容为实体因素或试验对象，虚线框中的内容为各类影响因素，加黑矩形框中的内容为研究的目标或结论，椭圆框中的内容为试验方法或研究方法，菱形框中的内容为数学手段。

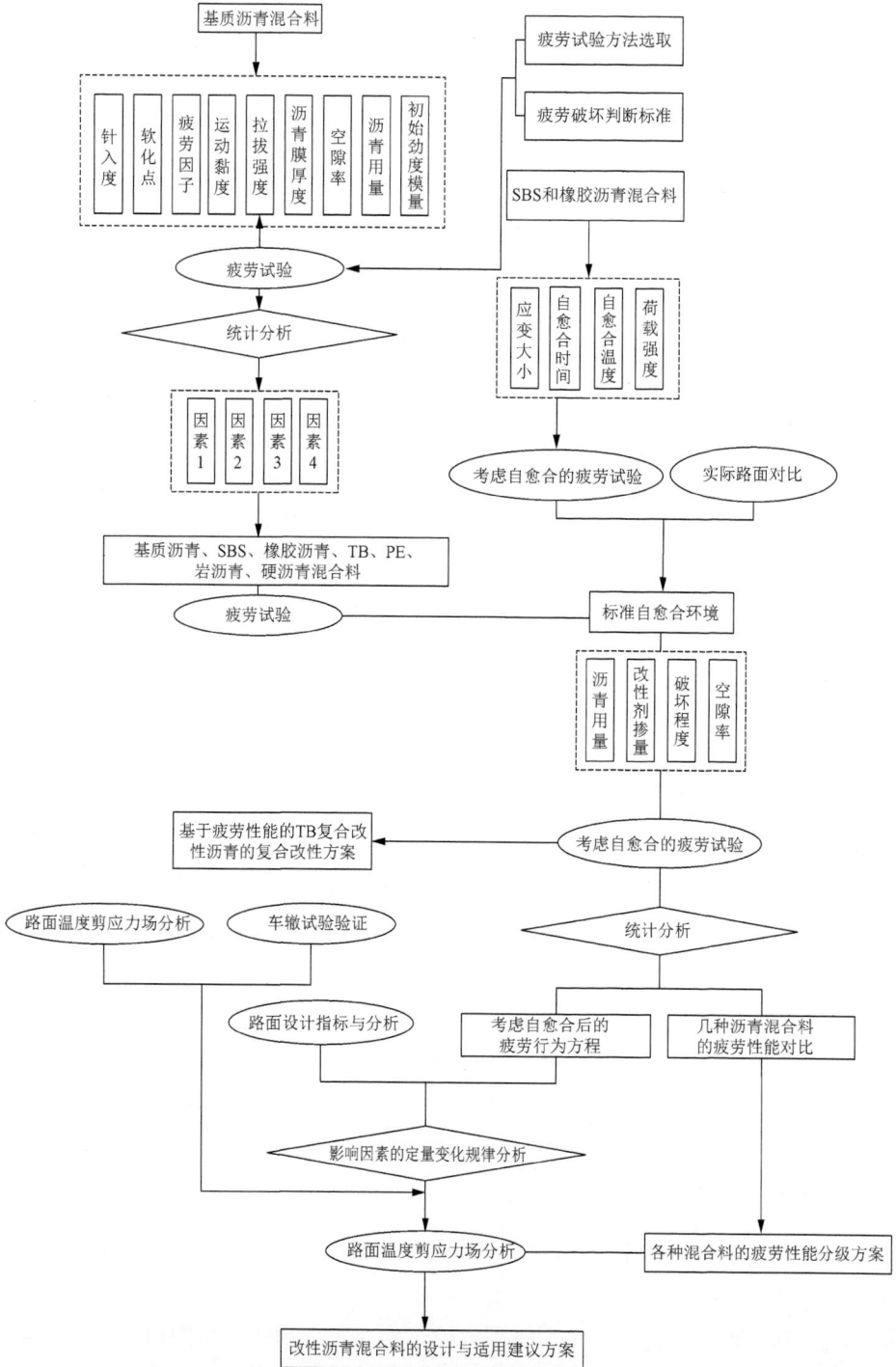

图 1.13 研究技术路线框图

　　混合料的疲劳性能研究通过四点弯曲疲劳试验，采用应变控制模式（环氧沥青除外），混合料的应力应变状态更符合沥青路面的实际情况，且其试验结果可以直接用于路面设计。四点弯曲疲劳试验可以采集试验中的温度、劲度模量、弹性模量、相位角、耗散能、应变水平，并可以通过控制来实现不同的应变水平。这些参数的获取对于后续疲劳特性分析非常有用，同时对愈合的分析亦能提供帮助。

　　愈合研究也采用四点弯曲疲劳试验，采用变化愈合条件，而后进行疲劳试验，可以分析愈合前后试件劲度模量、相位角、耗散能、劲度模量变化率等。

　　辅助高温指标采用车辙试验，其测试简便，结果直观且对材料评价区分度较好，动稳定指标也是我国路面设计要求的指标之一。

　　混合料疲劳试验整体采用单因素分析与正交/均匀设计相结合的方法，对初期规律的探索采用单因素分析，确定其表达，然后通过正交设计/均匀设计来对各种变量进行分布，降低试验工作量。

第2章　试验方法与判断标准

2.1　疲劳试验方法的对比分析

沥青混合料的疲劳试验方法大致可以分为以下四类。第一类是在野外或真实的路面上进行的车辆荷载试验，其中最为著名的是美国的 AASHTO 试验路[104]；第二类是用专用的设备，在环道上进行试验或用加速加载试验仪器来模拟汽车的荷载，例如，澳大利亚和我国交通部公路科研所的加速加载设备 ALF，南非国立道路研究所的重型车辆模拟车 HVS，美国华盛顿州立大学的室外大型环道，同济大学的室内大型环道试验，以及重庆交通大学的大型环道试验[105]；第三类是在第二类加速加载仪器的基础上进行等比例缩小的室内小型加速加载试验法，如 MMSL3 试验[106]，此法目前可作为观测裂缝产生和扩展的过程的辅助仪器，但不足以做定量分析；第四类是实验室小型的疲劳试验研究[106]，此类方法是根据既定的形状进行制备试件，再在仪器上进行模拟路面荷载下的受力状态进行往复疲劳加载试验。此类试验的优点十分明显，制备试件方便、用量小、试件尺寸小、试验周期短、外部影响因素温度、湿度、荷载等因素易于控制，有利于大量的试验数据产生，容易排除其他干扰因素而得到更为精准的沥青混合料的疲劳行为规律。

前三类方法耗资大、周期长、环境和条件不易控制，开展得并不普遍。因此，大量采用的还是周期短、费用小、环境温度和条件可以得到准确控制的室内小型疲劳试验方法。

实验室用的沥青混合料的小型疲劳试验方法各国均有研究，形成的方法也不胜枚举。研究中出现过的有旋转法、扭转法、跨中加载法、四点弯曲法、悬臂梁弯曲法、弹性基础梁弯曲法、直接拉伸法、间接拉伸法、三轴压力法、直接拉伸法和剪切法等。总结下来，目前在实际工程和研究领域使用较为广泛的试验方法主要有以下四种：间接拉伸法（即劈裂疲劳试验，图 2.1）、梯形悬臂梁弯曲法（图 2.2）、四点弯曲法（图 2.3）和单轴直接拉伸法（图 2.4）。

间接拉伸疲劳试验即为劈裂疲劳试验，试验设备、要求和思路均较为简单。该试验选用圆柱形试件，加荷方式是垂直于圆柱体试件径向作用竖向的重复压缩荷载。试验试件可选用最为常见的马歇尔试件，直径为 100mm，高为 63.5mm，仪器上的荷载压条宽为 12.5mm。荷载的加载方式可使得在沿垂直径向面、垂直于荷载作用方向产生均匀拉应力，施加压力而达到拉伸效果，视为间接拉伸。此试验操作简便，但其精确有限。间接拉伸法在早期的沥青混合料疲劳试验研究被广泛采用。由于其试验方法相对简单，且与马歇尔设计采用相同试件，因此许多研究者都曾经使用该方法进行沥青混合料疲劳性能的评价。

图 2.1　间接拉伸疲劳试验

图 2.2　梯形梁疲劳试验

图 2.3　四点弯曲疲劳试验

图 2.4　单轴直接拉伸疲劳试验

　　梯形梁疲劳试验最早由壳牌石油公司和比利时的研究者发现并采用，法国 LCPC 将这种方法进行深入研究并引入法国的混合料设计规范。此法是将梁粗的一端固定，另一端受到正弦变化的应力或应变作用，梁粗的一端尺寸为 55mm×20mm，顶端尺寸为 20mm×20mm，高度为 250mm。通常若试验正常进行，疲劳破坏应出现在试件中部，不应出现在端部。由于梯形悬臂梁疲劳试验的加载速率过快，其劲度模量和疲劳寿命对温度的变化不太敏感。梯形悬臂梁每次加载的变形量一定，作用力减少到一半时，认为试件在相应的加载循环次数下已破坏。

　　四点弯曲疲劳试验设备最早由加州大学伯克利分校和美国地沥青学会提出。只是这两者对于试件尺寸的要求略有不同。前者要求为 38.1mm×38.1mm×381mm，后者为 50.8mm×63.5mm×381mm，试验温度为 15℃，加荷频率为 5~10Hz，选用应变控制模式，破坏的定义为当测定试件劲度降低到初始劲度 50%时即认定为破坏，记录此时的荷载循环次数，认定为此试件的疲劳寿命。后来该方法为美国公路战略研究计划 AASHTO 引入，并提出了标准试验方法，即美国 AASHTO T321-03 标准。该方法于 2011 年引入我国，成为 JTG E20—2011 公路工程沥青及沥青混合料试验规程中正式的试验方法。

　　单轴拉伸疲劳试验（uniaxial direct tension fatigue test）也是一种拉压疲劳试验，它由北卡罗来纳大学的 Kim 等[107]提出，并在指出经过此方法试验后，得到级配、沥青种类、沥青用量、空隙率、温度以及应力比是影响沥青混合料疲劳性能的关键因素，此法采用旋转压实试件，精确度比间接拉伸稍有提升，但仍需要采用伺服设备如 UTM、MTS 等仪器方可实现，故此法只是简便了试件成型的过程，没有大型伺服设备仍不便于推广。

2.2　疲劳试验方案选取

2.2.1　MTS 试验机

1. 跨中加载

　　跨中加载即中点加载，在国内外一些文献中或称其为三点简支梁疲劳试验，其疲劳试件的成型方法可参见《公路工程沥青及沥青混合料试验规程》(JTG E20—2011)[108]的车辙试件成型方法。小梁尺寸为 50mm×50mm×240mm，试验在 MTS (material test system)-810 试验机上进行，试验温度由环境箱控制，加载频率一般为 1~10Hz，加载波形多为正弦波、半正弦波或者矩形波。荷载最大值一般取试件极限强度的 10%~50%。加载方式采用应力控制，中点加载，支座间距（小梁的跨径）为 200mm。

MTS 试验机为美国产，采用伺服液压，如图 2.5 所示。

图 2.5 MTS-810 试验机与夹具整体

MTS 试验机上进行的跨中加载试验分为应力控制与应变控制两种模式[109]。应力控制是指在整个加载过程中保持所加荷载的最大值不变，最终以试件的承载力迅速下降即完全断裂作为疲劳破坏标准。应变控制则是在加载过程中保持试件挠度不变，最终以混合料的初始劲度的一半（根据需要有时会更低）作为疲劳破坏标准。由于本书的跨中试验夹具仅有下限而无上限，不利于即时测算应变的变化，仅适合使用应力控制模式。安装夹具后小梁试件的受力示意图如图 2.6 所示，实验室实物如图 2.7 所示。

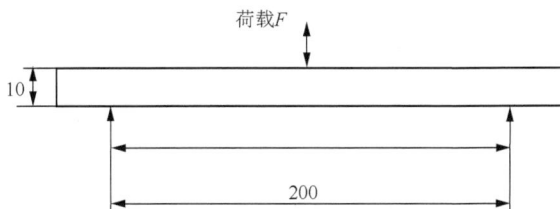

图 2.6 跨中加载小梁弯曲试验受力示意图（单位：mm）

图 2.7　中间加载小梁弯曲疲劳试验实物拍摄

选用的 MTS 压头的力传感器精度为 1N，位移传感器精度为 0.001mm。设置环境箱控制温度，精确度为 0.1℃。制备的特殊夹具可用的支点和加载点夹住试件，亦可在水平方向自由平移和旋转。疲劳试验周期结束，小梁破坏之后，压头会自动回到初始位置。此法满足我国甚至 AASHTO 标准对小梁试验的精度要求。

MTS 采用了伺服液压，在试验开始前打开环境箱和液压阀，调整环境箱的温度达到试验温度，在试验过程中时刻注意油温的变化，注意降温防止油温过高导致试验中断。安装小梁后调节位移传感器通道，调整压头位置，保证位移和力传感器均归零位方可开始试验。

在测评每种混合料小梁疲劳强度之前，需根据其强度来制定其各应力水平施加的压应力，通过式（2.1）可计算出其抗弯拉应力 R_B[110]：

$$R_B = \frac{3P_B L}{2h^2} \qquad (2.1)$$

其中，B 为跨中受力截面宽度（截面示意图见图 2.8）；h 为跨中受力截面高度；L 为跨距；P_B 为破坏时最大压力。

2. 四点弯曲

四点弯曲试验的应用是由 SHRP-A003 提出的[19]，它是一个很有意义的进步，它可以通过确定每次加载循环中的劲度模量、相位角、拉应变等来预测疲劳寿命[111]。

在 MTS 上的四点弯曲疲劳试验与前面的跨中加载试验在试件尺寸上一致。依据小梁试件的尺寸设计了 MTS 用四点夹具，使得加载呈现如下模式：两个支点的距离（即试件的跨径）为 210mm，再将此跨径三等分，三段均为 70mm，再在等分点处加载，具体尺寸如图 2.9 所示。

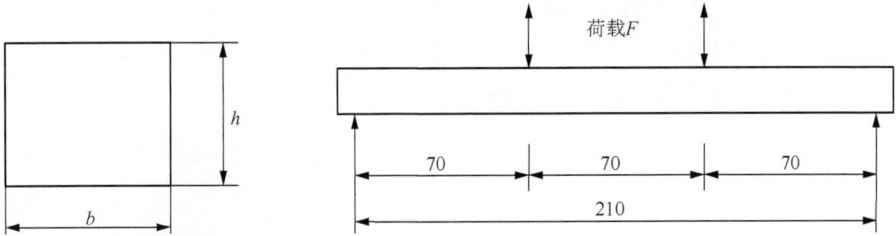

图 2.8　中间加载受力截面示意图　　　图 2.9　MTS 四点弯曲小梁弯曲受力示意图（单位：mm）

　　为使得加载顺利实现，夹具需做到牢固、勿留缝隙。夹具由底座、外框、侧板三部分组成，中部用特制螺栓进行连接，接头处设计成球状支座，使得外框可以自由转动，另外外框与底座之间传递荷载能够很顺利地实现。此设计方法是根据 SHRP 四点弯曲试验的指导进行设计的[112]。夹具与 MTS 安装后整体图见图 2.10。

图 2.10　夹具侧面图

2.2.2　BFA 试验机

1.　试验机介绍

　　BFA 试验机是澳大利亚 IPC 公司产四点弯曲试验机，使用 UTM 软件系统操作。BFA 为气动伺服提供动力，相比 MTS 用的疲劳小梁，BFA 小梁尺寸较大，控制更为精确，以及 BFA 使用精度更高的位移和力传感器从理论角度会使试验结果更加准确。另外，BFA 自带恒温环境箱，密闭性能良好，在中控器上有温度传感器接口，可以实时记录试验温度，环境箱也可用于实现不同温度下的疲劳试件，温度可控制在-20～60℃，精度达 0.1℃。

图 2.11 为 BFA 小梁试验小梁在夹具中的受力的示意图。图 2.12 为 BFA 小梁试验夹具图。图 2.13 为 BFA 恒温环境箱。

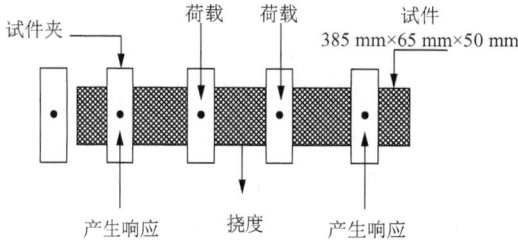

图 2.11　BFA 四点弯曲受力示意图

图 2.12　四点弯曲夹具

图 2.13　BFA 恒温环境箱

2. 影响疲劳寿命的因素

沥青混合料疲劳性能内部影响因素有沥青与石料的品质、沥青用量、空隙率和施工工艺等，本书主要研究行为方程，能够反映在行为方程中最主要的就是沥青用量的大小，根据之前的研究，沥青用量的增大有助于疲劳性能的提高，为了使方程更有代表性，研究将在每种沥青最常用的沥青用量范围内变化等距取值；此外，通过改变压实次数和压路机加大振动的方法，可以实现在相同沥青用量下空隙率在一定范围内变动，再实测出其空隙率。空隙率能够综合反映施工质量，是影响疲劳性能的关键因素之一。

试件尺寸是否标准是影响疲劳试验结果的一个重要因素，试件成型的过程中，将小梁试件的六个面均进行平整的切割，在安装之前需要重新测定试件尺寸，超过标准的试件严格舍弃。

3. 试件准备工作

试件的准备工作分为成型、养护和安装。

1）成型

试件制作使用自制模具，每次可同时成型混合料大板 2 块，压实采用小型压路机。由于实验室已有车辙板成型设备只能成型出 300mm×300mm×50mm 的试件，而疲劳试验用小梁尺寸为 400mm×63mm×50mm，难以成型，使用自制的模板成型混合料，模具尺寸为双槽设计，每槽尺寸为 400mm×300mm×80mm，碾压使用小型单钢轮振动压路机进行压实（图 2.14）。压路机碾压轮宽 45cm，振动速率 4460 次/min，压实力 896N，压实深度 22.86cm。通过计算和预压验证，静压 4 次，振动碾压 1 次能达到马歇尔设计目标空隙率（在需要调整空隙率变化时可减少或增加静压和震动次数来实现），在干燥的室内静止 24h，以待切割用。

图 2.14 小型压路机和混合料成型模具

切割选用姜堰产切割机，带有高强度金刚石双面锯，试件两侧和上下面至少切除 5mm，以保证均匀性，自制模具每个槽可成型 4 根小梁。将碾压成型完成之后的混合料大板切割成 385mm×65mm×50mm 的标准试件。本节试件空隙率均采用毛体积密度和实测法的计算得到。本书完成了大量的小梁切割，随着使用仪器经验的增加，切割出的小梁的尺寸绝大多数能控制在±1mm 的精度以内，图 2.15 所示为部分试验用废弃后的小梁试件。

图 2.15　小梁试件

2）养护

小梁试件需放置在 BFA 试验机所带的环境箱中进行保温（图 2.16），在试验温度下进行预热不小于 4h，亦可视为养护过程，目的在于保证小梁在进行疲劳试验之前达到所需的试验温度。此环境温控箱为气冷式，温控气流垂直方向循环输入，而后循环使箱内达到控制温度的目的，控温精度为 0.1℃，控温范围为-20～60℃。

图 2.16　BFA 试件的养护

3）安装

开始试验时将总控制箱、气阀、空气干燥机和空气压缩机打开，将气阀调至

5000～8000kPa，保证在疲劳过程中提供足够的应变量。再将环境箱打开，调高 BFA 夹具压头，将养护完成的试件放入 BFA 夹具，用标准尺反复比对压头位置，下降压头直至试件完全卡住。再至计算机打开程序界面，开启新试件，值得注意的是位移传感器的位置的归零的技巧。位移传感器是用于监测试件的变形量，在应变控制疲劳试验模式中，位移传感器实时监控试件的变形量，并将位移信号反馈至控制系统，并由控制调整加载系统工作状态，以达到在每个荷载循环中准确控制试件应变量的目的。通过旋拧夹具位移传感器上的转盘和计算机程序一起调整使 LVDT 传感器归零。

4. 试验参数

影响混合料疲劳寿命的因素多种多样，较难以控制的有施工因素、光照老化和湿度变化等，实验室内可以考虑的影响因素有温度、加载频率、荷载大小（应变量大小），但这里仅根据之前的研究成果选取，影响因素将在第 3 章进行深入研究。

我国规范[10]中容许拉应力指标采用的是 15℃的参考值，参照国内外的研究成果，本次小梁弯曲疲劳试验采用 15℃作为试验温度；加载频率方面，我国现行的"公路工程技术标准"规定高等级公路的计算行车速度范围为 60～120km/h，这里选取 90km/h 的车速作为平均车速，根据车速与加载时间换算公式可知，加载时间为 0.014s，根据 Vander Poel 公式 $f=1/（2\pi t）$，加载频率约为 10Hz。应变大小方面，为了反映我国超载较多的情况和加快疲劳试验的进度，研究选取了应变为 750$\mu\varepsilon$、1000$\mu\varepsilon$ 和 1250$\mu\varepsilon$。

四点弯曲疲劳试验条件：试验温度为 15℃，试验频率为 10Hz，波形为半正弦波，疲劳判断标准选取 AASHTO 的 N_{f50} 法。

其中试验参数的计算公式如下。

（1）最大拉应力 σ_t（MPa）：

$$\sigma_t = \frac{0.375P}{bh^2} \tag{2.2}$$

其中，P 为施加荷载（N）；b 为平均时间宽度（m）；h 为平均时间高度（m）。

（2）最大拉应变 ε_t(%)：

$$\varepsilon_t = \frac{12\delta h}{3L^2 - 4a^2} \tag{2.3}$$

其中，δ 为试件的挠度（m）；L 为外夹具间的间距（0.375m）；a 为内夹具间的间距（0.375/3m（0.119m））。

（3）弯曲劲度模量 S（Pa）：

$$S = \frac{\sigma_t}{\varepsilon_t} \tag{2.4}$$

（4）相位角 φ（°）：

$$\varphi = 360 fs \tag{2.5}$$

其中，f 为荷载频率（Hz）；s 为 P_{max} 和 δ_{max} 之间的时间差（s）。

（5）单位荷载循环内的耗散能（kPa）：

$$D_t = \pi \sigma_t \varepsilon_t \sin \varphi \tag{2.6}$$

（6）累计耗散能（kPa）：

$$D = \sum_{i=1}^{n} D_i \tag{2.7}$$

其中，D_i 为第 i 次加载循环的耗散能。

选取在 SHRP-A303 中推荐 50%的初始劲度模量减少作为疲劳试验的判断标准，即疲劳寿命 N_{f50}，将 N_{f50} 设定为程序控制疲劳试验结束标准。用回归和统计的方法分析和对比各种混合料的疲劳寿命和应变水平影响情况等。

2.2.3　方案对比试验结果分析

方案对比试验选取埃索基质沥青 AC-13 与埃索 SBS AC-13 两种具有代表性的混合料。各档集料掺配比例为 1#：2#：3#：4#：矿粉= 26：35：9：25：5，最终合成级配与级配范围见表 2.1 和图 2.17（横轴刻度已处理成等间距）。

表 2.1　AC-13 密级配沥青混合料矿料级配范围[10]

筛孔尺寸/mm	16.0	13.2	9.5	4.75	2.36	1.18	0.6	0.3	0.15	0.075
合成级配/%	100	100	76	48	34	20	15	11	9	5
级配上限/%	100	100	85	68	50	38	28	20	15	8
级配下限/%	100	90	68	38	24	15	10	7	5	4

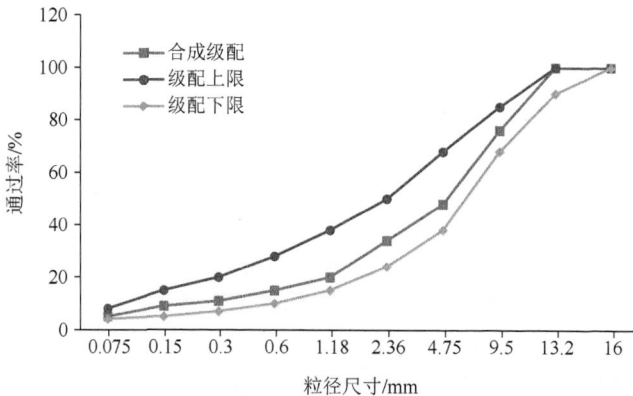

图 2.17　AC-13 合成级配图

试验中，根据试验规程，基质沥青混合料的最大理论密度用实测法测得，而改性沥青混合料采用计算法获得；沥青混合料试件的毛体积密度用表干法测得，全部过程的马歇尔试验结果如表 2.2 和表 2.3 所示。试验选取了 4 个试件为平行试验，表中所示数据为试验结果的平均值。

表 2.2　基质沥青 AC-13 混合料马歇尔试验结果

油石比/%	毛体积密度/（g/cm^3）	理论密度/（g/cm^3）	空隙率/%	VMA/%	饱和度/%
4.5	2.495	2.607	4.3	14.2	69.3
4.8	2.497	2.595	3.8	14.3	73.2
5.1	2.499	2.584	3.3	14.4	77.0
规范要求	—	—	2~4	≥14	65~75

依据表 2.2 试验结果，根据既定的 4% 的目标空隙率，通过数据回归的内插法计算得到基质沥青混合料的油石比为 4.6%，其最终设计级配 VMA 与 VFA 均满足规范要求。

表 2.3　SBS 改性沥青 AC-13 混合料马歇尔试验结果

油石比/%	毛体积密度/（g/cm^3）	理论密度/（g/cm^3）	空隙率/%	VMA/%	饱和度/%
4.8	2.486	2.600	4.4	14.5	69.6
5.1	2.487	2.589	3.9	14.6	73.3
5.4	2.488	2.578	3.5	14.9	76.5
规范要求	—	—	2~4	≥14	65~75

根据表 2.3 中的试验结果可以看出，设计仍以 4% 为目标空隙率，回归可得到 SBS 改性沥青混合料的最佳油石比为 5.0%，其设计级配均满足 VMA 与 VFA 在规范中的要求。

1. MTS 跨中加载

跨中加载疲劳试验进行前，需从每组小梁试件中选取 1~2 根进行跨中加载弯拉应力试验，对其进行一次性破坏试验，以在疲劳试验中确定应力比的大小，试验结果亦列入疲劳试验结果。

为了避免单个油石比造成的误差，增大疲劳试验的对比量，选取 4 个应力水平（即应力比——单次加载的应力/弯拉应力），每个应力水平进行 4 个平行试验共进行有效试验 26 次，试验数据如表 2.4 所示。

表 2.4　MTS 跨中加载疲劳试验数据

混合料	沥青用量/%	应力水平	弯拉应力/MPa	平均疲劳寿命/次	平均疲劳寿命/次	有效试件个数	变异系数/%
基质沥青	4.8	0.54	2.26	520	550	3	6.32
				430			
				780			
		0.42	1.74	1340	1370	3	3.45
				1330			
				1390			
		0.32	1.32	5050	5010	3	7.23
				5320			
				4760			
		0.22	0.9	8460	9160	4	3.54
				8990			
				9320			
				9280			
SBS	5.0	0.54	3.08	1160	1440	3	6.32
				1430			
				1720			
		0.42	2.76	5580	5180	3	10.45
				5060			
				4620			
		0.32	2.28	10650	10650	4	7.23
				8790			
				11020			
				8990			
		0.22	1.86	22740	22230	3	3.40
				20340			
				24520			

　　将平均试验寿命取对数后与应力水平作数据图回归，得到疲劳单对数曲线如图 2.18 所示。

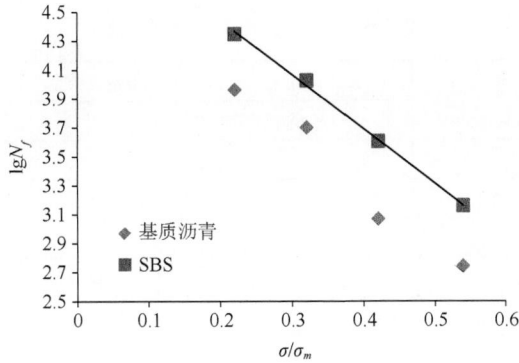

图 2.18　AC-25 两个油石比下的疲劳次数单对数方程曲线

将上述试验结果表示为应力疲劳方程，见表 2.5。

表 2.5　MTS 跨中加载疲劳方程

混合料类型	疲劳方程	相关系数
基质沥青混合料	$\lg N_f = -3.7657 \, (\sigma/\sigma_m) + 5.1961$	0.9976
SBS 沥青混合料	$\lg N_f = -4.0383 \, (\sigma/\sigma_m) + 4.8819$	0.9699

从数据拟合的情况可以看出，基质沥青混合料与 SBS 沥青混合料的疲劳寿命都随应力比的增大而减少，其单对数曲线有很好的相关性。

数据误差水平验证根据以下公式进行：

$$r = \frac{1}{n} \sum_{i=1}^{n} \left| \frac{N_{fei} - N_{fi}}{N_{fei}} \right| \times 100\% \qquad (2.8)$$

其中，N_{fei} 为第 i 组数据中疲劳次数的预计值；N_{fi} 为第 i 组数据中的疲劳次数；n 为进行验证的所有数据的数量，以对为单位。

但其试验数据的稳定性差，选用变异性最大的独立数据"基质沥青（0.54，1120）、（0.32，8190）"和"SBS 沥青（0.42，10270）、（0.32，7720）"进行疲劳方程验证时，可以发现其结果与预估方程得到的"基质沥青（0.54，580）、（0.32，5100）"和"SBS 沥青（0.42，5200）、（0.32，10700）"的误差度水平为 30.4%，意味着结果相差较远。这说明应力控制的加载方式稳定性差，试验的复现率较低，若采用应力控制的跨中加载试验，为保证试验精度，建议在此基础上提高平行试验数量。

另外，跨中加载还需在疲劳试验前进行弯拉应力检测，一方面加大了试验量，另一方面会因疲劳试验和弯拉试验的差异而带来不必要的误差。

2. MTS 四点弯曲

MTS 上的四点弯曲试验是应变控制，具体的试验安排如表 2.6 所示。

表 2.6　MTS 四点弯曲试验方案

试验参数	混合料类型	
	70#基质沥青	SBS 改性沥青
级配类型	AC-13	
油石比/%	4.8	5.0
设计空隙率/%	4	
试验温度/℃	15	
加载波形	偏正弦波	
试验频率/Hz	10	
应变水平/με	750、1000、1250	
平行试验次数	4	
总试验次数	12	16

通常而言，在相同应变条件下，不同试件的对数疲劳寿命呈正态分布，且应变量的大小与疲劳寿命将在双对数坐标上呈直线关系，通常可用式（2.9）来表示：

$$\lg N_f = k - n \lg \varepsilon \tag{2.9}$$

其中，N_f 为试件破坏时荷载作用次数；ε 为应变水平（微应变，无量纲），试验中可通过控制小梁三等分点处最大挠度值来控制；k 为回归常数，与材料组成和性质有关；n 为回归常数，与试验条件和材料特性有关。

选取 N_{f50} 法作为判断结束的标准，即衰减至 50%劲度模量的加载次数为疲劳寿命。取 3 个应变水平，每个应变水平进行 4 次平行试验，然后将变异性最大的一个数据剔除，再将剩余 3 组数据取平均值，保证率为 50%。两种沥青混合料应变控制的 MTS 四点弯曲疲劳试验结果分别见表 2.7。

表 2.7　MTS 四点弯曲疲劳试验结果

混合料类型	应变水平/με	初始劲度模量	疲劳次数	平均疲劳寿命	有效试件个数	变异系数
基质沥青 AC-13	750	8299	104300	113000	3	6.71
		8125	125400			
		8342	91900			
	1000	6722	40800	41900	4	5.52
		6523	41700			
		6812	40900			
		6679	42200			
	1250	6628	16800	15600	4	7.17
		6145	14100			
		7023	16700			
		6644	14000			

续表

混合料类型	应变水平/με	初始劲度模量	疲劳次数	平均疲劳寿命	有效试件个数	变异系数
SBS 混合料 AC-13	750	8825	214000	203000	3	5.76
		8912	205000			
		8773	197000			
	1000	7868	64000	61000	3	6.11
		7623	61000			
		8034	58000			
	1250	8126	13600	13100	4	11.15
		8043	13400			
		7966	12800			
		8270	12600			

与 MTS 跨中加载采取同一方法处理数据，即将平均试验寿命取对数后与应力水平作数据图回归，得到疲劳单对数曲线如图 2.19 所示。

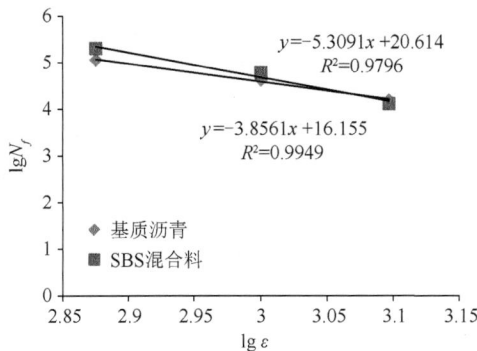

图 2.19　MTS 试验双对数坐标下两种 AC-13 混合料 MTS 四点弯曲疲劳曲线图

从图 2.19 中可以看出，在 MTS 四点弯曲试验中，双对数坐标下，基质沥青混合料的疲劳寿命与应变量以 10 为底的对数存在极高的线性相关性，基质沥青疲劳双对数回归方程为 $\lg N_f = 16.155 - 3.8561 \lg \varepsilon$，$R^2 = 0.9949$；同样，SBS 改性沥青混合料的疲劳寿命与应变量以 10 为底的对数也有着极高的线性相关性，数据回归出来的 SBS 改性沥青应变疲劳方程为 $\lg N_f = 20.614 - 5.3091 \lg \varepsilon$，$R^2 = 0.9796$。

然而在试验的过程中，平行试验的变异系数较大，试验也有较大的误差。选用与 MTS 跨中加载相同的方程验证方法，独立数据"基质沥青（1250，5120）、（750，161700）"和"SBS 沥青（1250，8810）"，与回归方程得到的"基质沥青（1250，150000）、（750，113000）"和"SBS 沥青（1250，13000）"误差水平达到 32.6%，与预测相差也较远。

另外在试验的过程中，由于 MTS 没有计算劲度模量的计算模块，需在后期利用数据库人工验算，无疑加大了运算量和误差值，同时延长了不必要的试验时间。

3. BFA 四点弯曲

试验的安排方案与 MTS 四点完全弯曲一致，选取 N_{f50} 法作为判断结束的标准。试验结果见表 2.8。

表 2.8　沥青混合料 BFA 四点弯曲疲劳试验结果

混合料类型	应变水平，$\mu\varepsilon$	初始劲度模量	疲劳次数	平均疲劳寿命	有效试件个数	变异系数
基质沥青 AC-13	750	4234	11230	12280	4	3.08
		4337	12830			
		4190	10230			
		4211	10920			
	1000	3788	5720	5870	4	2.61
		3890	5880			
		3678	5940			
		3712	5830			
	1250	3692	2150	2160	4	2.97
		3518	2170			
		3772	2270			
		3688	2050			
SBS 混合料 AC-13	750	4525	31500	31300	4	3.16
		4711	31600			
		4552	30700			
		4458	31400			
	1000	4468	14230	14510	4	2.48
		4526	13900			
		4628	15120			
		4345	14720			
	1250	4326	8720	9480	3	4.10
		4510	10030			
		4278	9920			

采用同样的方法，将平均试验寿命取对数后与应力水平作数据图回归，得到疲劳单对数曲线如图 2.20 所示。

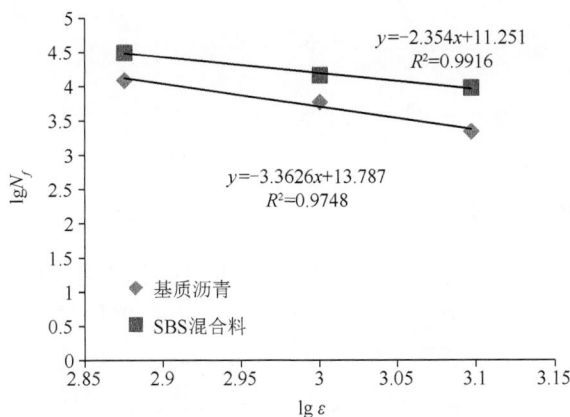

图 2.20　BFA 试验双对数坐标下两种 AC-13 混合料 BFA 四点弯曲疲劳曲线图

在这组试验过程中，仅有 1 个废件产生，这说明 BFA 有着很好的试验稳定性，且每组数据偏差较小。

从图 2.20 中可以看出，在 BFA 四点弯曲试验中，双对数坐标下，基质沥青混合料的疲劳寿命与应变水平的对数也表现出极高的线性关系，数据回归出的基质沥青应变疲劳方程为 $\lg N_f=13.787-3.3626\lg\varepsilon$，$R^2=0.9748$；SBS 改性沥青混合料的疲劳寿命与应变水平也有着很好的线性关系，相关系数平方达到 0.9916，通过回归计算出的 SBS 改性沥青应变疲劳方程为 $\lg N_f=11.251-2.354\lg\varepsilon$，$R^2=0.9916$。

选取变异性最大的独立数据 "基质沥青（750，11820）、（1250，2400）" 和 "SBS 沥青（750，33010）、SBS 沥青（1250，8810）" 进行验证，回归方程可得到 "基质沥青（750，13000）、（1250，2200）" 和 "SBS 沥青（1250，9500）"，三对数的验证误差水平为 7.8%。

4.　三种试验汇总分析

将上述三种试验的数据与试验特征汇总，列于表 2.9 中。

表 2.9　三种试验汇总分析

试验方法	力学特征获取方法	试验时间	疲劳寿命变异性均值	有效试件个数/试验总数	验证误差水平/%
MTS 跨中加载	弯拉应力，独立试验	较短	5.18	26/32	30.4
MTS 四点弯曲	劲度模量，手算	较长	7.07	21/24	32.6
BFA 四点弯曲	劲度模量，自动获取	适中	3.066	23/24	7.8

无论针对基质沥青还是改性沥青，经过对比发现，从试验的便捷程度、试验数据的稳定性、单次试验的成功率以及预估方程的误差水平等多方面对比均可发

现，BFA 四点弯曲试验表现最佳。为此，在接下来的研究中，选用 BFA 四点弯曲疲劳试验作为评判沥青混合料疲劳的标准试验。

2.3 疲劳试验判断标准分析

2.3.1 疲劳试验结果分析

张肖宁[113]在研究中发现，材料的疲劳破坏事实上是裂纹形成、发展、直至断裂的过程，可以称为疲劳断裂。疲劳损伤造成缺陷的聚集与扩展，因此是一个不可逆的过程，疲劳损伤是能量耗散的最终结果。同时，在疲劳损伤过程中，由于缺陷的聚集与扩展，伴随有材料宏观物理量的变化，如模量、韧性、强度、密度等量值的降低。可以使用这些物理力学参数的变化来度量材料损伤的程度，如残余模量、耗散能等。

沥青混合料同时具有黏性和弹性，在往复荷载作用下产生的疲劳损坏属于一个能量耗散的过程，外力所做的功将在试件内转化为以下几种能量：①作为弹性势能被存储；②作为塑性变形而产生了热量；③裂纹的产生而诞生新的表面存储为表面能；④产生损伤本身抵抗材料内部力量做功所消耗了的动能。设单位体积获得的外力功为 W_t，发热造成的能量损失为 W_h，材料断裂与损伤消耗的能量为 W_d，W_c 为有效的有效变形能，则

$$W_t = W_h + W_d + W_c \tag{2.10}$$

在不同的加载控制模式下，疲劳次数有不同的定义。

在 SHRP-A-404 报告中有这样的描述：对于控制应力模式，破坏的定义即使试件完全断裂时测试结束。在控制应变测试，试件的破坏是微弱的、渐变的，其初始劲度模量降低到 50%时即认为试件破坏，即常说的 N_{f50} 法。如之前在文献综述中所提到，随着研究的逐渐深入，以简化的劲度模量次数积的形式（ASTM D7460）作为判断依据的方法，以及以耗散能变化率作为判断标准等得到广泛的研究。

2.3.2 判断标准

疲劳次数的确定是判断混合料是否产生破坏的标准，目前国内外对四点弯曲小梁破坏程度的认定意见不一，大体可分为以下四种方法。本节选取前面完成的一根小梁试件作为代表对这四种方法的异同进行分析。四种方法已在第 1 章中有详细的概述，在此仅列出分析结论。

1. N_{f50} 法

图 2.21 为一组 BFA 四点弯曲小梁试件的试验结果。

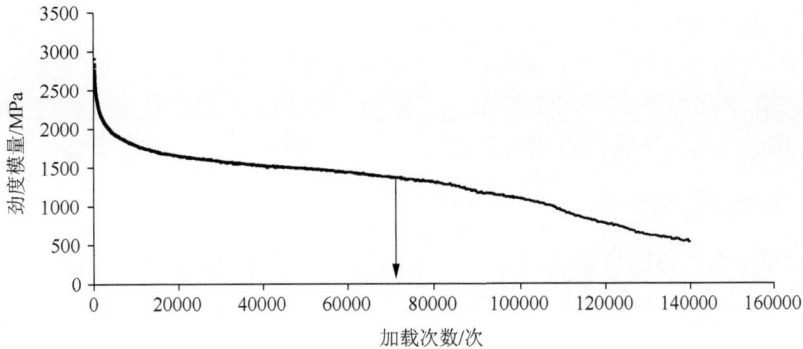

图 2.21　劲度模量随加载次数变化图

由图 2.21 结合原始数据可看出，初始劲度模量 S_0=2744MPa，则劲度模量的 50%即为 1372MPa，则由变化图或原始数据计算可得次小梁的 N_{f50}=69890。

有许多的试验证实了疲劳破坏发生在 40%的初始模量附近。Zhou 等[49]认为 N_{f50} 仅仅是在试件刚刚产生裂缝时对应的加载次数，而完整的疲劳寿命应该包括裂缝的产生和扩张至断裂阶段。对于 50%劲度模量的衰减，因其相对标准为第 50 次的劲度模量，而第 50 次劲度模量的变化会造成疲劳寿命的较大波动，对于初始劲度模量较小的试件反映更明显，实验结果的应用还需众多修正系数。对于大应变，尤其又使用改性沥青，加载造成的加热会造成试件劲度模量的迅速降低而使得疲劳寿命显著减小。由于前人的研究大多基于 N_{f50} 法，基于引用和对比的需要，作者认为需通过大量的试验来验证 N_{f50} 的稳定性，确定验证此法是否适用于混合料疲劳性能指标的研究，在接下来的研究保留 N_{f50} 的取值，通过数据的稳定性来验证其是否适用。

2. N_{fNM} 法

依旧采用该小梁试验结果，按 N_{fNM} 法进行分析，$N×M$ 的数值随加载次数的变化如图 2.22 所示。

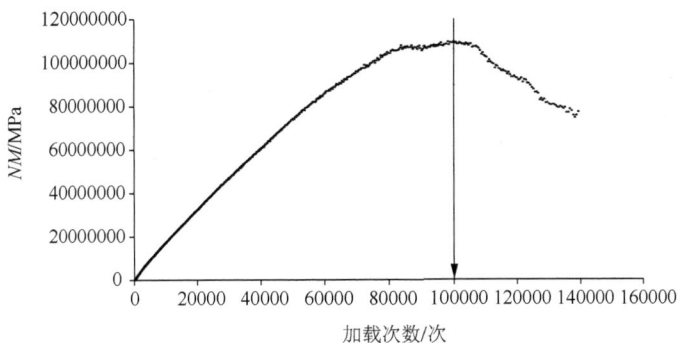

图 2.22　NM 随加载次数变化图

由图 2.22 结合分析数据可知，N_{fNM}=98220。

此法中 N_f 不受偶然因素很大的 S_0 的影响，本研究认为这会使得结果更加科学可靠。在接下来的研究中，保留 N_{fNM} 的取值，与 N_{f50} 一致，将通过数据的稳定性来验证其是否适用某种沥青混合料。

3. 耗散能变化率法

将 BFA 操作界面自动记录下来的 DE_n 进行数据处理，计算得到 RDEC，而后作 RDEC 与加载次数的变化图，如图 2.23 所示。

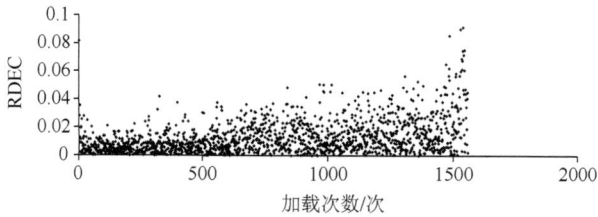

图 2.23　RDEC 随加载次数变化图

由图 2.23 能够清晰地看出变化趋势，遗憾的是由于本次试验的 BFA 试验机的数据采集系统采集的数据间隔太大，最低以 10 次为一个采集周期，最高以 100 次为一个采集周期，从而导致无法获取实时的 RDEC。由于试验仪器与数据采集模块的缘故，放弃使用此法进行评价。

表 2.10 所示为同一组试验 4 根试件采用能量的方法的疲劳次数对比数据。从表中可发现对于不同的疲劳判断标准，混合料的疲劳寿命相差很大。同时分析其疲劳过程，也发现对于改性沥青，其劲度模量下降后还有一个非常长的平稳变化期，其试件不会在 50% 劲度模量达到后迅速破坏，而是在模量平稳变化期后才可能发生。则通过不同的改性沥青混合料，需要分析不同的疲劳判断标准问题。同时，因为不同的混合料类型其模量变化情况不同，表明损伤演变不同，为混合料疲劳损伤演变与不同改性沥青特点之间建立关系提供了依据。

表 2.10　不同疲劳标准的比较

试样号	1	2	3	4
应变水平/$\mu\varepsilon$	1300	1300	1100	1300
初始劲度模量 S_0/MPa	2655.58	2611.09	2504.07	2471.37
疲劳寿命 N_{50}/次	9830	22960	41150	19440
N_{50} 对应的累计耗散能 CDE$_{50}$/MPa	55.69631	120.8969	148.2666	97.33428
疲劳寿命 N_{ER}，能量比标准/次	94040	179880	400000	290000
N_{ER} 对应的累计耗散能 CDE$_{ER}$/MPa	315.8292	672.9517	1006	879.3972

试样号	1	2	3	4
疲劳寿命之比 N_{ER}/N_{50}	9.57	7.83	9.72	14.92
耗散能之比 CDE_{ER}/CDE_{50}	5.67	5.57	6.79	9.03

4. 应力-应变环 R_2 法

该方法是基于应力-应变回线的相似程度提出的一个疲劳破坏定义方法，这种方法较新，有许多研究者较为关注，具有一定的研究价值。该方法已在第 1 章作了概述，在本节主要以一个实例来验证此法。

由于在疲劳试验中，在试件还是完整的，没有任何损坏的时候，当正弦波形应变加载到试件上时，会产生一个正弦波的应力在试件中产生，相应的应力-应变回线也是平滑的。随着加载的持续，材料开始出现微裂纹，这些微裂纹会来带不均匀应力，应力响应回线也就随之变得扭曲，过了这个点之后，疲劳破坏渐渐发展。经过最初的应力应变回线的细微扭曲之后，扭曲开始变得剧烈。

如图 2.24～图 2.26 所示，它们取自一组疲劳试验。在疲劳试验的某个时间点，会明显地观察到在应力-应变正弦波形图中上出现一个明显的扭曲或偏移，这个点即疲劳开裂的开始，出现很大的扭曲或偏移时则为认为达到完全破坏。但这只是一个定性的评价。

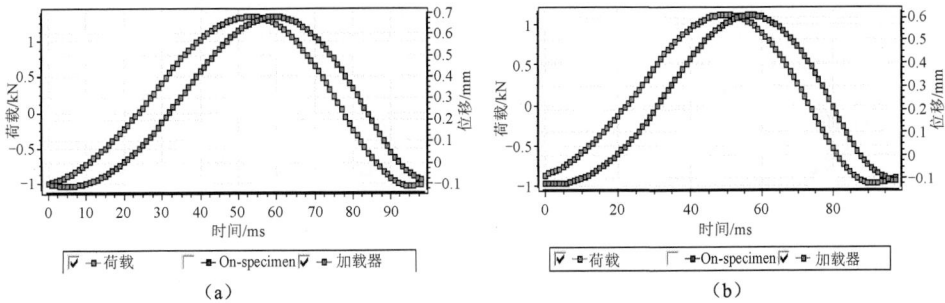

图 2.24　第 10 次与 50 次加载荷载-位移回线

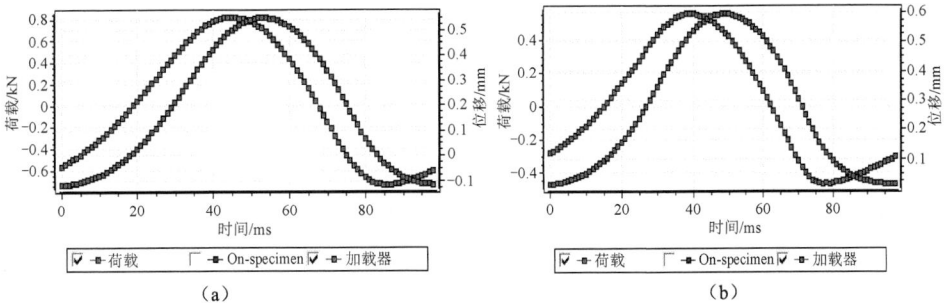

图 2.25　第 1000 次与 10000 次加载荷载-位移回线

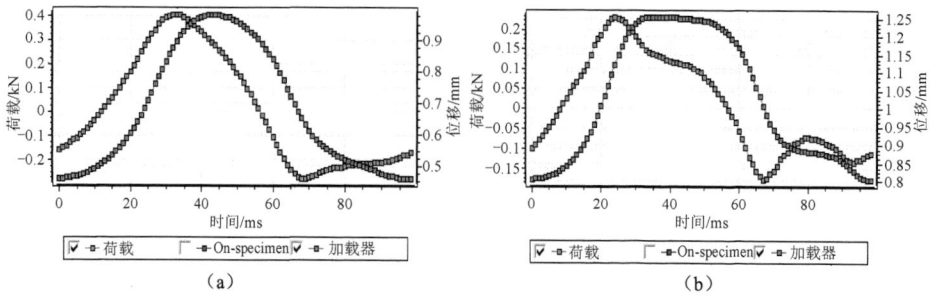

图 2.26　第 10000 次与 137790 次加载荷载-位移回线

一般应力-应变曲线是根据荷载-位移曲线表征的，因此，应力应变回线的变化能够通过荷载-位移正弦曲线观察得到。应力响应的正弦曲线一开始是平滑的，随着破坏的产生，变得扭曲并最终变得平坦，表明应力响应不再根据应变而变化。对于荷载-位移回线如图 2.27～图 2.29 所示。

根据第 1 章文献的描述，本书将此法译为"应力-应变环 R^2 法"（R^2 statistic）。由于应变在每次加载时是固定值，应力是不同的，这里定义 R^2 的计算是取第 10 次加载的应力值数组与第 N 次加载的应力值数组作相关性的平方。

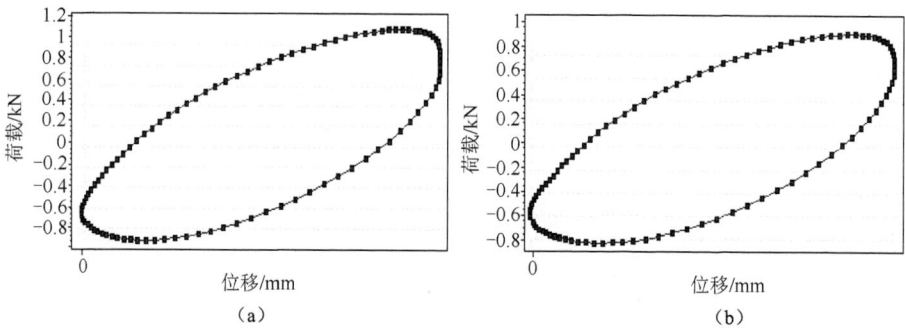

图 2.27　第 10 次与 50 次加载荷载-位移回线

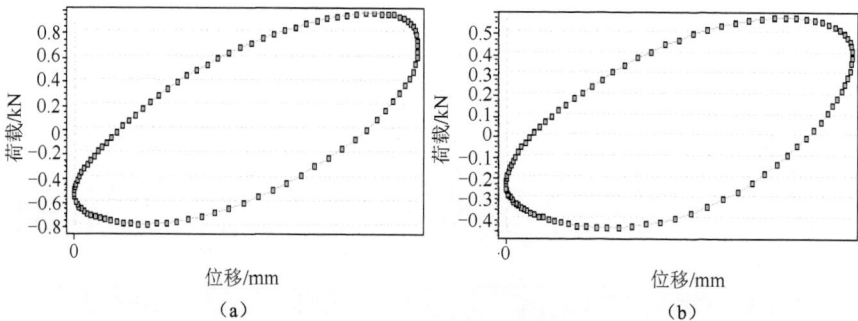

图 2.28　第 1000 次与 10000 次加载荷载-位移回线

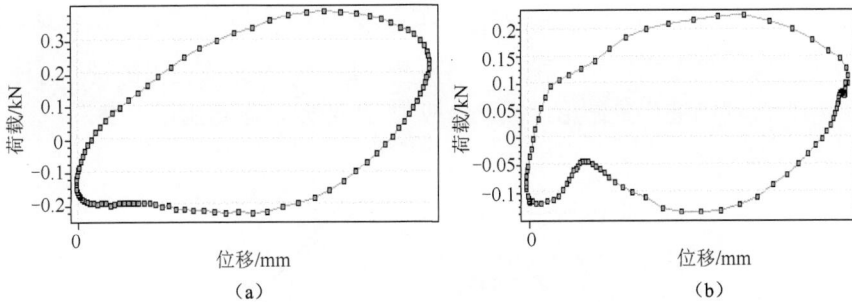

图 2.29　第 10000 次与 137790 次加载荷载-位移回线

R^2 疲劳破坏定量的含义为：在连续荷载循环中，应变输入和应力响应关系环与初始稳定的环的相关性。一开始的 R^2 值是 1.0 或者接近 1.0，随着微裂纹的产生 R^2 剧烈下降直到 R^2 变为 0 时即完全破坏。在 R^2 的值十分接近 1 时，这个阶段没有任何微裂缝产生，当 R^2 迅速下降刚开始说明有裂缝产生，记此时的次数为 N_{fff}，当 R^2 降为 0 时，说明试件完全破坏，疲劳试验结束，记此时的次数为 N_{cff}。

实际的计算方法为，取 3～4 组接近试验末尾的应力值数组与第 10 次的应力值数组计算作相关性的平方，作出线性拟合，然后反算出曲线与 $y=1$ 和 $y=0$ 的交点分别作为 x_1 和 x_2 值。为使得取值更为精确，取加载次数为 10、50、100、1000 的四个点作直线拟合，然后取两条曲直线的交点作为 x_1。

表 2.11　R^2 计算过程

计算次数	加载次数	lg$N$	R^2
1	10	1	1
2	50	1.69897	0.996712
3	100	2	0.99649
4	1000	3	0.969619
5	55300	4.742725	0.548433
6	70800	4.850033	0.516736
7	104480	5.019033	0.439944
8	109510	5.039454	0.428502

将 R^2 计算过程绘入图中，能够直观判断两线交点，如图 2.30 所示。

利用数值计算联合求解得 $x_1=3.889$，即当加载次数为 $N_{fff}=7740$ 时达到第一次出现破坏。$x_2=5.97$，当加载次数为 $N_{cff}=933440$ 时完全破坏。然而这与实际破坏相差很远，分析其原因为此法的假设与裂缝的实际产生过程存在误差，对比劲度模量的降低过程，研究认为破坏是以渐变为主，每个阶段之间的连接处存在突变，但不应如此明显，另外 R^2 的意义是指加载的过程中每个应力应变环与初始环的相关度，这与初始环的选取有关，另外与试验数据采集的精度有关，应力取值有微小的误差，应力-应变环的相关度会有很大变化，气动伺服本身具有间歇性，对于气动伺服此法精度要求过高。由于本书要基于疲劳试验结果提出的设计方法，需要得到精确度很高的定量结论，因此，应力-应变 R^2 法不适用于本书。

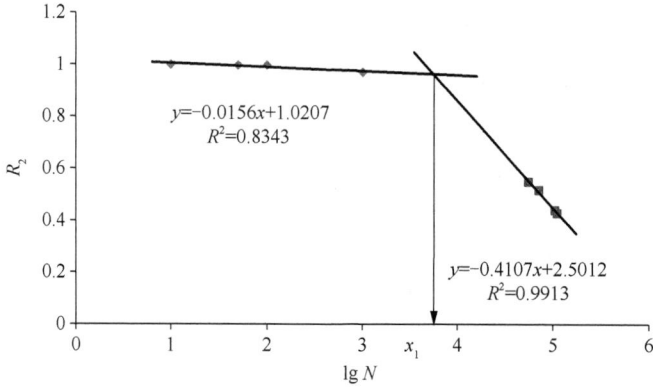

$$y=-0.0156x+1.0207$$
$$R^2=0.8343$$

$$y=-0.4107x+2.5012$$
$$R^2=0.9913$$

图 2.30　$\lg N$-R^2 计算图

2.4　高温性能试验

根据既定研究路线，高温性能试验在本书中起到辅助设计作用，且需与目前常用的混合料设计方法对接，这类试验需要在工程实践中有较高的使用频率与认可度，故我国沥青及混合料试验规程[108]中的高温车辙试验是本书的最佳选择。

对于车辙试验的试件成型要求在试验室中用新拌的混合料成型 300mm×300mm×50mm 的板试件。下文将从车辙试验板成型工程中混合料的短期老化和压实次数两个方面确认试验方法。

《公路工程沥青与沥青混合料试验规程 JTJ 052—2000》（T0703—2000）要求试件成型时，把试件碾压到马歇尔标准密的（100±1）%为止。应先经试压，决定压实次数，一般 12 个往返（24 次）左右达到要求。

将试件放到车辙试验机内，一定温度下（一般为 60℃）保温 1h，正式开始测试。

用实心橡胶轮胎在车辙试件上以固定的速度（42 次/min）行走，轮压固定为 0.7MPa，试验时间持续 1h。试件的变形会经历一个稳定期，即碾压 45min 后，动稳定度的定义为在第 45min 之后直至试验结束，期间每毫米的变形需要胶轮行走的次数，即所谓动稳定度（次/mm）。动稳定度按式（2.11）计算：

$$DS = \frac{42(t_2 - t_1)}{d_2 - d_1}c_1c_2 \tag{2.11}$$

其中，DS 为动稳定度（次/mm）；t_2 为结束时间，即 60min；t_1 为开始时间，即

45min；42 为既定的胶轮在每分钟内的行走次数；d_1、d_2 为 45min 和 60min 对应的位移；c_1 为试验机类型修正系数，曲柄连杆驱动为 1.0，链驱动为 1.5；c_2 为试件系数，实验室制备为 1.0，路面切割为 0.8。

　　另一个评价试件的高温稳定性能指标即相对变形，即在上述试验条件下最终所产生的变形与试件总厚度的比值，通常试验次数依据交通量和混合料设计的使用要求的不同而改变，一般取试验结束为 60min 的车辙变形深度计算相对变形。计算公式为

$$\delta = \frac{\Delta l}{l} \times 100\% \qquad (2.12)$$

最终由式（2.12）确定各种混合料的高温性能，试验仪器与试件如图 2.31 所示。

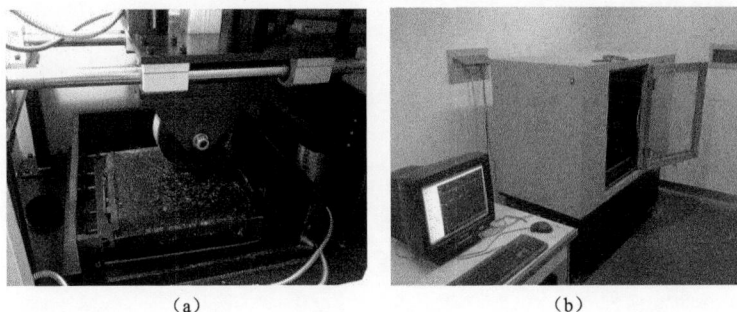

（a）　　　　　　　　　　　　　（b）

图 2.31　车辙试验

2.5　本　章　小　结

　　本章在研究综述的基础上，进一步介绍了目前国内外常见的室内小型沥青混合料疲劳试验方法和仪器，有间接拉伸疲劳试验、梯形梁疲劳试验、四点弯曲小梁疲劳试验和单轴拉伸疲劳试验等。通过实例对比采用 MTS-810 试验机的应力控制跨中加载小梁疲劳试验、应变控制四点弯曲小梁疲劳试验和 BFA 试验机的四点弯曲疲劳试验；在疲劳寿命判断标准方面，给出了最为广泛使用的 N_{f50}、N_{fNM} 和耗散能变化率法，另附最新的研究成果应力-应变环 R^2 法，分析这四种判断标准的区别和基于本书适用与否。最后给出了作为疲劳性能评价中辅助判断指标高温性能的试验方法。

　　因此，得到如下结论。

　　（1）无论针对基质沥青还是改性沥青，经过对比发现，从试验的便捷程度、试验数据的稳定性、单次试验的成功率以及预估方程的误差水平的多方面对比均可发现，BFA 四点弯曲试验表现最佳，确定了 BFA 四点弯曲小梁疲劳试验为本书推荐采用的疲劳试验方法。

（2）本书作者认为需通过大量的试验来验证 N_{f50} 的稳定性来确定验证此法是否适用于混合料疲劳性能评价的研究，在接下来的研究保留 N_{f50} 的取值，通过数据的稳定性来验证其是否适用；作者认为这会使得结果更加科学可靠。在接下来的章节，保留 N_{fNM} 的取值，与 N_{f50} 一致，将通过数据的稳定性来验证其是否适用于某种沥青混合料；由于 BFA 数据采集和数据拟合计算精度而放弃耗散能变化率法和应力-应变环 R^2 法。

（3）考虑到混合料设计中疲劳性能指标的提出需要建立在高温性能的影响的基础之上，结合长期的工程经验，高温性能的辅助指标控制需采用常规试验，最终选取车辙试验作为高温性能试验。

第 3 章　疲劳性能的影响因素研究

进行疲劳行为分析、性能对比甚至混合料设计建议，必须首先找准影响疲劳性能的因素。影响疲劳性能的因素众多，但不能面面俱到，本节将选取影响疲劳性能的沥青和混合料的多个指标因素，进行疲劳试验，设计试验方案，通过降低空间维度来体现所有变量的特征使得样本点分散程度极大，即寻找多个变量的一个加权平均来反映所有变量的一个整体性特征，最后进行统计分析的相关系数法评价相关性，引出相关系数矩阵，直观有效地分析出各种影响因素对沥青混合料疲劳的影响程度，并给出适合本例的主要影响因素，作为疲劳行为方程的控制指标。

3.1　原材料选取

3.1.1　沥青

沥青的选择取决于沥青的标号、质量、成本和一些工程经验。沥青是结合料的全部或是分量最多的一部分，改性沥青中需要考虑其与改性剂的融合性，用在不同气候的地区需考虑沥青的软硬、耐候性等[114]。由于本书在接下来的研究过程中涉及的沥青混合料试件用量巨大，不能逐一覆盖各种品牌和标号的沥青，本书的研究目的之一是联系沥青的指标与混合料疲劳性能的关系，基于此，特设计基于疲劳性能的沥青与混合料之间的数据稳定性试验作为沥青评选标准，选取一种指标表现最为稳定的沥青用于正式试验。

在我国气候分区标号为 70#的基质沥青适用的地区最为广泛，涵盖了北京以南的绝大多数地区，其次为 90#沥青，多用在东北、内蒙、新疆、川藏等高寒和高纬度地区，局部地区采用 110#沥青。综上所述，110#、90#、50#等沥青与 70#沥青在感温性能上有所差别，是否反映到高温和疲劳性能上，还有待考证。经过多方调研，本书选取了八种具有代表性的基质沥青进行预备试验，分别为加德士 70#、埃索 70#、SK70#、SK90#、中海 70#、中海 90#、茂名 70#和克拉玛依 90#。

将每种沥青取样品三份，根据《公路工程沥青及沥青混合料试验规程 JTG E20—2011》对这八种沥青进行基本指标检测，表 3.1 和表 3.2 所示为三份样品沥青取平均值后的结果。

表 3.1　70#基质沥青的各项指标检测

项目		技术指标	加德士 70#	埃索 70#	SK70#	中海 70#	茂名 70#
针入度（25℃、100g、5s）/0.1mm		60~80	67	68	68	72	71
针入度指数 PI		−1.5~1.0	−1.04	−1.12	−0.94	−0.17	−0.24
延度 15℃/cm		≥100	170+	170+	170+	170+	170+
延度 10℃/cm		≥15	19.2	18.7	19.2	19.2	18.7
软化点/℃		≥47	47.7	48.5	49.2	47.8	48.4
60℃动力黏度/（Pa·s）		≥180	192	199	201	192	221
密度（15℃）/（g/cm³）		实测	1.038	1.037	1.036	1.032	1.034
163℃薄膜加热试验（5h）	质量损失/%	±0.8	0.14	0.13	0.17	0.27	0.24
	残留针入度比/%	≥61	91	88	84	85	84
	残留延度（10℃）/cm	≥6	7.8	7.4	6.6	6.7	6.3

表 3.2　90#基质沥青的各项指标检测

项目		技术指标	中海 90#	SK90#	克拉玛依 90#
针入度（25℃、100g、5s）/0.1mm		80~100	92	87	92
针入度指数 PI		−1.5~+1.0	−1.17	−0.95	−0.91
延度 15℃/cm		≥100	170+	170+	170+
延度 10℃/cm		≥30	159	178	174
软化点/℃		≥44	46.7	46.5	45.3
60℃动力黏度/（Pa·s）		≥150	163	172	203
密度（15℃）/（g/cm³）		实测	1.035	1.038	1.037
163℃薄膜加热试验（5h）	质量损失/%	±0.8	0.14	0.17	0.22
	残留针入度比/%	≥57	71	78	69
	残留延度（10℃）/cm	≥8	17.8	11.4	14.6

注：表 3.1 和表 3.2 中加粗数据为选作影响因素的项目。

3.1.2　石料和级配

本书整个混合料设计研究过程采用石料的粒径组成为 9.5~13.2 mm、4.75~9.5 mm、2.36~4.75 mm、0.075~2.36 mm 四档。2.36 mm 以上粗集料，使用江苏溧阳产玄武岩，2.36mm（含）以下集料使用浙江安吉产石灰岩和江苏溧阳产玄武岩。填料使用浙江安吉产石灰石矿粉。密度测试方法依据我国《公路工程集料试验规程 JTG E42—2005》[115]，物理指标见表 3.3 和表 3.4。

表 3.3　集料密度表

石料	毛体积相对密度	表观相对密度	吸水率/%
9.5～13.2 mm	2.910	2.933	0.8
4.75～9.5 mm	2.890	2.925	1.21
2.36～4.75 mm	2.834	2.933	1.1
0.075～2.36 mm 石	2.741	2.741	—
0.075～2.36 mm 玄	2.788	2.788	—
矿粉	2.751		—

表 3.4　集料性能指标

试验项目	指标	玄武岩
石料压碎值/%	<28	15.6
洛杉矶磨耗值/%	<30	16.5
针片状含量（粒径在 4.75～13.2mm）/%	<20	8.8
砂当量（粒径小于 2.36mm）/%	>60	87
棱角性（粒径在 2.36～4.75mm）/% 棱角性（粒径在小于 2.36mm）/%	>30	55.8 45.6

在混合料中，石料的质量占 90%以上，石料是混合料的主体，混合料体现出来的路用性能大多取决于石料本身，而级配的选择对于石料是最为重要的因素。研究表明，级配对高温性能的贡献比结合料要大很多，对于疲劳性能的研究还比较缺乏。国内外应用在基质沥青上的沥青以连续型密级配最为广泛，应用和研究成果最为成熟，为使试验结果具有一般性，在此次沥青选择的预备试验中，亦选取此类级配。

试验根据我国马歇尔设计方法，设计出以 4%为目标空隙率的混合料，根据我国规范，严格筛选 AC-13 级配中值作为试验级配，如表 3.5 所示。

表 3.5　试验设计级配

级配	筛孔尺寸/mm	16	13.2	9.5	4.75	2.36	1.18	0.6	0.3	0.15	0.075
AC-13	通过率/%	100	95	76	53	37	21	19	13	10	6

3.2　DSR 试验指标验证基质沥青的性能稳定性

沥青的优劣严重影响沥青混合料的各种性能，然而，目前市面上沥青种类繁多，质量良莠不齐，做好沥青的抽检工作是保证质量的重要手段。在施工过程中，通常通过每 20t 作为一个批次进行检验沥青的三大指标（针入度、软化点和延度）作为验证沥青是否合格的标准[9]。但事实证明，指标的合格并不能完全保证沥青能够满足日益增长的各种性能的要求。在众多试验性质的研究中，材料的某个指标在多次试验中的复现性决定了材料性能的稳定，沥青材料也不例外。对沥青进行三大指标的复现性研究在此之前也有学者进行过探讨，但由于三大指标的检测受检测人员主观意识的影响较多，故复现率的高低并不能准确地评判沥青质量的稳定性。

美国 Superpave 的研究成果涵盖了对沥青的性能分级的标准。动态剪切流变仪（dynamic shear rheometer，DSR）作为分析黏弹性材料的最基本仪器，是美国沥青性能分级中高温分级的标准试验，它还可用于评价沥青结合料在中温区间的疲劳性能。

DSR 的主体结构和工作原理都简单易懂。如图 3.1 所示，它将沥青试样通过上下压头夹在来回振荡的旋转轴和平板之间，振荡板的运动从 A 点开始直至 B 点，再从 B 点转回 A 点，继续转动经过 A 点到 C 点，从 C 点最后回到 A 点，此为一个周期，周而复始地转动。DSR 试验过程中，摆动板的转动速度为 10rad/s，频率约等于 1.59Hz。

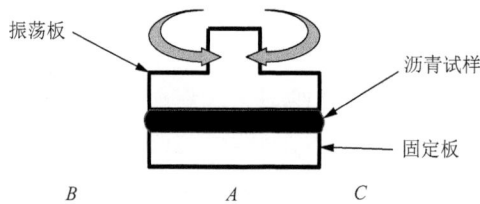

图 3.1　DSR 工作原理图

转动板的旋转会给沥青试样带来剪应力，DSR 就可通过传感器检测到沥青试样所带来的反作用力。假如沥青试样具有完全弹性，根据力学原理可以很好地理解为，其反作用力会随时与转动板所施加的力相一致，两者反应时间为 0，即无任何滞后时间。又假设沥青试样是完全黏性的，荷载和反应之间的时间滞后就会很大。可以想象，冷冻的沥青的情形可视为弹性材料，而温度很高的沥青就像黏性材料。众所周知，沥青材料是一种黏弹性材料，既具有黏性又具有弹性，所以较为复杂，其反应必定会有滞后。图 3.2 所示为应力-应变随加载的波形变化。从图中可以清楚地看出，DSR 在试验过程中，施加的应力和产生的应变之间的关系，DSR 可以使这两种指标具量化，并量化为两种可用于计算和表征沥青胶结料黏弹特性的重要参数——复数剪切模量（G^*）和相位角（δ）。复数剪切模量 G^* 是最大剪应力（τ_{max}）和最大剪应变（γ_{max}）的比例，它是材料发生重复剪切变形时的总阻力的计量，它包括了弹性（可恢复）和黏性（不可恢复）两个部分。试样过程全程计算机控制，避免了人工操作的主观性和误差，试验指标的复现性得到保障。

类似地，道路在使用的过程中在车辆荷载作用下，沥青混合料中的沥青结合料也是具有黏弹两种特性的。DSR 试验中通过模拟实际情况，将测定结合料的复数剪切模量（G^*）与相位角（δ）来共同表征结合料的黏弹性。此前的研究表明，车辙因子 $G^*/\sin\delta$ 与沥青混合料的动稳定度正相关，因此可以较好地反映沥青的高温稳定性能，车辙因子越大代表沥青抵抗高温变形的能力越强，则对防止车辙的产生越有利。

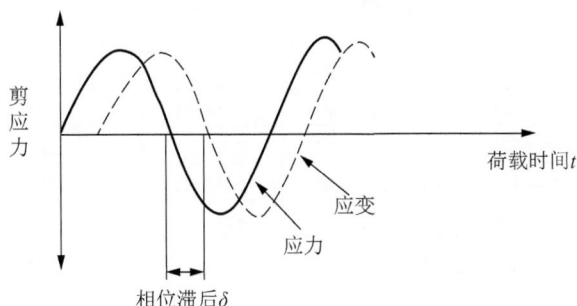

图 3.2　应力应变波形图

DSR 试验根据 AASHTO T315 规范要求进行，选用应变控制模式，原样沥青的应变值设置为 12%，RTFOT 老化后的沥青将应变值设为 10%，新鲜沥青和老化沥青均采用大旋转轴（25mm）和 1000pm（1mm）的小间隙。

根据 Superpave 规范，试验转动速度为 10rad/s，约 1.59 Hz。要求原样沥青的抗车辙因子 $G^*/\sin\delta \geqslant 1.0$kPa，RTFOT 老化后的沥青抗车辙因子 $G^*/\sin\delta \geqslant 2.2$kPa。

设计沥青比选的预备试验，试验和分析步骤如下：①每种沥青取六份样品，对其进行 DSR 试验，检测这八种沥青样品的疲劳因子和车辙因子；②对比选出 DSR 试验中疲劳因子综合复现率误差值 Δcof 最低的五种沥青进行车辙因子检测；③进行 DSR 试验，选取车辙因子综合复现率误差值 Δcor 最低的三种沥青作进一步的预备试验；④三种沥青在同等条件（相同级配和空隙率）下成型混合料小梁试件和车辙试件；⑤四点弯曲小梁试验评价混合料的疲劳性能；⑥车辙试验评价混合料的高温性能；⑦分析三种沥青的疲劳因子、车辙因子和混合料疲劳性能和高温性能的关联度；⑧取关联度高的沥青作为正式试验用沥青。

通过上述预备试验，可以选出在沥青试验指标最稳定，沥青指标与混合料指标关联最密切的优质基质沥青。

3.2.1 疲劳因子复现率误差分析

取这八种沥青分别进行 DSR 试验，根据试验规程，疲劳因子的沥青首先进行 RTFOT 老化，再进行 PAV 老化。采用应变控制方式加载，试样应变值 $\gamma = 1\%$，试验频率为 10rad/s，采用直径为 8mm、厚度为 2mm 的试样。试验结果如表 3.6 所示。

表 3.6　八种沥青的 DSR 疲劳因子测试结果

温度/℃ 沥青	目标值	加德士 70#	埃索 70#	SK70#	中海 70#	克拉玛依 70#	中海 90#	SK90#	克拉玛依 90#
19		3926	2212	2782	3321	3991	1822	1922	1723
19		3621	2427	2881	2864	4230	1893	1839	1920
19		3721	2230	3012	2930	3738	2015	1728	2131
16		6380	4412	5629	5012	6551	4828	4721	5980
16	≤5000kPa	7129	4843	5121	6221	8212	4728	4340	5728
16		7834	4730	5822	5823	7732	5118	4034	5341
13		10150	9283	8829	12301	14129	7728	7283	8472
13		10662	8923	9283	10351	11234	8104	8001	8239
13		11382	9912	10232	12447	13883	7212	6821	6799

根据 JTG E20—2011 规程，分别将每个温度下的 $G^*\sin\delta$ 取平均，再将每个检测值与平均值的差值相加，再用平均值的百分数表示，即为该温度下的 $G^*\sin\delta$ 复现性误差率。

三种温度下的 $G^*\sin\delta$ 复现性误差率如图 3.3～图 3.5 所示。

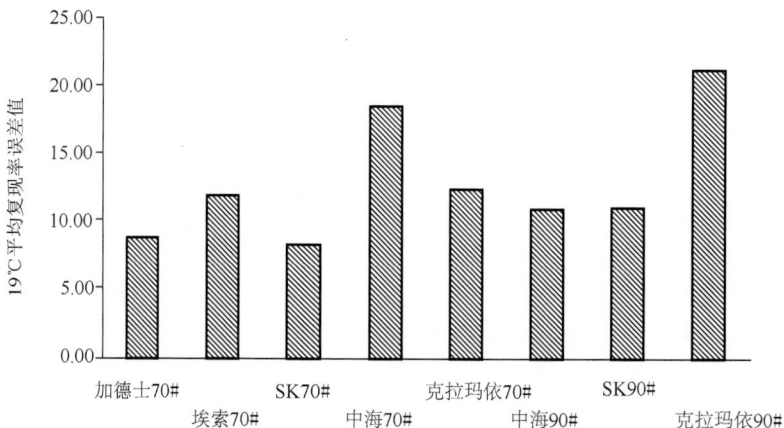

图 3.3　19℃时八种沥青的 $G^*\sin\delta$ 值复现率误差值

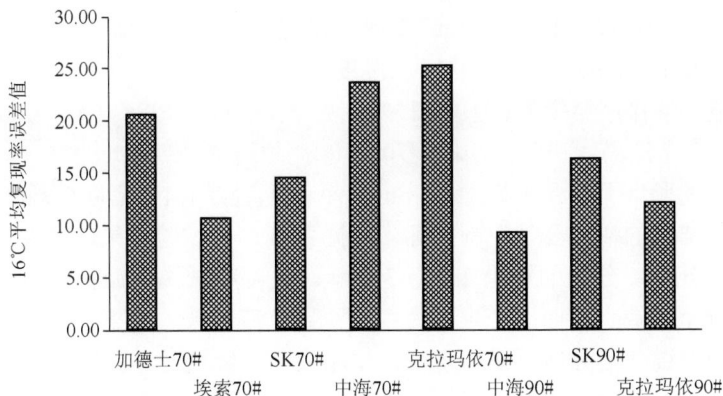

图 3.4　16℃时八种沥青的 $G^*\sin\delta$ 值复现率误差值

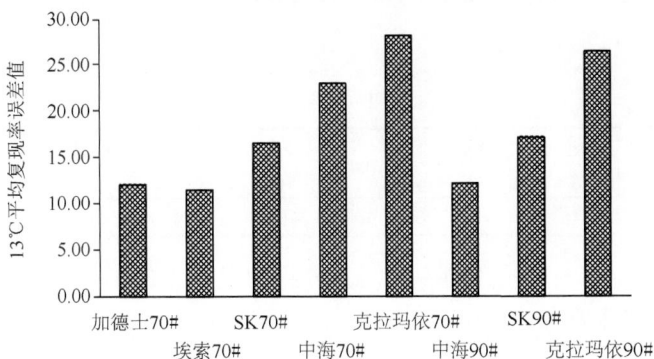

图 3.5　13℃时八种沥青的 $G^*\sin\delta$ 值复现率误差值

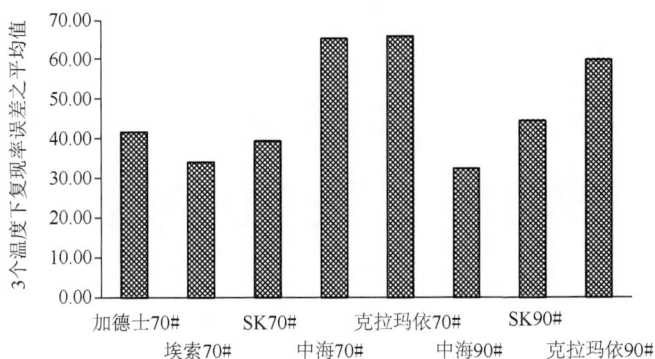

图 3.6　三个温度下八种沥青的 $G^*\sin\delta$ 值复现率误差值平均值

从图 3.6 可以看出，上述三个温度下的 $G^*\sin\delta$ 复现率误差值表明了在多个温度下，试验用的八种沥青在 DSR 试验中温疲劳性能所表现出来的稳定性，误差值越低，沥青的性能越稳定，试验结果越可靠，与混合料疲劳性能的联系从理论角度上越高。三个温度各自的 $G^*\sin\delta$ 复现率误差值作为参考值，将 $G^*\sin\delta$ 复现率误差值平均值作为终选值一，并以三温度误差值平均值从小到大的顺序进行排序。终选值一的排序结果为：①中海 90#；②埃索 70#；③SK70#；④加德士 70#；⑤SK90#；⑥克拉玛依 90#；⑦中海 70#；⑧克拉玛依 70#。

DSR 试验验证了中温疲劳分级，Superpave 沥青胶结料规范将 $G^*\sin\delta \leqslant 5000\text{kPa}$ 作为沥青胶结料的疲劳开裂控制指标，根据表 3.6 的试验结果，可将八种沥青进行中温疲劳分级，分级的结果如表 3.7 所示。温度越低说明沥青越柔软，能够较好地抵御避免或减少路面因产生应力累积而导致疲劳破，但事实证明，并不是每一种沥青的中温疲劳分级都是恒定的，中温疲劳分级会随着沥青质量和试验条件的变化而变化。排除一切试验干扰后，可以认为，只有当某种沥青所处的中温疲劳分级温度上的 $G^*\sin\delta$ 复现率误差值最低时，分级才足够稳定，可信度才越高。为此，根据表 3.6 的试验结果，将八种预备试验用沥青进行中温分级。分级结果如表 3.7 所示。

表 3.7　八种沥青的中温疲劳分级

沥青种类	加德士 70#	埃索 70#	SK70#	中海 70#	克拉玛依 70#	中海 90#	SK90#	克拉玛依 90#
中温疲劳分级/℃	19	16	19	19	19	16	16	19

取这八种沥青各自所在的中温疲劳分级的温度上的 $G^*\sin\delta$ 复现率误差值进行对比，如图 3.7 所示。

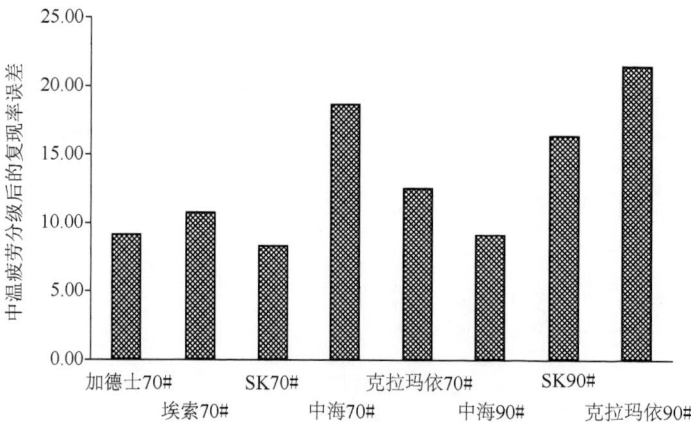

图 3.7　中温疲劳分级的沥青的 $G^*\sin\delta$ 复现率误差值

沥青所在的中温疲劳分级温度是沥青设计的重要指标和混合料设计疲劳性能关联的参数，因此将中温疲劳分级 $G^*\sin\delta$ 复现率误差值作为终选值二，并以误差值总和从小到大的顺序进行排序。终选值二的排序结果为：①SK70#；②加德士

70#；③中海 70#；④埃索 70#；⑤克拉玛依 70#；⑥SK90#；⑦中海 90#；⑧克拉玛依 90#。

将终选值一的排序和终选值二的排序进行平均，得到最终的疲劳因子复现率误差值最终排序（排序一）为：①中海 90#；②SK70#；③埃索 70#；④加德士 70#；⑤SK90#；⑥克拉玛依 70#；⑦中海 70#；⑧克拉玛依 90#。

在接下来的试验中，选取排名前 5 的沥青，即中海 90#、SK70#、埃索 70#、加德士 70# 和 SK90#。

3.2.2　车辙因子复现率误差分析

SHRP 选取 DSR 试验中的 $G^*/\sin\delta$ 作为表征沥青结合料抗车辙性能的指标，它的物理意义是损失剪切柔量的倒数，数值越大说明损失剪切柔量越小，弹性越大，抗车辙能力越强。它在数学含义上与疲劳因子 $G^*\sin\delta$ 呈反比关系，即沥青结合料的高温性能越强，疲劳性能越差，如何解决和调和这一矛盾是诸多学者研究多年的问题。车辙因子在测定时要求对原样沥青和 RTFOT 后残留沥青试样分别进行两次动态剪切试验，应变控制方式（$\gamma=1\%$）和剪切速率（10rad/s）不变。设定 DSR 试验水浴温度分别在 70℃、64℃、58℃、52℃ 和 48℃。试验结果见表 3.8～表 3.12。

表 3.8　中海 90# 沥青的 DSR 车辙因子测试结果

温度/℃	52	58	64	70
原样沥青 $G^*/\sin\delta$ / kPa	3.5220	1.4550	0.8160	0.4140
	3.7710	1.6320	0.8860	0.4160
	3.1230	1.3920	0.8220	0.4080
均值	3.4720	1.4930	0.8410	0.4130
RTFOT 老化后沥青 $G^*/\sin\delta$ / kPa	5.4640	2.1560	1.1790	0.7820
	5.7820	2.0100	1.2330	0.8020
	5.1450	2.2040	1.1660	0.7890
均值	5.4640	2.1230	1.1930	0.7910

表 3.9　SK70# 沥青的 DSR 车辙因子测试结果

温度/℃	52	58	64	70
原样沥青 $G^*/\sin\delta$ / kPa	5.1420	2.5560	1.3150	0.4770
	5.2760	2.6340	1.4850	0.4650
	5.1170	2.6910	1.2270	0.4710
均值	5.1780	2.6270	1.3420	0.4710
RTFOT 老化后沥青 $G^*/\sin\delta$ / kPa	11.9640	4.5510	2.2790	0.7820
	11.7820	4.4050	2.5330	0.8020
	12.8850	4.5640	2.4660	0.7890
均值	12.2100	4.5070	2.4260	0.7910

表 3.10　埃索 70#沥青的 DSR 车辙因子测试结果

温度/℃	52	58	64	70
原样沥青 $G^*/\sin\delta$/ kPa	5.5210	2.4550	1.3160	0.7710
	5.5760	2.6370	1.3360	0.7650
	5.6130	2.4520	1.2920	0.7750
均值	5.570	2.515	1.315	0.770
RTFOT 老化后沥青 $G^*/\sin\delta$/ kPa	12.5660	5.1960	2.7790	1.4640
	12.7810	5.1800	2.6330	1.4410
	12.5490	5.0840	2.7660	1.4980
均值	12.6320	5.1530	2.7260	1.4680

表 3.11　加德士 70#沥青的 DSR 车辙因子测试结果

温度/℃	52	58	64	70
原样沥青 $G^*/\sin\delta$/ kPa	5.5330	2.3300	1.3430	0.7810
	5.6880	2.5060	1.4140	0.7420
	5.7320	2.5140	1.3940	0.7440
均值	5.651	2.450	1.384	0.756
RTFOT 老化后沥青 $G^*/\sin\delta$/ kPa	12.1360	5.2060	2.4190	1.4520
	12.8910	5.1030	2.3430	1.4620
	12.1980	5.4140	2.6560	1.4810
均值	12.4080	5.2410	2.4730	1.4650

表 3.12　SK90#沥青的 DSR 车辙因子测试结果

温度/℃	48	52	58	64
原样沥青 $G^*/\sin\delta$/ kPa	6.4140	3.6160	1.2530	0.7650
	6.3160	3.7460	1.3350	0.7830
	6.4580	3.3240	1.1940	0.7410
均值	6.396	3.562	1.261	0.763
RTFOT 老化后沥青 $G^*/\sin\delta$/ kPa	10.7820	3.4640	2.0510	1.0730
	10.8020	4.1870	2.0150	1.0340
	10.4890	4.1430	2.0060	0.9670
均值	10.6910	3.9310	2.0240	1.0250

　　分别将各个温度下的 $G^*/\sin\delta$ 检测值取平均，再将每个检测值与平均值的差值的绝对值相加，再用平均值的百分数表示，即为该温度下的 $G^*/\sin\delta$ 复现性误差值，再对每个温度下的复现性误差率相加后求平均，得到复现性误差率平均值以及老化前后的复现性误差率。

　　根据图 3.8 的结果可知，在所有温度下，老化前复现性误差均值排序为：①埃索 70#；②加德士 70#；③SK70#；④SK90#；⑤中海 90#。老化后复现性误差均值排序为：①埃索 70#；②SK70#；③加德士 70#；④中海 90#；⑤SK90#。

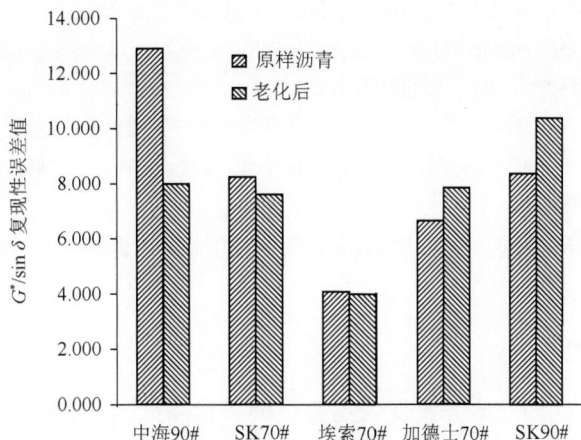

图 3.8 所试验的所有温度下的复现性误差均值

根据表 3.8～表 3.12 的检测结果，按分级要求：①原样沥青的 $G^*/\sin\delta$ 不得小于 1.0 kPa；②RTFOT 后残留沥青的 $G^*/\sin\delta$ 不得小于 2.2 kPa。上述五种沥青高温等级分级结果如表 3.13 所示。

表 3.13　五种沥青的高温分级结果

沥青种类	中海 90#	SK70#	埃索 70#	加德士 70#	SK90#
中温疲劳分级/℃	52	64	64	64	52

将分级后的该温度级别上的 $G^*/\sin\delta$ 复现性误差值老化前后再取平均后排序，结果如图 3.9 所示。

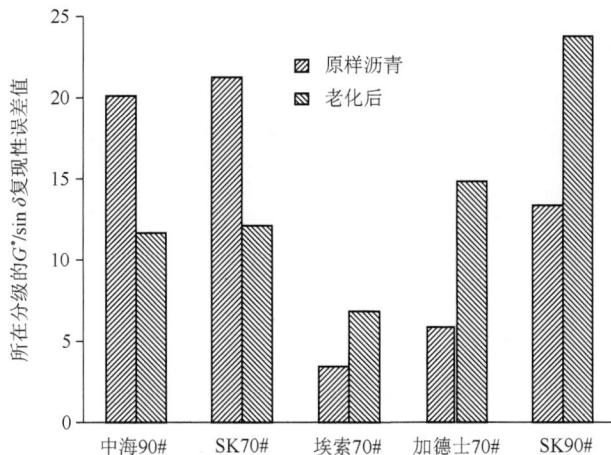

图 3.9　所处分级的 $G^*/\sin\delta$ 复现性误差均值

根据图 3.9 的结果可知，在所处级别温度下，老化前所处分级的 $G^*/\sin\delta$ 复现性误差均值的排序为：①埃索 70#；②加德士 70#；③SK90#；④中海 90#；⑤SK70#。老化后所处分级的 $G^*/\sin\delta$ 复现性误差均值的排序为：①埃索 70#；②中海 90#；③SK70#；④加德士 70#；⑤SK90#。

对所有温度下和所处级别温度下的四种排名再进行平均后综合排名，得到车辙因子终选排名（排序二）为：①埃索 70#；②加德士 70#；③SK70#；④中海 90#；⑤SK90#。

在接下来的预备试验中，选取排名前 3 的沥青，即埃索 70#、加德士 70#和 SK70#。

3.2.3　BBR 试验

此前 SHRP 计划的研究发现仅用常规沥青检测试验（如低温针入度和低温延度等）检测沥青材料的低温性能不够精确，只有用流变力学指标才能更为精准和客观地作出评价。经过大量的试验对多种试验方法进行比选，认为 BBR 试验中极限劲度模量 S 及蠕变速率 m 能够较好地反映沥青混合料低温抗裂性能，也与 TSRST 试验中的断裂温度存在良好的相关关系；DSR 试验与 BBR 试验相辅相成，分别关注了沥青性能的高低温两个方面，故本书将采用 BBR 试验来评价沥青材料的低温抗裂性能进行辅助评价，评价的结果作为 DSR 试验对沥青性能稳定性的一个补充。本节将通过 BBR 试验对 DSR 试验得出的三种基质沥青进行评价，目标是使得三种沥青能够满足基本的试验要求。

BBR 可以检测低温条件下沥青胶结料劲度模量，其中利用的是传统的弯曲梁蠕变原理。沥青小梁试样在 BBR 试验中呈两端支撑、中点加载的模式，计算蠕变劲度的公式为

$$S(t) = \frac{PL^3}{4bh^3\Delta(t)} \tag{3.1}$$

其中，$S(t)$ 为随时间变化的劲度模量，$t=60\mathrm{s}$；P 为中点恒载，980mN；$\Delta(t)$ 为随时间变化的梁跨中变形，$t=60\mathrm{s}$；L 为小梁试件的两支撑点的间距；b 为小梁试件宽度；h 为高度。规范中的尺寸为：$L=102\mathrm{mm}, b=12.5\mathrm{mm}, h=6.25\mathrm{mm}$。

劲度模量 $S(t)$ 可即时显示在计算机中，m 是劲度模量 $S(t)$ 随时间的衰减趋势线的变化率，也可通过计算机自动读取。通常选取双对数曲线，这里的 m 即表示双对数坐标图上劲度与时间关系曲线上的即时斜率，如图 3.10 所示。

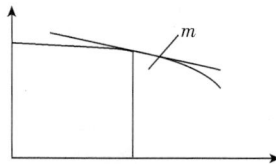

图 3.10　m 的确定方法

　　从 SHRP 的研究结果中发现，劲度 S 可很好地表征沥青结合料的脆性，此值越高表示路面越容易开裂破坏；斜率 m 则表示随温度变化的敏感性，此值越高即表示当温度下降使路面产生收缩时，结合料的响应如同降低了劲度的材料，材料中的拉应力减小，出现低温开裂的可能性也减小。SHRP 在设计规范中的建议为要求沥青试样在既定试验温度下的弯曲劲度模量 $S \leqslant 300MPa$，蠕变曲线斜率 $m \geqslant 0.3$。本次试验采用 Canon 产弯曲梁流变仪进行试验，试验设备与试样加载照片如图 3.11 所示。

(a)　　　　　　　　　　　　　　　　　(b)

图 3.11　弯曲梁流变仪（BBR 试验仪）

表 3.14 所示为试验结果。

表 3.14　不同胶粉掺量的 BBR 指标

测试项目 沥青	−12℃		−18℃		−24℃	
	S	m	S	m	S	m
埃索 70#	168	0.365	595	0.236	552	0.191
	178	0.379	376	0.281	550	0.211
加德士 70#	107	0.308	239	0.37	580	0.174
	111	0.421	298	0.323	650	0.202
SK70#	69.8	0.452	171	0.325	365	0.243
	67.3	0.477	215	0.339	337	0.258

　　整合表 3.13，将 PG 分级结果进行汇总，汇总结果如表 3.15 所示。

表 3.15　不同胶粉掺量 PG 分级

沥青	PG 分级
埃索 70#	PG64-22
加德士 70#	PG64-28
SK70#	PG64-28

由表 3.15 数据可得，随着胶粉掺量的增加，沥青的高温性能逐渐降低，低温性能逐渐升高。在胶粉掺量为 5%时，沥青的高温分级为 64℃，与基质沥青相比，高温性能相差很小。低温分级 22℃，与基质沥青相比，略微有些改善。说明在 5%掺量情况下，与基质沥青相比，高温性能基本一样，低温性能有所改善。当胶粉掺量较高时，如达到 15%和 20%时，低温分级可以达到 28℃，低温性能已经明显得到改善。但高温性能也下降到了 58℃，此时低温性能比较突出，高温性能不足。如果在保证低温性能不下降，或者略有降低的情况下，能够改善沥青的高温性能，就可以大大提高该沥青的应用范围，这也是本书着重研究的方向。

3.2.4 马歇尔目标空隙率试验

本节仅针对这三种沥青进行，按 3.1.2 节中石料进行设计的三种级配均为 AC-13 级配，如表 3.16 所示。

表 3.16 预备试验设计级配

级配编号	筛孔尺寸/mm	16	13.2	9.5	4.75	2.36	1.18	0.6	0.3	0.15	0.075
YG-1	通过率/%	100	100	78	48	34	20	15	11	9	6
YG-2		100	95	76	48	34	20	15	11	9	5
YG-3		100	90	74	48	34	20	15	11	9	4

从级配 1 到级配 3，10~15mm 的石料在增多，矿粉用量在减少，总体上级配在变粗。每个级配选取 3 个沥青用量，由于是密级配，选取 0.5%为间隔，分别为 4%、4.5%和 5%。将三种沥青进行正交组合设计。试验结果如表 3.17~表 3.19 所示，其中毛体积相对密度采用马歇尔试件表干法测得，最大理论相对密度通过抽真空的实测法测得。

表 3.17 埃索 70# AC-13 混合料空隙率计算结果

级配	沥青用量/%	毛体积相对密度	最大理论相对密度	空隙率/%
YG-1	4	2.435	2.552	4.58
		2.438		4.46
		2.436		4.54
	4.5	2.441	2.549	4.24
		2.44		4.28
		2.441		4.24
	5	2.452	2.546	3.68
		2.453		3.64
		2.451		3.64

续表

级配	沥青用量/%	毛体积相对密度	最大理论相对密度	空隙率/%
YG-2	4	2.435	2.552	4.58
		2.438		4.46
		2.436		4.54
	4.5	2.441	2.549	4.24
		2.44		4.28
		2.441		4.24
	5	2.452	2.546	3.68
		2.453		3.64
		2.451		3.64
YG-3	4	2.435	2.552	4.58
		2.438		4.46
		2.436		4.54
	4.5	2.441	2.549	4.24
		2.44		4.28
		2.441		4.24
	5	2.452	2.546	3.68
		2.453		3.64
		2.451		3.64

表 3.18　加德士 70# AC-13 混合料空隙率计算结果

油石比/%	毛体积相对密度	最大理论相对密度	空隙率/%
4	2.413	2.533	4.72
	2.413		4.72
	2.418		4.52
4.5	2.421	2.530	4.32
	2.420		4.36
	2.422		4.28
5	2.431	2.527	3.81
	2.434		3.69
	2.436		3.61

表 3.19　SK70# AC-13 混合料空隙率计算结果

油石比/%	毛体积相对密度	最大理论相对密度	空隙率/%
4	2.423	2.543	4.71
	2.427		4.55
	2.421		4.79

续表

油石比/%	毛体积相对密度	最大理论相对密度	空隙率/%
4.5	2.432	2.540	4.24
	2.437		4.04
	2.433		4.20
5	2.440	2.537	3.82
	2.442		3.74
	2.440		3.82

根据上述试验结果，由于 OAC_{min}~OAC_{max} 没有达到最大密度，取目标空隙率 4%时的油石比作为最佳油石比，三种沥青混合料分别为 4.7%、4.7%和 4.6%。

3.2.5　比选试验结果

根据 3.2.4 节的设计，通过试拌混合料成型试验用小梁试件。首先进行三种混合料在最佳沥青用量下的四点弯曲小梁疲劳试验。为保证试验的准确性，每组试验采用三个平行试验，如果出现变异性大于 5%的数据，则进行第四个平行试验，依次类推，直至控制所有试验数据均在 5%的变异性以内。试验结果如表 3.20 所示。

表 3.20　三种混合料的疲劳试验结果

混合料类型	沥青用量	应变量	初始模量	疲劳次数 N_{f50}	疲劳次数 N_{fNM}
埃索 70#AC-13	4.7	500	3650	9540	17820
			4182	8720	20390
			3848	8820	19920
		1000	3428	1200	5290
			3627	1340	5380
			3802	1370	5130
			3640	1260	5240
加德士 70#AC-13	4.7	500	3845	10290	17480
			3941	9820	18290
			3562	12330	23230
			3474	9870	18900
		1000	3346	1320	3480
			3447	1480	4020
			3127	1100	4170

续表

混合料类型	沥青用量	应变量	初始模量	疲劳次数 N_{f50}	疲劳次数 N_{fNM}
SK70#AC-13	4.6	500	4292	7820	17020
			4029	7690	16400
			4238	9020	18820
		1000	3789	880	3420
			3832	1020	3320
			3880	950	3820
			3452	970	3250

综合 3.2.1 节和 3.2.2 节的结论，再次进行综合排序，将名次加和后取名次加和数值按由小到大的顺序排名，名次加和值相同的按两个名次差值的绝对值较小的排前面的原则，最终得到排序为：①埃索 70#；②SK70#；③加德士 70#（排序三）。

根据研究建议，若选取综合性能较稳定的沥青，则按排序三进行选取；若偏重沥青的疲劳性能，则按排序一进行选取；若偏重沥青的高温性能，则按排序二进行选取。上述三种排序结果与本研究选取的沥青批次有关，可用做施工和研究参考，当需要考虑某方面的性能时，依据排序进行选取。

3.3　影响因素分类

3.3.1　针入度

文献[116]的研究发现，沥青的针入度对疲劳寿命有一定程度的影响。且不同新旧程度的沥青表现出的针入度的大小不同，是沥青中组分变化的直观体现。针入度是沥青标号的指标，容易获取并具有很高的稳定性。

选取上述八种基质沥青进行混合料设计。这八种沥青有着不同的针入度。沥青指标如表 3.3 和表 3.4 所示。

3.3.2　软化点

Pell 等[117]的研究表明，在一定的沥青用量下，沥青的软化点越高，混合料的疲劳寿命就越长。Pell 等的分析是基于应力控制疲劳试验得来的，应力控制疲劳试验由于试验手段简单，误差较大，现阶段已经较少使用。软化点究竟是否具有如此之高的代表性，目前仍不得而知。而软化点的变化在应变控制疲劳试验中，与设计是否有固定的关系，也是一个值得验证的环节。在本次试验中，列出各种沥青的软化点以供分析，指标取自表 3.1 和表 3.2。

3.3.3 疲劳因子

美国 SHRP 试验提出的 DSR 实验室对沥青指标的全面检测,它改变了以往美国沥青的高温分级标准,其中温疲劳因子是 DSR 试验中反映沥青性能的重要指标,本节将 DSR 疲劳因子亦列为疲劳影响因素加以研究。根据试验规程,疲劳因子的沥青首先进行 RTFOT 老化,再进行 PAV 老化。将经过不同程度老化后的沥青分别进行 DSR 试验,采用应变控制方式加载,试样应变值 $\gamma = 1\%$,试验频率为 10rad/s,采用直径为 8mm、厚度为 2mm 的试样。试验结果如表 3.21 所示。

表 3.21 八种沥青的 DSR 疲劳因子测试结果

沥青温度	分级目标值	加德士 70#	埃索 70#	SK70#	中海 70#	茂名 70#	中海 90#	SK90#	克拉玛依 90#
19		3926	2212	2782	3321	3991	1822	1922	1723
		3621	2427	2881	2864	4230	1893	1839	1920
		3721	2230	3012	2930	3738	2015	1728	2131
均值		**3756**	**2290**	**2892**	**3038**	**3986**	**1910**	**1830**	**1925**
16	≤5000kPa	6380	4412	5629	5012	6551	4828	4721	5980
		7129	4843	5121	6221	8212	4728	4340	5728
		7834	4730	5822	5823	7732	5118	4034	5341
均值		7114	4662	5524	5685	7498	4891	4365	5683
13		10150	9283	8829	12301	14129	7728	7283	8472
		10662	8923	9283	10351	11234	8104	8001	8239
		11382	9912	10232	12447	13883	7212	6821	6799
均值		10731	9373	9448	11700	13082	7681	7368	7837

注:加粗数据为选做影响因素的项目。

DSR 试验验证了中温疲劳分级,Superpave 沥青胶结料规范将 $G^* \sin\delta \leqslant 5000\text{kPa}$ 作为沥青胶结料的疲劳开裂控制指标[118],根据表 3.21 的试验结果,可将八种沥青进行中温疲劳分级,分级的结果如表 3.22 所示。越低的温度说明沥青越柔软,能够较好地抵御避免或减少路面因产生应力累积而导致疲劳破坏。根据表 3.21 的试验结果,将八种预备试验用沥青进行中温分级。分级结果如表 3.22 所示。

表 3.22 八种沥青的中温疲劳分级

沥青种类	加德士 70#	埃索 70#	SK70#	中海 70#	茂名 70#	中海 90#	SK90#	克拉玛依 90#
中温疲劳分级/℃	19	16	19	19	19	16	16	19

由于大多数(有五种)沥青都分级为 19℃,为保持一致性,将统一选择表 3.3 中 19℃时的平均 $G^* \sin\delta$ 作为疲劳因子影响因素。

3.3.4　黏度

黏度是沥青混合料施工中的重要指标[119]，是影响产能的重要因素；研究发现，黏度或旋转黏度与沥青混合料的路用性能如高温车辙、水稳定性还有一定的关联。本研究选用的沥青既要与疲劳性能有一定的关联，又要满足施工中达到既定产能的需要，特选取布氏黏度作为评选基质沥青的标准。

选取对施工影响最大的 135℃的黏度作为评价标准。八种沥青的黏度如表 3.23 所示。

表 3.23　八种沥青的黏度

沥青种类	加德士 70#	埃索 70#	SK70#	中海 70#	茂名 70#	中海 90#	SK90#	克拉玛依 90#
黏度/(Pa·s)	0.533	0.551	0.521	0.481	0.514	0.485	0.512	0.475

3.3.5　黏结强度

研究和工程经验都表明一点，沥青路面的破坏，包括泛油、坑槽、龟裂、各种水损害、横向开裂、纵向开裂等，均来自沥青黏附性的丧失[2,5,12]。通过细观结构的观察可以发现，沥青对石料的附着力来自沥青融入石料表面的微小空隙所带来的摩擦力以及沥青与石料表面的分子间范德华力。导致层间材料不能提供足够的抗剪强度和黏结强度。同时在高等级公路的施工中，对于层间采用何种材料进行处理，规范中缺乏明确的指导建议，施工单位和建设单位只能简单地套用规范，从而导致我国道路工程中层间结合问题层出不穷，严重影响行车的舒适性、安全性，缩短了道路的使用寿命，增加了维修养护成本。

综上所述，在当前的大环境下，为有效解决超薄层罩面、桥面铺装及"白改黑"路面等一系列薄层罩面层间黏结问题，沥青混凝土的疲劳开裂主要是从石料与沥青界面之间开始，在久而久之的往复应力作用下，首先受到冲击的即为沥青与石料的裹附力，而这种疲劳性能反映到细观层面即黏结性能；这里的黏结性能大多是单次破坏，但往复作用通常是无数个单次作用的结果，可以看做从细观到宏观的一个改变；减少沥青路面疲劳破坏，找到合适的层间材料黏结效果评价方法，并进行不同沥青材料层间黏结效果评价研究也有其必要性和重要的现实意义。

拉拔试验在实验室大型试验段的 AC20 中面层路面上实现，选取表面有较大孔隙的位置，能够保证在拉拔试验进行时的不受到大气压的影响。试验准备步骤为：用砂纸将拉拔头柄表面和路表面层打磨干净，同时加热各种待用基质沥青至150℃，恒温 3h 后沥青呈流淌状后均匀涂抹于已经风干的路面上，用量按 0.7kg/m² 均匀涂抹，每个沥青平行试验 2 次，装上拉拔头，室温下静置 24h 后进行试验。

拉拔工具如图 3.12 所示，拉拔头柄直径为 10cm，杠杆总长 86cm，支点处将杠杆分为 1∶6 的比例。试验结果如表 3.24 所示。

图 3.12　拉拔试验

表 3.24　八种沥青的拉拔强度

沥青种类	加德士 70#	埃索 70#	SK70#	中海 70#	茂名 70#	中海 90#	SK90#	克拉玛依 90#
拉拔强度/MPa	0.68	0.72	0.66	0.64	0.47	0.56	0.61	0.55

3.3.6　沥青膜厚度

根据研究，疲劳破坏的产生是来自黏结性能的失效，沥青黏结石料是靠沥青与细集料、矿粉裹附后形成的沥青胶浆嵌入粗集料表面的开口孔隙或与石料间微观上的分子力结合而成的黏附力。

有研究表明[120]，沥青混合料中的沥青膜越厚，沥青混合料越显柔性和耐久性；沥青膜越薄，沥青混合料越脆，越易产生开裂和剥落。对于沥青混凝土一般要求沥青膜厚在 6~8μm。

关于沥青膜厚度，我国的规范中未曾提出具体指标。仅根据国外资料建议，通常情况下连续密集配沥青混合料的沥青膜有效厚度宜不小于 6μm，密实式沥青碎石混合料的有效沥青膜厚度宜不小于 5μm。根据蔡氧等的研究，对于 Superpave-19 混合料动稳定度试验，沥青膜厚为 8.328μm 时试验结果最好[121]。这说明对于密级配混合料，为提高其疲劳性能，在出现车辙隐患之前沥青膜厚度尚具有一定的上升空间。在有效沥青用量大致相同的情况下，沥青膜厚度的不同取决于混合料级配中各档料的通过率，因此从某种意义上也可以将沥青膜厚度看做级配与沥青用量对疲劳性能的综合影响。

本次试验的沥青膜厚度的计算如表 3.25 所示。

表 3.25　比表面积与沥青膜厚度计算

筛孔		>4.75	4.75	2.36	1.18	0.6	0.3	0.15	0.075	SA/(m²/kg)	沥青膜厚度/μm（沥青用量 5.4%）	沥青膜厚度/μm（沥青用量 4.7%）	沥青膜厚度/μm（沥青用量 4.0%）
FAᵢ		0.41	0.41	0.82	1.64	2.87	6.14	12.29	32.77				
通过率	YG-1	100	48	34	20	15	11	9	6				
	YG-2	100	48	34	18	15	11	9	5				
	YG-3	100	48	34	20	15	11	9	4				
比表面积	YG-1	0.41	0.197	0.279	0.328	0.431	0.675	1.106	1.966	5.392	9.724	8.337	6.842
	YG-2	0.41	0.197	0.279	0.295	0.431	0.675	1.106	1.639	5.031	10.420	8.934	7.333
	YG-3	0.41	0.197	0.279	0.328	0.431	0.675	1.106	1.311	4.736	11.069	9.491	7.789

3.3.7　空隙率

根据之前的研究[122]，沥青混合料的空隙率与其疲劳有着紧密的联系，空隙率越大，疲劳寿命越小。在很多疲劳方程中都体现了这一点。本书也将空隙率列为影响因素之一加以考虑，每组试验采取实测法获取小梁试件的空隙率。

3.3.8　沥青用量

混合料的疲劳性能主要来自于沥青，沥青用量的多寡直接决定了混合料的疲劳性能[123]。大量的研究都表明了这一点。当然，沥青用量与空隙率、沥青膜厚度、初始劲度模量都有内在的联系，但沥青用量是最为基本和直观的因素。本书也将沥青用量列为影响因素之一加以考虑，为使变化更为明显，沥青用量的变化取较大的间隔，结合工程经验，暂取沥青用量为 5.5%、4.7%和 3.9%。

3.3.9　初始劲度模量

初始劲度模量一般指疲劳试验中第 50 次加载时的劲度模量，它是一个力学指标，最初是用来评判疲劳寿命何时结束的辅助指标。从以往的研究发现，在应力控制的试验中，疲劳寿命会随着劲度模量的增大而增大，在应变控制试验中，却会得到相反的结论。Havery 等、SHELL、虞将苗[18,24,36]的疲劳模型中都考虑了初始劲度模量对疲劳性能的影响，但尚不全面，本书将其放入大样本中进行考虑作更为全面的相关性检验。

3.4　疲 劳 试 验

本节仅考虑沥青用量的变化，基于试验计划的限制，本节的研究每个沥青膜厚度计算对应的是随机选取八种基质沥青中的一种。三种级配下的比表面积和九种情况下的沥青膜厚度计算如表 3.25 所示。

选用第 2 章中的 BFA 进行四点弯曲小梁疲劳试验。为增大试验覆盖面积，考虑到应变与疲劳的关系较为明晰，仅取 $1000\mu\varepsilon$ 作为基准应变。一共完成有效试件 32 组，废试件 5 组，试验结果如表 3.26 所示。

表 3.26　疲劳影响因素试验结果

试验编号	针入度/0.1mm	软化点/℃	疲劳因子/kPa	布氏黏度/（Pa·s）	拉拔强度/MPa	沥青膜厚度/μm	空隙率/%	沥青用量/%	初始模量/MPa	疲劳次数 N_{f50}/次
1	67	47.7	3756	0.68	0.78	9.724	3.47	5.4	4250	8540
2	68	48.5	2290	0.72	0.82	9.724	3.55	5.4	4382	8720
3	68	49.2	2892	0.66	0.68	8.337	4.11	4.7	4848	3810
4	72	47.8	3038	0.64	0.65	10.420	3.16	5.4	3428	6200
5	71	48.4	3986	0.47	0.47	6.842	5.20	4.0	4627	1440
6	92	46.7	1910	0.56	0.56	7.333	4.75	4.0	3602	1780
7	87	46.5	1830	0.66	0.61	11.069	3.42	5.4	3140	10260
8	92	45.3	1925	0.55	0.55	9.491	3.55	4.7	3445	8290
9	67	47.7	3756	0.68	0.78	8.337	4.06	4.7	4641	4320
10	68	48.5	2290	0.72	0.82	9.724	3.64	5.4	3562	12330
11	68	49.2	2892	0.66	0.68	10.420	3.38	5.4	3474	9870
12	72	47.8	3038	0.64	0.65	8.934	4.10	4.7	4245	4320
13	71	48.4	3986	0.47	0.47	7.333	5.21	4.0	3447	3480
14	92	46.7	1910	0.56	0.56	7.789	5.16	4.0	3527	4100
15	87	46.5	1830	0.66	0.61	9.724	3.98	5.4	3292	12820
16	92	45.3	1925	0.55	0.55	8.337	4.24	4.7	3529	7990
17	67	47.7	3756	0.68	0.78	11.069	3.25	5.4	4038	9020
18	68	48.5	2290	0.72	0.82	7.333	5.06	4.0	4789	1280
19	68	49.2	2892	0.66	0.68	11.069	3.41	5.4	3832	8020
20	72	47.8	3038	0.64	0.65	9.491	3.98	4.7	4480	4950
21	71	48.4	3986	0.47	0.47	9.724	3.61	5.4	3752	9870
22	92	46.7	1910	0.56	0.56	6.842	5.62	4.0	3623	2130
23	87	46.5	1830	0.66	0.61	7.789	5.06	4.0	3522	3250
24	92	45.3	1925	0.55	0.55	10.420	3.60	5.4	3109	12030
25	67	47.7	3756	0.68	0.78	8.337	4.05	4.7	4212	4120
26	68	48.5	2290	0.72	0.82	9.491	3.89	4.7	4523	4550
27	68	49.2	2892	0.66	0.68	8.934	4.02	4.7	4456	3820
28	72	47.8	3038	0.64	0.65	7.789	4.81	4.0	4781	2230
29	71	48.4	3986	0.47	0.47	6.842	5.32	4.0	4829	980
30	92	46.7	1910	0.56	0.56	7.333	4.86	4.0	4125	3230
31	87	46.5	1830	0.66	0.61	8.934	4.10	4.7	3332	5590
32	92	45.3	1925	0.55	0.55	11.069	3.51	5.4	3129	13220

　　从上述试验结果可以看出，埃索 70#沥青在疲劳因子、黏度、拉拔强度和最终的疲劳寿命上都具有较大优势，加之其性能的稳定性优，在之后的基质沥青和改性沥青试验中，均选取埃索 70#进行研究。

3.5　相关性分析

　　将表 3.26 的试验结果运用 SPSS 进行全局线性相关分析和一阶偏相关分析[124]。输出 Pearson 相关系数及其双边检验结果。全局线性 Pearson 相关系数反映了在任何情况下综合的影响，是统计学里最为全面和苛刻的分析检验方法，其相关系数能直接反映两者之间的关系。表 3.27 展示了全局线性相关分析结果。

表 3.27　线性相关系数

检验项目		N_{f50}	沥青膜厚度	拉拔强度	针入度	软化点	$G^*\sin\delta$	135℃	空隙率	沥青用量	初始劲度模量
N_{f50}	相关系数 p	1	0.838**	0.109	0.141	−0.288	−0.237	0.164	−0.770**	0.882**	−0.607**
	置信度		0.000	0.553	0.440	0.110	0.192	0.369	0.000	0.000	0.000
沥青膜厚度	p	0.838**	1	0.307	−0.109	−0.053	−0.093	0.167	−0.936**	0.931**	−0.416*
	置信度	0.000		0.088	0.552	0.773	0.614	0.360	0.000	0.000	0.018
拉拔强度	p	0.109	0.307	1	−0.569**	0.397*	0.036	0.640**	−0.409*	0.338	0.368*
	置信度	0.553	0.088		0.001	0.024	0.844	0.000	0.020	0.058	0.038
针入度	p	0.141	−0.109	−0.569**	1	−0.888**	−0.754**	−0.616**	0.231	−0.200	−0.653**
	置信度	0.440	0.552	0.001		0.000	0.000	0.000	0.204	0.273	0.000
软化点	p	−0.288	−0.053	0.397*	−0.888**	1	0.607**	0.492**	−0.023	0.025	0.617**
	置信度	0.110	0.773	0.024	0.000		0.000	0.004	0.899	0.894	0.000
$G^*\sin\delta$	p	−0.237	−0.093	0.036	−0.754**	0.607**	1	0.222	−0.017	0.012	0.517**
	置信度	0.192	0.614	0.844	0.000	0.000		0.221	0.925	0.949	0.002
黏度	p	0.164	0.167	0.640**	−0.616**	0.492**	0.222	1	−0.231	0.281	0.311
	置信度	0.369	0.360	0.000	0.000	0.004	0.221		0.204	0.119	0.084
空隙率	p	−0.770**	−0.936**	−0.409*	0.231	−0.023	−0.017	−0.231	1	−0.935**	0.271
	置信度	0.000	0.000	0.020	0.204	0.899	0.925	0.204		0.000	0.134
沥青用量	p	0.0882**	0.931**	0.338	−0.200	0.025	0.012	0.281	−0.935**	1	−0.361*
	置信度	0.000	0.000	0.058	0.273	0.894	0.949	0.119	0.000		0.042

检验项目		N_{f50}	沥青膜厚度	拉拔强度	针入度	软化点	$G^*\sin\delta$	135℃	空隙率	沥青用量	初始劲度模量
初始劲度模量	p	-0.607^{**}	-0.416^*	0.368^*	-0.653^{**}	0.617^{**}	0.517^{**}	0.311	0.271	-0.361^*	1
	置信度	0.000	0.018	0.038	0.000	0.000	0.002	0.084	0.134	0.042	

*置信度在 0.05 水平(双侧)显著。（以上分析用到全部样本，置信度均为双侧）；**置信度在 0.01 水平(双侧)显著

从表 3.27 的第二行即 N_{f50} 与各项的相关系数可以看出，双侧显著性检验在 0.01 水平的仅有四项，即沥青膜厚度、空隙率、沥青用量和初始劲度模量。将其相关性绘入直方图中，可直观地看出它们与 N_{f50} 的相关性大小，如图 3.13 所示。

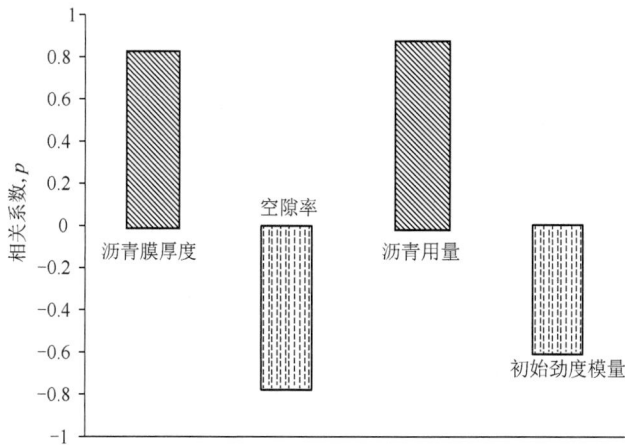

图 3.13　混合料四种指标与 N_{f50} 的相关系数

它们与 N_{f50} 的相关性排序为：沥青用量＞沥青膜厚度＞空隙率＞初始劲度模量。这四个指标均为混合料指标，说明在全局线性相关评价下，混合料的参数才是影响混合料疲劳的最显著因素，沥青性质只能作为辅助参考。其中沥青用量和沥青膜厚度是强正相关关系，空隙率和初始劲度模量为强负相关关系。由于沥青膜厚度与沥青用量本身线性相关，在设计中可取与 N_{f50} 相关性更大的沥青用量作为设计指标，而初始劲度模量与 N_{f50} 的相关性仅为 0.607，其相关性不足够强，在混合料设计的过程中亦不将其考虑其中。据此，混合料的设计可取强正相关因素一项和强负相关因素一项。

辅助参考的沥青指标有针入度、黏度、软化点、$G^*\sin\delta$ 和拉拔强度，但沥青的性质变化各异，在所有沥青指标中，最稳定的是针入度指标，这也是针入度可作为沥青标号的原因，相同的针入度的沥青才有对比的可行性，给沥青指标作相关性的排序。本次统计中将控制针入度为定值，对黏度、软化点、$G^*\sin\delta$ 和拉拔强度进行一阶偏相关分析。结果如表 3.28 和图 3.14 所示。

表 3.28　固定针入度一阶偏相关系数

控制值	检验项目		黏度	软化点	$G^{*}\sin\delta$	拉拔强度	N_{f50}
针入度	黏度	相关系数 p	1.000	−0.152	−0.469	0.448	0.323
		置信度	—	0.414	0.008	0.012	0.077
	软化点	相关系数 p	−0.152	1.000	−0.209	−0.285	−0.357
		置信度	0.414	—	0.259	0.120	0.049
	$G^{*}\sin\delta$	相关系数 p	−0.469	−0.209	1.000	−0.727	−0.200
		置信度	0.008	0.259	—	0.000	0.280
	拉拔强度	相关系数 p	0.448	−0.285	−0.727	1.000	0.233
		置信度	0.012	0.120	0.000	—	0.208
	N_{f50}	相关系数 p	0.323	−0.357	−0.200	0.233	1.000
		置信度	0.077	0.049	0.280	0.208	—

注：表中分析用到了 29 组样本，置信度均为双侧。

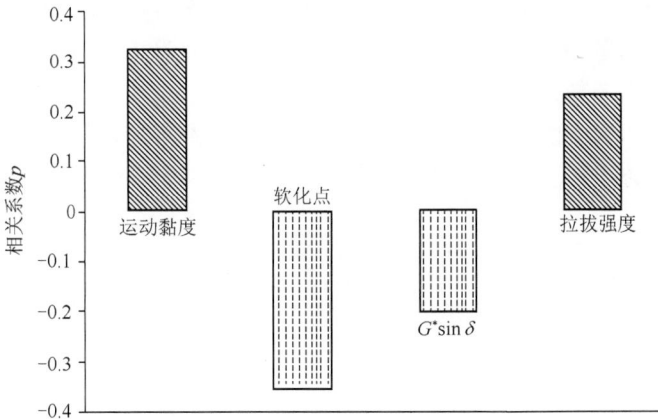

图 3.14　沥青四种指标与 N_{f50} 的相关系数

　　结果显示，沥青指标方面，在针入度相同的情况下，相关性的排序为：软化点＞黏度＞拉拔强度＞$G^{*}\sin\delta$。软化点是弱负相关关系，即随着软化点的增加，混合料的疲劳寿命在减少，但减少程度较小，黏度是弱正相关关系，即随着黏度的增加，疲劳寿命在增加，但增加程度较小；拉拔强度和 $G^{*}\sin\delta$ 相关性很低，基本任务为不相关。由于拉拔强度和 $G^{*}\sin\delta$ 的置信区间很小，研究认为其不能作为设计参考，而软化点和黏度可以作为同标号时，低水平疲劳设计的沥青辅助设计指标。

3.6　本章小结

本章的目的旨在为沥青混合料疲劳性能的研究作铺垫，为疲劳性能的评价与对比找到关键性影响因子。基于研究经验，本章提出了沥青方面：针入度、软化点、疲劳因子、黏度、拉拔强度；混合料方面：沥青膜厚度、空隙率、沥青用量和初始劲度模量这九个影响沥青混合料疲劳性能的控制指标，通过大量试验，并对试验结果进行相关性分析，找准影响混合料疲劳性能的关键因素，结论如下：

（1）本书根据 DSR 试验对八种基质沥青的稳定性进行了全方位的排序，结果如下。疲劳因子稳定性排序：①中海 90#；②SK70#；③埃索 70#；④加德士 70#；⑤SK90#。车辙因子稳定性排序：①埃索 70#；②加德士 70#；③SK70#；④中海 90#；⑤SK90#。综合排序：①埃索 70#；②SK70#；③中海 90#；④加德士 70#；⑤SK90#。

（2）沥青方面的影响因素对混合料疲劳的影响明显弱于混合料方面。

（3）混合料指标方面影响因素相关性排序为：沥青用量＞沥青膜厚度＞空隙率＞初始劲度模量，将在接下来的研究和设计中选取强正相关因素一项和强负相关因素一项作为控制指标，即沥青用量和空隙率。

（4）沥青指标方面，在针入度相同的情况下，影响因素相关性的排序为：软化点＞黏度＞拉拔强度＞$G^*\sin\delta$，此四个影响因素不计入接下来的研究与设计中。

第4章　基质沥青混合料的疲劳性能分析

基质沥青是一切改性沥青的基础，沥青及其混合料的优劣 50%来自于基质沥青的选取。美国对基质沥青的研究较多。本章以我国沥青路面最常用的上、中、下三结构层的混合料——AC13、AC20 和 AC25 为主要切入点，通过大量的四点弯曲小梁试验对上述三种混合料进行疲劳性能的验证，并定量分析出混合料的空隙率、沥青用量和疲劳试验中应变量对疲劳寿命的影响规律，以此为指标设计出基于疲劳性能优先的 AC 类基质沥青混合料。

4.1　AC13 沥青混合料

4.1.1　试验方案

AC13 在原始的路面设计中多为上面层采用的级配，在本章的设计中，为求达到更高的疲劳寿命，结合应力吸收层的设计理念，将弱化 AC13 上面层的概念，即下面层也可选用 AC13，故沥青用量可以大幅提高，更为具体的混合料设计与结构层关系的将在第 9 章作深入的研究。本章选取 AC13 的目的在于它的使用广泛，工程量大，适用的沥青较多，是现行的设计方法最为常见的级配，具有参考价值，对其疲劳性能和高温性能的探究能为混合料设计中的疲劳性能指标的提出作铺垫。本章仅对基质沥青混合料的疲劳性能和高温性能进行研究。

根据第 3 章的研究结果，本章选取影响疲劳性能的因素有 AV、AC 和应变量。全面设计的变化程度如表 4.1 所示。影响高温性能的因素有 AV、AC。全面设计的变化程度如表 4.2 所示。分别设计全面试验。高温车辙试验的成型通过调整成型仪碾压次数来改变相同 AC 下的不同 AV，试验温度选取 60℃，轮载压力为 0.7MPa。

表 4.1　疲劳试验全面设计因素

	因素	变化程度				
内部因素	AV/%	1.34～6.22				
	AC/%	4.0	5.5	7.0		8.5
外部因素	应变量/$\mu\varepsilon$	500	750	1000	1250	1500

表 4.2　高温车辙试验全面设计因素

	因素	变化程度			
内部因素	AV/%	0.5～7.0			
	AC/%	4.0	5.5	7.0	8.5

4.1.2　级配与沥青用量范围

中面层在路面结构中主要起到力的传递的作用，它需要具有一定的强度和刚度，但它不直接受轮载的影响，受温度梯度变化也较小，因此其竖向变形往往较小，然而它却受到来自基层的多方应力的影响。我国在下面层设计中绝大多数都采用 AC 连续级配，这种级配有着自身疲劳性能较好的优势，然而通过常规马歇尔设计方法设计出来的混合料往往沥青用量较小，使其沥青膜厚度不足，引起疲劳性能不足，中下面层的疲劳性能是本书提出的疲劳优先的设计方法所主要针对的对象。

此节沿用 3.1.2 节中的级配，选取三个沥青用量，由于是密级配，选取 0.5% 为间隔，分别为 4%，4.5% 和 5%。将三种沥青进行全面组合设计。试验结果如表 4.3 所示，其中毛体积相对密度采用马歇尔试件表干法测得，最大理论相对密度通过抽真空的实测法测得。

表 4.3　AC13 混合料空隙率计算结果

级配	沥青用量/%	毛体积相对密度	最大理论相对密度	空隙率/%
AC13	4	2.435	2.552	4.58
		2.438		4.46
		2.436		4.54
	4.5	2.441	2.549	4.24
		2.44		4.28
		2.441		4.24
	5	2.452	2.546	3.68
		2.453		3.64
		2.451		3.64

根据上述试验结果，由于 OAC_{min}～OAC_{max} 中没有达到最大密度，取目标空隙率 4% 时的沥青用量作为最佳沥青用量，即取 4.4% 作为马歇尔设计下的最佳沥青用量。为使沥青用量范围更广，包括最佳沥青用量在内，尽可能地加大沥青用量范围，疲劳试验混合料设计中选取沥青用量范围为 4.0%～8.5%。

4.1.3　AC13 试验结果

混合料的疲劳试验选取 BFA 的应变控制方法，试验的结束条件设定为达到初始模量的 15%时截止，同时记录 N_{f50} 和 N_{fNM} 疲劳次数。同一条件下安排平行试验 2 次，去除误差大于 20%和意外破坏试件，共完成 72 根小梁试件（实际试验 87 根）。根据既定全面试验，记录整个试验过程的混合料疲劳破坏次数，试验数据如表 4.4 所示。

表 4.4　AC13 疲劳试验结果

平行试验	沥青用量/%	应变水平/$\mu\varepsilon$	空隙率/%	初始模量/MPa	疲劳次数 N_{f50}/次	疲劳次数 N_{fNM}/次
1			4.48	4650	9620	44540
2			4.48	4569	8520	52400
3		500	5.35	4344	7730	40180
4			5.35	4212	7500	41490
5			6.22	4375	6590	28080
6			6.22	4237	7170	27320
7			4.48	4497	5890	37420
8			4.48	4525	4610	34820
9	4.0	750	5.35	4241	3860	32820
10			5.35	4329	3660	32170
11			6.22	4123	3210	32110
12			6.22	4164	2840	22350
13			4.48	4249	3120	14760
14			4.48	4293	2230	13940
15		1000	5.35	4152	1120	11760
16			5.35	4173	740	13630
17			6.22	4028	250	7980
18			6.22	4132	620	8020
19			3.67	4223	17340	53720
20			3.67	4134	16590	51070
21		500	4.64	4039	15800	43270
22			4.64	4120	13420	51230
23			5.31	3933	10730	45130
24			5.31	3985	9830	36640
25			3.67	4021	13090	34860
26			3.67	4102	11830	37480
27	5.5	750	4.64	4011	8130	45630
28			4.64	3934	5370	34420
29			5.31	3630	6650	29730
30			5.31	3745	5340	33540
31			3.67	3806	8470	31440
32		1000	3.67	3863	9340	44750
33			4.64	3530	3220	30490
34			4.64	3438	4430	28640

平行试验	沥青用量/%	应变水平/με	空隙率/%	初始模量/MPa	疲劳次数 N_{f50}/次	疲劳次数 N_{fNM}/次
35			5.31	3145	2750	34390
36			5.31	3039	1820	26830
37		1000	2.16	2849	36630	164940
38			2.16	2593	33320	153390
39			2.45	2476	24140	132800
40			2.45	2559	23400	154370
41			3.14	2421	16240	123580
42			3.14	2455	24320	132940
43		1250	2.16	2731	35530	114940
44			2.16	2500	30080	144390
45	7.0		2.45	2340	29120	122300
46			2.45	2364	28830	148370
47			3.14	2216	16820	103570
48			3.14	2357	17310	32980
49		1500	2.16	2398	28530	64940
50			2.16	2494	29080	53390
51			2.45	2502	20120	30300
52			2.45	2342	17830	48370
53			3.14	2244	9820	53670
54			3.14	2145	7310	26920
55		1000	1.34	2229	123940	443760
56			1.34	2230	180340	363800
57			1.98	2049	143780	410300
58			1.98	2094	173930	343940
59			2.65	1926	132300	457400
60			2.65	2094	105820	397490
61		1250	1.34	2294	132030	382300
62			1.34	2123	103400	369660
63	8.5		1.98	2128	80570	453340
64			1.98	2069	91020	276420
65			2.65	1971	61930	316730
66			2.65	1762	58900	244460
67		1500	1.34	2040	81020	264820
68			1.34	2049	72930	360630
69			1.98	1730	64840	338820
70			1.98	1894	67290	454590
71			2.65	1720	33840	306890
72			2.65	1873	44640	219230

如图 4.1 所示，对比获取的 N_{fNM} 与 N_{f50} 疲劳次数，它们的倍数的均值为 5.80，选取何种疲劳次数更为合理，本书通过统计计算两种疲劳次数的变异系数，取最为稳定的值。

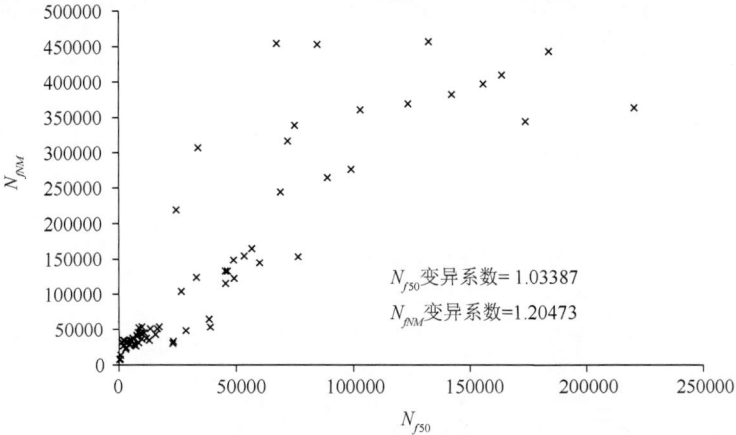

图 4.1　AC13 疲劳试验两种判断标准得到的疲劳次数对比

对汇总结果分析，N_{f50} 法的数据的变异系数比 N_{fNM} 法的变异系数小即说明其数据的离散程度较小。再根据第 9 章的自愈合试验发现，基质沥青在试验过程中以及试验完成之后的自我愈合能力较弱，作者认为，基质沥青 AC13 适合用 N_{f50} 法作为判断破坏的标准。

4.1.4　单一因素的影响

根据 AC13 试验结果，分别按应变量、沥青用量和空隙率与疲劳次数的单对数作散点关系图，并给出空隙率与疲劳次数的趋势线，求斜率 k 值，如图 4.2～图 4.5 所示。

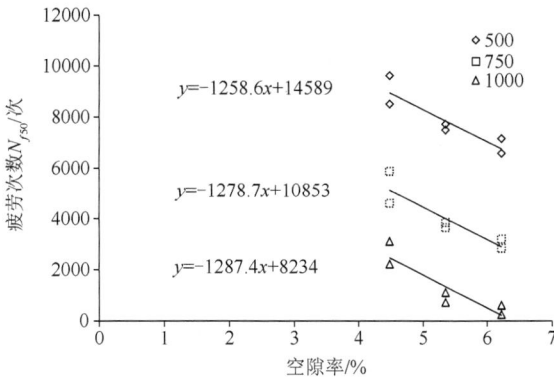

图 4.2　AC13-4.0%沥青用量下疲劳寿命随空隙率变化趋势

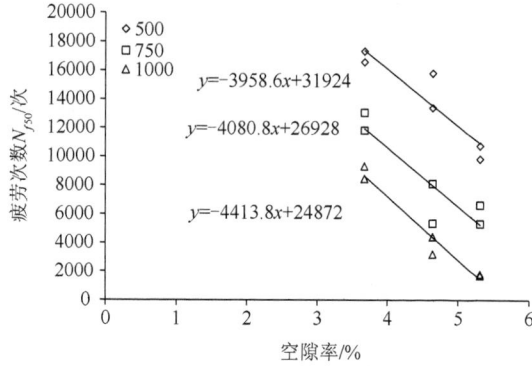

图 4.3　AC13-5.5%沥青用量下疲劳寿命随空隙率变化趋势

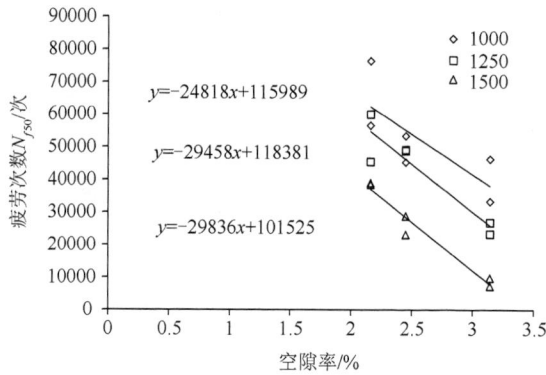

图 4.4　AC13-7.0%沥青用量下疲劳寿命随空隙率变化趋势

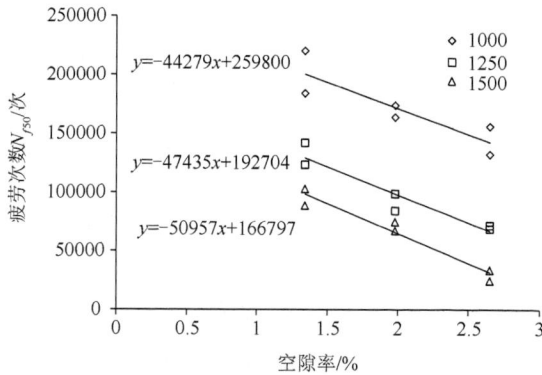

图 4.5　AC13-8.5%沥青用量下疲劳寿命随空隙率变化趋势

从图 4.2～图 4.5 可以看到，沥青用量的增大会直接带来疲劳寿命的增长，相同沥青用量下空隙率的增大会引起疲劳寿命的减少，但在不同应变量下减少的幅度有不同。图中趋势线的斜率 k 即表达了随空隙率的增大，疲劳次数减少的快慢，在高应变下，所有的系列无不呈现出随空隙率的增大疲劳寿命下降较快的趋势，反之，较低的应变下，空隙率的增大所带来的疲劳寿命的减少就不如前者来得显著。另外对比沥青用量变化时混合料的疲劳寿命的变化可知，高沥青用量下疲劳寿命都较高，对应变量的变化较不敏感。

4.1.5　疲劳方程的回归

对比 Harvey 等[18]对控制应变疲劳试验结果得到的回归方程，其方程在单因素（沥青用量、空隙率和应变大小）下的拟合关系分别为指数、指数、幂的关系，由于影响因素相同，本书沿用此方程，基于此将三种单因素整合到一个公式中进行多维拟合，建立如式（4.1）所示的回归方程：

$$N_f = a_1 \times 10^{a_2} \, e^{a_3 \times AC + a_4 \times AV} \varepsilon^{a_5} \tag{4.1}$$

其中，a_1、a_2、a_3、a_4 和 a_5 是由试验确定的参数，它们分别代表了所属变量的受到变化时的敏感程度，绝对值越高则表明该变量在变化时对 N_f 的影响越大。在后来的研究中，实施证明此类方程是比较有效的预估混合料疲劳寿命的方程形式，经过 1stOpt 多项非线性拟合得到各个参数，结果如式（4.2）所示：

$$N_f = 1.451 \times 10^{4.901} \times e^{0.6862AC - 0.4269AV} \times \varepsilon^{-1.908}, \quad R^2 = 0.9526 \tag{4.2}$$

其中，N_f 为疲劳寿命（次）；ε 为应力比（无量纲）；AC 为沥青用量（%）；AV 为混合料空隙率（%）；e 为自然对数的底。

回归公式的相关系数 R^2 达到 0.9526，可见 AC13 沥青混合料疲劳寿命与应变水平、沥青用量以及空隙率有较好的相关性，应力比越小，沥青用量越大，空隙率越小值则疲劳寿命越长。

4.1.6　高温车辙试验

严格筛选级配中值，设计出车辙混合料，通过计算用量，试压不同的碾压次数，以达到不同空隙率，最终确定在 4.0%沥青用量下分别碾压 41 次、62 次和 93 次，5.5%沥青用量下分别碾压 42 次、66 次和 95 次，7.0%沥青用量下分别碾压 45 次、62 次和 96 次，8.5%沥青用量下无法轮碾成型。车辙试件能达到与小梁试件接近的空隙率。同一条件下安排平行试验 2 次，若存在大于 20%的误差则进行第 3 次试验，共完成 24 组车辙试验（实际试验 26 组），试验结果如表 4.5 所示。

表 4.5　AC13 车辙试验结果

平行试验	沥青用量/%	空隙率/%	变形量/mm	动稳定度/（次/mm）
1		4.51	2.810	1225
2		4.51	2.869	1321
3	4.0	5.34	3.344	833
4		5.34	4.212	742
5		6.28	5.375	598

平行试验	沥青用量/%	空隙率/%	变形量/mm	动稳定度/(次/mm)
6	4.0	6.28	5.837	478
7		3.65	4.223	641
8		3.65	4.134	717
9	5.5	4.64	5.039	520
10		4.64	5.120	646
11		5.30	5.633	414
12		5.30	5.985	523
13		2.17	7.049	392
14		2.17	6.593	394
15	7.0	2.42	6.359	440
16		2.42	6.089	521
17		3.16	6.727	375
18		3.16	6.258	464

注：7.0%沥青用量下在 40℃下完成试验。

将表 4.5 中沥青用量、空隙率分别于动稳定度作趋势图形分析得到图 4.6 和图 4.7。

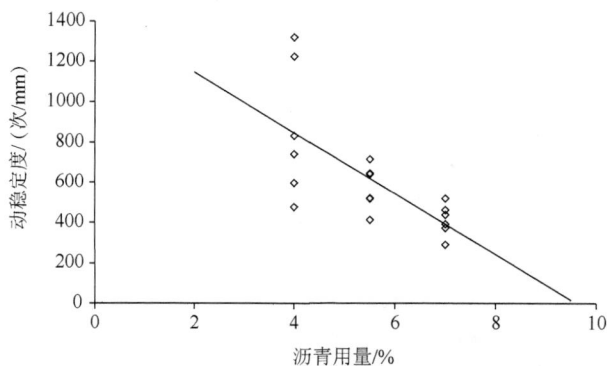

图 4.6　沥青用量与动稳定度变化图

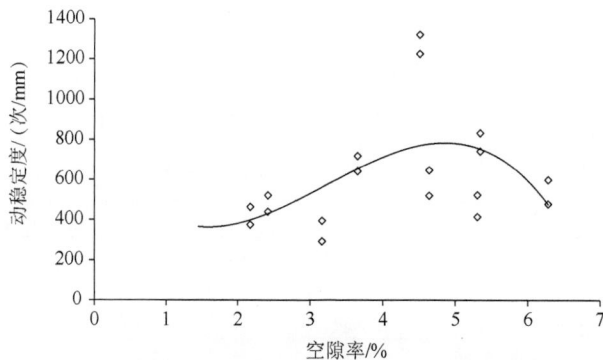

图 4.7　空隙率与动稳定度变化图

通过图 4.6 不能直观和确切地看出动稳定度随着沥青用量的变化，只能大致看出一个减小的趋势；从图 4.7 可以看出随着空隙率的增加动稳定度开始增加而后减小，说明空隙率在 4.0%～5.0%某个点，使得混合料动稳定度最高，这与在马歇尔设计过程中稳定度随空隙率变化的规律一致。

由于本书沥青用量范围较广，若将 AC13 用在上面层（或不与基层直接接触的层位），其疲劳性能无需很高，沥青用量会较低，相对出现高温车辙的隐患亦较低，但在本书的理念中不排除将 AC13 使用在下面层的情况。本节研究结果将用于后面考虑不同层位的高温性能辅助设计研究中。

4.2 AC20 沥青混合料

4.2.1 设计概述

级配粒径较大的沥青混合料具有较好的高温稳定性，距离轮载越远的结构层受到剪切破坏的概率越小[125]。AC20 多用于中面层中，混合料的设计参数较 AC13 有所减小，中面层会面临下面层所带来的开裂，也需要考虑一定的高温性能。

4.2.2 级配与沥青用量范围

中面层在路面结构中主要起到力的传递的作用，它需要具有一定的强度和刚度，但它不直接受轮载的影响，受温度梯度变化也较小，因此其竖向变形往往较小，然而它却受到来自基层的多方应力的影响。根据我国马歇尔设计方法，严格筛选石料配出 AC20 级配中值，级配如表 4.6 所示，设计出以 4%为目标空隙率的混合料。

表 4.6　AC20 级配中值

级配	筛孔尺寸/mm	26.5	19	16	13.2	9.5	4.75	2.36	1.18	0.6	0.3	0.15	0.075
AC20	通过率/%	100	95	85	71	61	41	30	22	16	11	9	5

选取三个沥青用量，由于是密级配，选取 0.5%为间隔，分别为 4%、4.5%和 5%。将三种沥青进行全面组合设计。试验结果如表 4.7 所示，其中毛体积相对密度采用马歇尔试件表干法测得，最大理论相对密度通过抽真空的实测法测得。

表 4.7　AC20 混合料空隙率计算结果

沥青用量/%	毛体积密度/(g/mm³)	最大理论密度/(g/mm³)	空隙率/%
	2.435		4.28
4	2.438	2.581	4.22
	2.436		4.25

续表

沥青用量/%	毛体积密度/（g/mm³）	最大理论密度/（g/mm³）	空隙率/%
4.5	2.441	2.577	3.94
	2.44		3.88
	2.441		3.91
5	2.452	2.575	3.58
	2.453		3.64
	2.451		3.54

　　根据表 4.7 的结果，选取 4.4%作为马歇尔设计下的最佳沥青用量。根据涵盖并极大拓展的原则，选取沥青用量 4.0%～8.5%作为疲劳试验全面设计变量。

4.2.3　AC20 疲劳试验结果

　　AC20 级配混合料试件大多疲劳试验时间较短，较 AC13 级配的疲劳寿命有明显减少。且破坏时小梁试件裂缝较大，断口明显。研究选取应变控制方法，疲劳破坏判断标准采用第 2 章所述的 $N_{f/NM}$ 法。同一条件下安排平行试验 2 次，去除误差大于 20%和意外破坏试件，共完成 72 根小梁试件（实际试验 83 根）。根据既定全面试验，记录整个试验过程的混合料疲劳破坏次数，试验数据如表 4.8 所示。

表 4.8　AC20 混合料疲劳试验结果

平行试验	沥青用量/%	应变水平/με	空隙率/%	初始模量/MPa	疲劳次数 N_{f50}/次	疲劳次数 N_{fNM}/次
1		500	4.56	3825	6230	9550
2			4.56	3759	5520	10700
3			5.37	3658	5730	5220
4			5.37	3352	4500	7240
5			6.32	3367	1840	4770
6			6.32	3493	2010	4950
7		750	4.56	3697	3920	5660
8			4.56	3525	2430	4840
9	4.0		5.37	3341	2220	2120
10			5.37	3329	1930	1990
11			6.32	3423	1210	1820
12			6.32	3364	1520	1720
13		1000	4.56	3551	2420	4120
14			4.56	3593	1830	2990
15			5.37	3452	620	880
16			5.37	3373	540	970
17			6.32	3428	250	580
18			6.32	3432	210	790

续表

平行试验	沥青用量/%	应变水平/με	空隙率/%	初始模量/MPa	疲劳次数 N_{f50}/次	疲劳次数 N_{fNM}/次
19			3.81	3523	11080	21230
20			3.81	3534	10300	18820
21		500	4.67	3339	10730	17230
22			4.67	3420	4610	10200
23			5.46	3513	3240	8740
24			5.46	3285	2820	6220
25			3.81	3424	10720	21230
26			3.81	3302	12200	20330
27	5.5	750	4.67	3313	8530	16630
28			4.67	3239	6040	14220
29			5.46	3238	6150	7730
30			5.46	3145	4510	7340
31			3.81	3143	8060	13450
32			3.81	3032	6770	6520
33		1000	4.77	3014	2590	6650
34			4.77	3113	2890	4720
35			5.46	2976	1220	3120
36			5.46	2733	1130	3340
37			2.46	2649	21780	74230
38			2.46	2593	24500	59440
39		1000	3.15	2659	20360	66350
40			3.15	2589	20400	45230
41			3.76	2327	19880	35320
42			3.76	2358	18320	44010
43			2.46	2438	19530	54200
44			2.46	2305	17770	31230
45	7.0	1250	3.15	2342	18550	21390
46			3.15	2272	16670	25340
47			3.76	2134	15250	20230
48			3.76	2203	13090	18340
49			2.46	2697	13530	37480
50			2.46	2394	14510	51230
51		1500	3.15	2559	12400	29380
52			3.15	2604	10050	41480
53			3.76	2169	8820	12440
54			3.76	2145	5520	19920

续表

平行试验	沥青用量/%	应变水平/με	空隙率/%	初始模量/MPa	疲劳次数 N_{f50}/次	疲劳次数 N_{fNM}/次
55			1.64	2329	44310	173300
56			1.64	2330	41820	183390
57		1000	2.22	2149	39230	123340
58			2.22	2194	48320	173840
59			2.75	2026	35500	123400
60			2.75	2094	34600	87390
61			1.64	2394	33900	184100
62			1.64	2223	34310	199650
63	8.5	1250	2.22	2228	26420	153340
64			2.22	2169	30340	139420
65			2.75	2079	24400	152230
66			2.75	2063	27550	103460
67			1.64	2140	27730	144820
68			1.64	2049	28390	130630
69		1500	2.22	1930	28740	112030
70			2.22	1894	20360	103930
71			2.75	1620	16520	58810
72			2.75	1803	13630	81240

　　N_{fNM} 与 N_{f50} 的比值平均为 2.56，说明 AC20 混合料达到 50%劲度模量后的破坏更迅速，自我恢复能力较弱。计算两者的变异系数，规整到图中如图 4.8 所示。

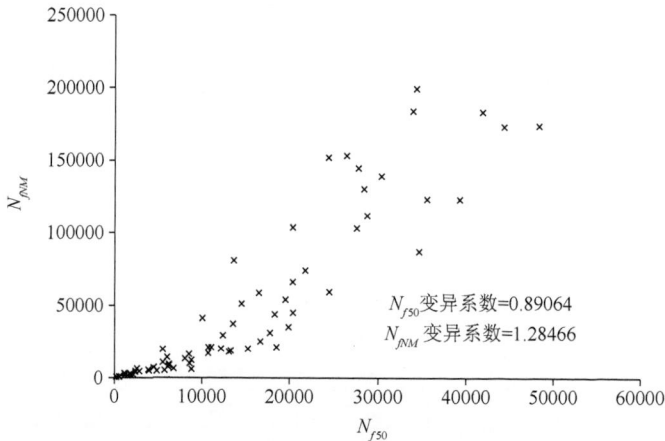

N_{f50}变异系数=0.89064

N_{fNM}变异系数=1.28466

图 4.8　AC20 疲劳试验两种判断标准得到的疲劳次数对比

　　与 AC13 结果的汇总分析类似，N_{f50} 法的数据的变异系数比 N_{fNM} 法的变异系数小，即数据的离散程度较小。

相比 AC13，AC20 的两种疲劳寿命的数据稳定性都较好。从试验过程可以看出，AC13 级配在相同沥青用量下两种疲劳寿命都较 AC20 级配的长，试验运行时间也越长，数据的稳定性也随疲劳试验的进行越来越差，这与多种因素有关，包括与气动试验需在每 5～10min 补充气压有关。

4.2.4　单一因素的影响

根据埃索 70#，AC20 试验结果，分别按应变量、沥青用量和空隙率与疲劳次数的单对数作散点关系图，并采用最小二乘法对各个指标与疲劳次数的关系进行了多项式、幂函数、指数函数以及对数函数的曲线拟合，得到最大的相关系数的曲线分别如图 4.9～图 4.12 所示。

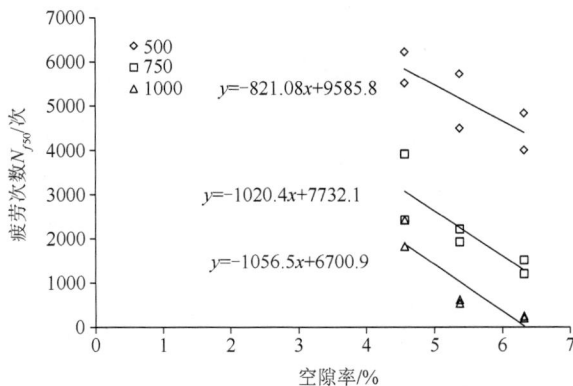

图 4.9　AC20-4.0%沥青用量下疲劳寿命随空隙率变化趋势

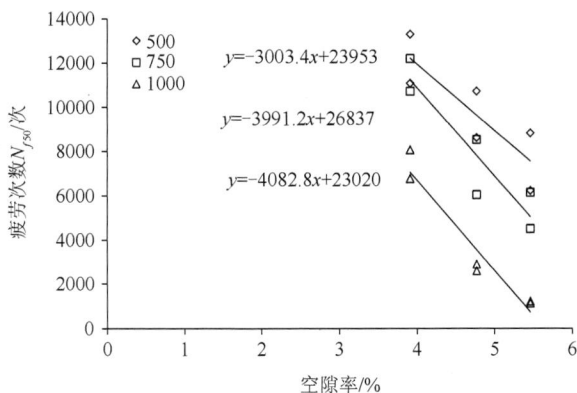

图 4.10　AC20-5.5%沥青用量下疲劳寿命随空隙率变化趋势

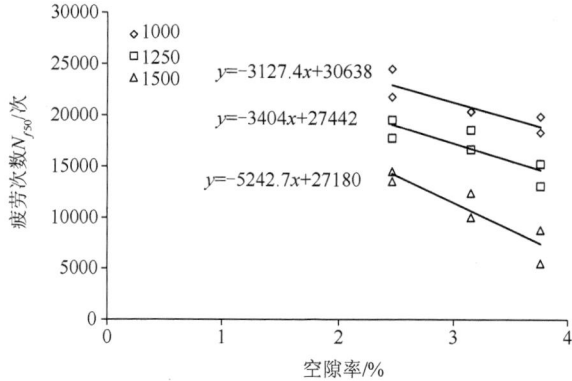

图 4.11　AC20-7.0%沥青用量下疲劳寿命随空隙率变化趋势

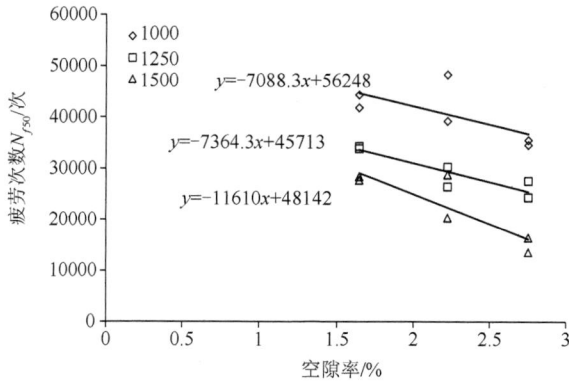

图 4.12　AC20-8.5%沥青用量下疲劳寿命随空隙率变化趋势

　　AC20 与 AC13 的变化趋势是类似的。沥青用量的增大会直接带来疲劳寿命的增长，相同沥青用量下空隙率的增大会引起疲劳寿命的减少，但在不同应变量下减少的幅度有不同。图中趋势线的斜率 k 即表达了随空隙率的增大，疲劳次数减少的快慢，在高应变下，所有的系列无不呈现出随空隙率的增大疲劳寿命下降较快的趋势，反之，较低的应变下，空隙率的增大所带来的疲劳寿命的减少就不如前者来得显著。

4.2.5　疲劳方程的回归

　　采用与上小节一致的方法，经过 1stOpt 编程拟合得到各个参数，结果如式（4.3）所示：

$$N_f = 9.3417 \times 10^{4.6898} \times e^{0.3890AC - 0.4375AV} \times \varepsilon^{-1.0741}, \qquad R^2 = 0.9404 \qquad （4.3）$$

其中，N_f 为疲劳寿命（次）；ε 为应力比（无量纲）；AC 为沥青用量（%）；AV 为混合料空隙率（%）；e 为自然对数的底。

　　回归公式的相关系数 R^2 达到 0.9404，可见 AC20 沥青混合料疲劳寿命与应变水平、沥青用量和空隙率有较好的相关性，在试验选取的条件范围内，应力比越小，沥青用量越大，空隙率不超过某个特定的值则疲劳寿命越长。

4.2.6　高温车辙试验的验证

　　方案与 AC13 混合料一致，严格筛选级配中值，设计出车辙混合料，通过计算用量与试压，最终确定在 4.0% 沥青用量下分别碾压 52 次、74 次和 90 次，5.5% 沥青用量下分别碾压 48 次、62 次和 78 次，7.0% 沥青用量下分别碾压 42 次、56 次和 73 次，8.5% 沥青用量无法进行轮碾成型。车辙试件能达到与小梁试件接近的空隙率。同一条件下安排平行试验 2 次，若存在大于 20% 的误差则进行第 3 次试验，共完成 24 组车辙试验（实际试验 26 组），试验结果如表 4.9 所示。

表 4.9　AC20 车辙试验结果

平行试验	沥青用量/%	空隙率/%	变形量/mm	动稳定度/（次/mm）
1		4.34	2.621	1625
2		4.37	2.570	1520
3	4.0	5.23	3.614	1032
4		5.21	4.165	941
5		6.23	5.476	556
6		6.23	5.931	638
7		3.75	4.822	1340
8		3.75	4.934	1214
9	5.5	4.52	5.039	1321
10		4.56	5.420	1015
11		5.13	5.833	762
12		5.13	6.185	502
13		3.16	5.849	475
14		3.16	6.249	564
15	7.0	2.42	6.815	340
16		2.42	6.491	421
17		2.63	6.773	272
18		2.63	6.658	349

　　注：7.0% 沥青用量下在 40℃ 下完成试验。

　　将表 4.9 中沥青用量、空隙率分别于动稳定度作趋势图形分析得到图 4.13 和图 4.14。

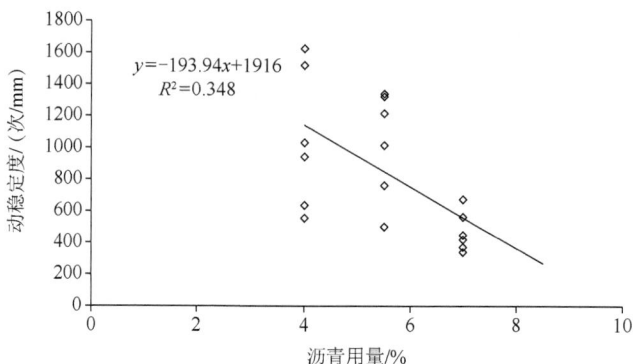

图 4.13　沥青用量与动稳定度变化图

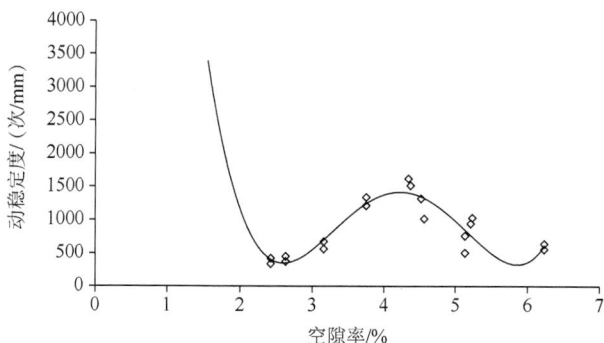

图 4.14　空隙率与动稳定度变化图

　　AC20 与 AC13 有极高的相似性，在此不再赘述。图中虚线位置所标即为混合料作为面层时需满足的国家标准，此标准在本书中暂作参考指标，基于此辅助指标的设计方法将在后续章节进行深入研究。

4.3　AC25 沥青混合料

4.3.1　设计概述

　　AC25 常出现在我国高速公路、一级公路中的下面层级配，其特点为石料粗大，属连续粗粒式悬浮半密实结构混合料，有着很好的整体强度，也是面层中厚度最厚的一层，起传递车辆荷载的作用，在一般的马歇尔设计中，沥青用量最省，混合料的设计参数较 AC20 继续减小。

　　然而下面层一般会直接面临基层，我国半刚性基层的温缩和干缩开裂会第一时间反射到沥青下面层底，在车辆反复荷载的作用下，低油量的下面层会迅速出现裂缝，并逐级反射上来。本书认为，下面层的设计最重要的是其疲劳性能的满足，由于下面层层厚很大，考虑其车辙性能已没有任何实质意义，在接下来的设计中，将重点讨论 AC25 下面层的疲劳问题。

4.3.2　级配与沥青用量范围

下面层在路面结构中主要起到力的传递的作用，它需要具有一定的强度和刚度，但它不直接受轮载的影响，受温度梯度变化也较小，因此其竖向变形往往较小，然而它却受到来自基层的多方应力的影响。但此层的混合料往往沥青用量较小，使其沥青膜厚度不足，引起疲劳性能不足，下面层的疲劳性能正是本书考虑疲劳性能所主要针对的对象。

试验级配选择见表 4.10，过程不再赘述。

表 4.10　AC25 试验设计级配

级配编号	筛孔尺寸/mm	31.5	26.5	19	16	13.2	9.5	4.75	2.36	1.18	0.6	0.3	0.15	0.075
AC25	通过率/%	100	95	83	74	66	55	38	29	22	16	11	9	5

空隙率计算过程如表 4.11 所示。

表 4.11　埃索 70#AC25 混合料空隙率计算结果

级配	沥青用量/%	毛体积相对密度	最大理论相对密度	空隙率/%
AC25	3.5	2.405	2.552	4.58
		2.408		4.46
		2.406		4.54
	4.0	2.401	2.549	4.24
		2.04		4.28
		2.401		4.24
	4.5	2.402	2.546	3.68
		2.403		3.64
		2.401		3.64

通过马歇尔试验可知，3.9%为最佳沥青用量。在接下来的疲劳试验中，选取沥青用量范围在 3.0%～6.0%。

4.3.3　AC25 疲劳试验结果

平行试验安排和整个试验过程与之前一致，在此不再赘述。共完成 54 根小梁试件（实际试验 60 根）。根据既定全面试验，记录整个试验过程的混合料疲劳破坏次数，试验数据如表 4.12 所示。

表 4.12　AC25 混合料疲劳试验结果

平行试验	沥青用量/%	应变水平/με	空隙率/%	初始模量/MPa	疲劳次数 N_{f50}/次	疲劳次数 N_{fNM}/次
1			5.36	3372	4540	8270
2			5.36	3085	4030	8200
3		500	5.84	3233	4180	3270
4			5.84	2915	3280	5540
5			6.26	3193	3600	4130
6			6.26	3071	3100	3710
7			5.36	3134	2940	4670
8			5.36	3182	1770	3170
9	3.0	750	5.84	3034	1250	1740
10			5.84	3070	910	1280
11			6.26	3086	520	970
12			6.26	2832	690	1670
13			5.36	2982	1250	3230
14			5.36	2591	1130	4970
15		1000	5.84	2752	320	1020
16			5.84	2373	230	790
17			6.26	2614	140	320
18			6.26	2743	150	480
19			3.67	2823	8340	13060
20			3.67	2634	11610	12510
21		500	4.02	2335	8390	11450
22			4.02	2560	6320	6780
23			4.47	2514	4100	5810
24			4.47	2385	5020	4170
25			3.67	2926	7820	14110
26			3.67	2702	8900	9650
27	4.5	750	4.02	2713	6590	7890
28			4.02	2636	3720	6750
29			4.47	2438	4070	3670
30			4.47	2545	2990	7440
31			3.67	2543	5880	13640
32			3.67	2632	4420	6610
33		1000	4.02	2654	1890	6740
34			4.02	2613	2250	4080
35			4.47	2576	950	2690
36			4.47	2333	870	2880

续表

平行试验	沥青用量/%	应变水平/με	空隙率/%	初始模量/MPa	疲劳次数 N_{f50}/次	疲劳次数 N_{fNM}/次
37			3.12	2649	16980	56044
38			3.12	2693	19110	44877
39		500	3.45	2459	15860	50087
40			3.45	2389	16400	34149
41			3.81	2427	16120	25201
42			3.81	2258	14850	31401
43			3.12	2538	15830	38672
44			3.12	2505	12970	22283
45	6.0	750	3.45	2442	15390	15262
46			3.45	2472	9210	20589
47			3.81	2334	12380	16437
48			3.81	2103	8860	12235
49			3.12	2497	11400	25004
50			3.12	2294	7920	34177
51		1000	3.45	2259	9700	19600
52			3.45	2104	7960	27584
53			3.81	2069	5750	8273
54			3.81	2145	4340	13874

　　N_{fNM} 与 N_{f50} 的比值更为接近，为 2.111，可以看出，在整个 AC 级配中，随着粒径的增大，这两种判断疲劳破坏的标准更为接近，从自愈合的角度分析，则是越大粒径的混合料越不容易发生即时的自愈合。取何种作为判断标准，依旧将 AC25 两种疲劳次数分别作为横纵坐标绘入对比图，并计算其变异系数，如图 4.15 所示。

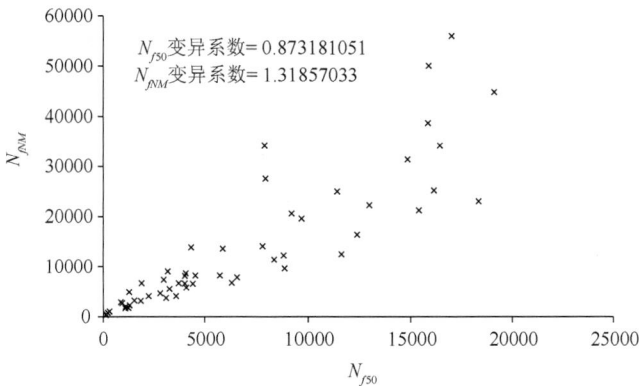

图 4.15　AC25 疲劳试验两种判断标准得到的疲劳次数对比

　　对汇总结果分析，N_{f50} 法的数据的变异系数比 N_{fNM} 法的变异系数小，反映了其结果相对于平均值的离散程度较小。

AC25 相比 AC13，AC20 的两种疲劳寿命的数据稳定性都较好。但这主要是由其粒径大、疲劳寿命较短、受到气动伺服不稳定性影响较少所致。

计算 N_{fNM} 与 N_{f50} 的比值，可以得到这两者的偏差在不同阶段的标准差。

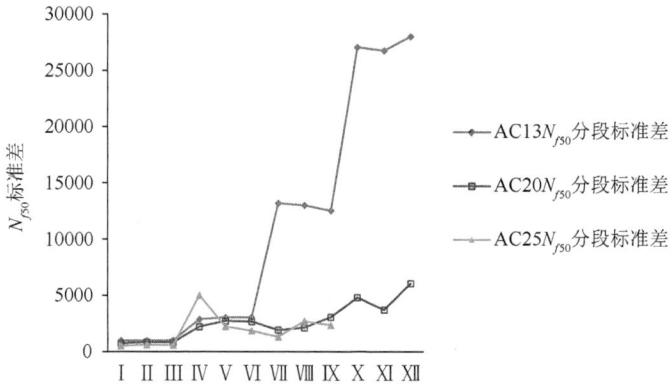

图 4.16　三种混合料的 N_{f50} 疲劳次数的分段标准差

图 4.16 中横坐标为沥青用量从 I 到III阶段为沥青用量逐渐增加的每个阶段，对应 AC13 和 AC20 从 4.0%～8.5%的四个阶段，AC25 从 3.0%～6.0%的三个阶段。随着沥青用量的增加，N_{f50} 的标准差也增加，这仍与伺服气压的间歇性有关，这不足以影响试验结果。本次研究均选取了稳定性较好（即上述分析中变异性较小）的数据作为疲劳寿命进行分析。

4.3.4　单一因素的影响

根据 AC25 试验结果，分别按应变量、沥青用量和空隙率与疲劳次数的单对数作散点关系图，并采用最小二乘法对各个指标与疲劳次数的关系进行了多项式、幂函数、指数函数以及对数函数的曲线拟合，得到最大的相关系数的曲线分别如图 4.17～图 4.19 所示。

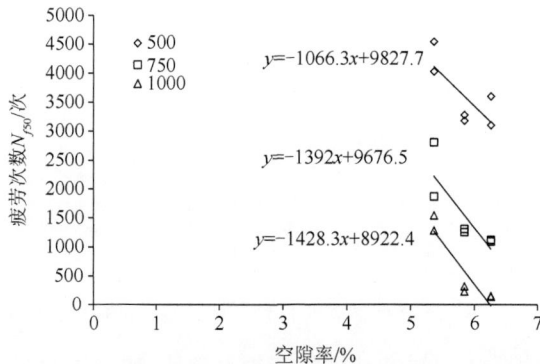

图 4.17　AC25-3.0%沥青用量下疲劳寿命随空隙率变化趋势

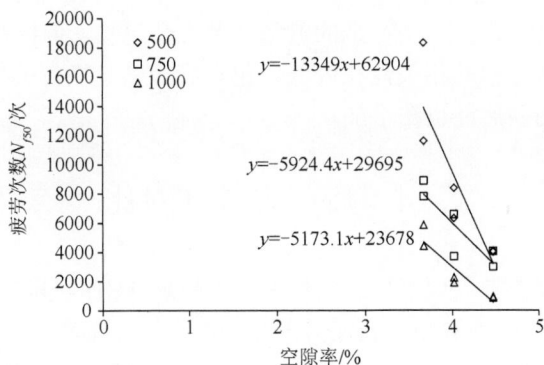

图 4.18 AC25-4.5%沥青用量下疲劳寿命随空隙率变化趋势

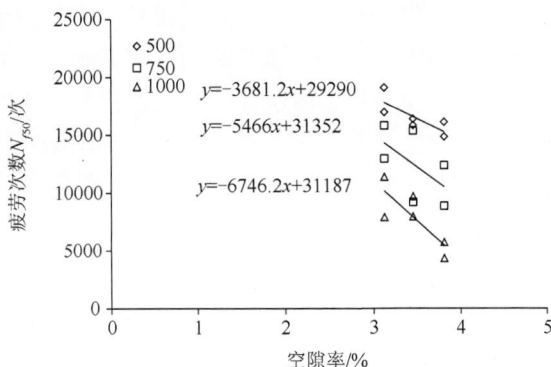

图 4.19 AC25-6.0%沥青用量下疲劳寿命随空隙率变化趋势

AC25、AC20 与 AC13 的变化趋势是类似的。沥青用量的增大会直接带来疲劳寿命的增长，相同沥青用量下空隙率的增大会引起疲劳寿命的减少，但在不同应变量下减少的幅度有所不同。图中趋势线的斜率 k 即表达了随空隙率的增大，疲劳次数的减少的快慢，在高应变下，所有的系列无不呈现出随空隙率的增大疲劳寿命下降较快的趋势，反之，较低的应变下，空隙率的增大所带来的疲劳寿命的减少就不如前者来得显著。

4.3.5 疲劳方程的回归

经过 1stOpt 编程拟合得到各个参数，结果如式（4.4）所示：

$$N_f = 3.9563 \times 10^{3.832} e^{0.31763AC - 0.5362AV} \times \varepsilon^{-0.9873}, \qquad R^2 = 0.9078 \qquad （4.4）$$

其中，N_f 为疲劳寿命（次）；ε 为应力比（无量纲）；AC 为沥青用量（%）；AV 为混合料空隙率（%）；e 为自然对数的底。

回归公式的相关系数 R^2 达到 0.9078，可见 AC25 沥青混合料疲劳寿命与应变水平、沥青用量以及空隙率仍具有较好的相关性。总体而言，应力比越小，沥青用量越大，空隙率不超过某个特定的值则疲劳寿命越长。但纵观 AC 级配，随着粒径的变大，疲劳方程的相关性在降低，也与疲劳试验机有关，因为粒径增大的同时，弯曲小梁的偶然性也在增加。

4.4　疲劳方程的对比

　　观察行为方程的常数项可见，常数项最大的是 AC13，其次是 AC20，最小的为 AC25，在本方程中常数项代表疲劳寿命的基数，这说明 AC13、AC20 和 AC25 随着粒径的增加，疲劳寿命的基数在减小；通过空隙率的参数可以看出，AC25 混合料的疲劳寿命对空隙率变化十分敏感。基于这两点考虑，结合到本次试验研究，能够明显地看到 AC25 混合料在提高沥青用量后会产生析漏和泛油等问题，本书认为 AC25 本身并不适合用做与半刚性基层直接接触的下面层混合料，只是在实际设计与施工过程中，AC25 下面层往往会设计得很厚用以抵御层底的弯拉开裂，或者可采用性能更为优异的改性沥青，然而这种做法并不经济。在混合料设计方法中，本书不提倡用 AC25 做下面层混合料。即使在低水平设计时采用 AC25 甚至更大粒径的混合料作为下面层，由于下面层疲劳性能才是主要考虑因素，在此不作高温车辙性能的辅助验证。

　　将上述三种基质沥青混合料的疲劳回归方程与其他较有影响的研究中的疲劳行为方程进行对比，如表 4.13 所示。

表 4.13　三种基质沥青混合料疲劳行为方程

研究来源	方程表达式	特点
本书	AC13：$N_f = 1.451 \times 10^{4.901} \times e^{0.6862AC - 0.4269AV} \times \varepsilon^{-1.908}$ AC20：$N_f = 9.3417 \times 10^{4.6898} \times e^{0.3890AC - 0.4375AV} \times \varepsilon^{-1.0741}$ AC25：$N_f = 3.9563 \times 10^{3.82} \times e^{0.31763AC - 0.5362AV} \times \varepsilon^{-0.9873}$	因素较少，针对性较强，拟合度高
SHELL	$N_f = (0.856\nu_b + 1.08)^5 \varepsilon_1^{-5} S_{\mathrm{mix}}^{-1.8}$	重点考虑了结合料对疲劳性能的影响
SHRP	$N_f = 2.738 \times 10^5 e^{0.077VFA} \times \varepsilon^{-3.624} \times S_0''^{-2.720}$	注重空隙率的影响
Bonnaure	$N_f = (4.102PI - 0.205PI\nu_b + 1.094\nu_b - 2.707)^5 \varepsilon_t^{-5} S_{\mathrm{mix}}^{-1.8}$	法国、英国、荷兰和比利时的实验室 71 条疲劳试验曲线的汇总
Harvey	$N = 2.2953 \times 10^{-10} e^{0.594AC - 0.164AV} \varepsilon_t^{-3.730}$	空隙率较为全面，用油量和空隙率范围较窄
虞将苗	$N_f = 5.314 \times 10^{17} \left(\dfrac{1}{\varepsilon}\right)^{3.973} \left(\dfrac{1}{E}\right)^{1.579} (VFA)^{2.720} \left(\dfrac{1}{1 + e^{-5.790MF}}\right)$	与试验段结合的方法，对象不同

SHELL 模型注重对沥青的考虑,该模型中,v_b 和 S_{mix} 均与沥青的性质和用量相关,其他因素有所忽略;SHRP 模型是一个考虑因素相对全面的模型,但它需采用剪切频率扫描试验(shear frequency sweep test)来估算混合料的模量,其中存在较大的误差;欧洲学者 Bonnaure 的模型是对四个国家的研究的一个汇总,是欧洲沥青混合料疲劳性能研究的一个代表,该模型在考虑了劲度模量、应变和沥青体积之上,加入了沥青针入度指数的影响,但由于试验次数较少,各国试验存在诸多的误差和不同,且方程中考虑的影响因素过多,此预估模型缺乏一定的精确性;加州大学的 Harvey 提出的模型是目前研究最为成熟的模型,摒弃了与疲劳性能相关性较低的沥青填隙率和混合料劲度模量,拟合出来的方程具有很好的相关性,且对四点弯曲疲劳小梁实验室疲劳寿命的预测最为准确,空隙率考虑了1%~3%,4%~6%和7%~9%,但它的沥青用量范围仅在 4%~6%,且全部为未经过任何改性的基质沥青,应变量均在 $150\sim300\mu\varepsilon$,本书亦是基于此模型的基础之上进行的沥青种类、用量以及应变量的拓展;华南理工大学的虞将苗提出的模型是经过了室外试验路的疲劳数据修正后的模型,具有很好的工程实践意义,但试验路模拟试验成本较高,目前缺少其他机构进行类似试验路对比试验,因此试验数据的复现性尚不得而知;另外混合料种类较少受环境影响因素更多,且在理论上基于模式的系数 MF 尚有争论,难以界定,目前公认的较为准确的 MF 计算公式是来自 Myre 根据挪威的沥青路面结构设计指南设计的 464 个典型路面结构进行的加载模式系数计算,而挪威地处临海而寒冷的北欧,其沥青路面并不具备广泛的代表性,且目前基于试验段的疲劳预估耗资巨大,并不是普通机构能够承受得起的设计和研究方法。

4.5　本　章　小　结

本章将路面最常见的沥青(70#基质沥青)、级配(AC 类连续级配)按照常用结构层进行疲劳性能研究和高温性能验证,得到以下结论。

(1)以沥青用量、空隙率和应变量为变量,按全面设计安排疲劳试验,回归出了疲劳行为方程,AC13 混合料为 $N_f = 1.451 \times 10^{4.901} \times e^{0.6862AC-0.4269AV} \times \varepsilon^{-1.908}$,AC20 混合料为 $N_f = 9.3417 \times 10^{4.6898} \times e^{0.3890AC-0.4375AV} \times \varepsilon^{-1.0741}$,AC25 混合料为 $N_f = 3.9563 \times 10^{3.832} \times e^{0.31763AC-0.5362AV} \times \varepsilon^{-0.9873}$。

(2)完成了 AC13 混合料和 AC20 混合料的与疲劳试验相同沥青用量和空隙率变化范围内的全面设计车辙试验,若需满足国家规范中的车辙指标,AC13 需满足沥青用量≤5.5%,空隙率在 3.5%~5.4%,AC20 需满足沥青用量≤5.6%,空隙率在 3%~5.8%。可供后续设计参考。

第 5 章　SBS 改性沥青混合料的疲劳性能分析

SBS 改性沥青在我国应用最为成熟和广泛，它是一种成熟而优质路面材料。它通过将聚合物掺入道路沥青，从而改善使用功能，可以显著提高沥青面层的抗车辙性能，增加耐久性和抗老化能力，延长公路的寿命。它既可以与常规的 AC 级配配合使用，也可以使用在高性能的 SMA 路面，还可以使用在 OGFC 多孔排水降噪路面；SBS 的广泛适用性使其在我国道路工程中使用越来越广。本章的研究主要集中在基于疲劳性能和高温性能综合考虑的 SBS 沥青上面层 AC13 沥青混合料的设计和基于疲劳性能的 SBS 沥青应力吸收层混合料设计。

5.1　SBS 沥青面层混合料设计

5.1.1　设计概述

目前我国大多数路面工程是将 SBS 改性沥青应用在 AC13 级配作为上面层用混合料[126]，许多工程实践证明，SBS 改性沥青 AC13 混合料具有很好的抗高温车辙能力，但却不足以抵抗各种因疲劳性能不足而引起的开裂问题[127-129]，如图 5.1 所示。

(a)　　　　　　　　　　　(b)

图 5.1　汉十高速襄阳段和襄荆高速襄阳段改性沥青面层的反射裂缝

　　汉十高速襄阳段与襄荆高速襄阳段完工于 2009 年，仅使用 2 年的时间，交通量中等，车型以小型车与中等货车居多，实地考察的结果是两条高速的路面无明显车辙，在此标段的养护工作前经过平整度检测依旧满足国家标准，但却产生了不同程度的横向和纵向开裂，SBS 改性沥青混合料的也需要考虑疲劳性能与高温车辙共同验证的方法。

　　根据工程经验，SBS 在沥青中的掺量大多在 4%～5%，本章的研究选取 4.5%，当用做应力吸收层时 SBS 改性沥青需要使沥青获得更大的黏度，在 5.2 节的研究中将研究改变 SBS 掺量获取高黏度的方案。另外，本节将沿用第 3 章的研究结果，选取影响疲劳性能的因素 AV、AC 和应变量。影响高温性能的因素有 AV、AC。全面设计的变化程度如表 5.1 和表 5.2 所示。

　　分别设计全面试验。高温车辙试验的成型通过调整成型仪碾压次数来改变相同 AC 下的不同 AV，试验温度选取 60℃，轮载压力为 0.7MPa。

表 5.1　疲劳试验全面设计因素

	因素	变化程度		
内部因素	AV/%	2.12～6.51		
	AC/%	4.0	5.5	7.0
外部因素	应变量/$\mu\varepsilon$	1000	1250	1500

表 5.2　高温车辙试验全面设计因素

	因素	变化程度		
内部因素	AV/%	1.83～6.79		
	AC/%	4.0	5.5	7.0

5.1.2　混合料设计与成型

　　改性沥青的制备是将加入内掺 4.5% 的 SBS 改性剂以及 1.5‰ 的稳定剂在 180℃ 下用高速剪切机以 6000～7000r/min 的转速剪切、磨、挤压 30min 后，再搅拌 90min，最后在 160℃ 左右的恒温烘箱孕育 30min。将制好后的沥青取样品三份，平行试验三组结果取平均值。依据《JTG E20—2011 公路工程沥青及沥青混合料试验规程》进行试验，SBS 改性沥青检测结果如表 5.3 所示。

表 5.3　预备试验采用的 SBS 沥青的各项指标检测

项目	技术指标	SBS 改性沥青
针入度（25℃、100g、5s）/0.1mm	30~60	55
针入度指数 PI	0~+1.0	0.321
延度 5℃/cm	≥20	41

项目		技术指标	SBS 改性沥青
软化点/℃		≥60	87.7
离析，48h 软化点之差/℃		≤2.5	1.6
130℃黏度/（Pa·s）		≤3	2.33
密度（15℃）/（g/cm³）		实测	1.035
163℃薄膜加热试验（5h）	质量损失/%	±1.0	0.14
	残留针入度比/%	≥65	72
	残留延度（5℃）/cm	≥15	17

石料与第 3 章中的一致。物理指标见表 3.3 和表 3.4。

与基质沥青方法一致，SBS 改性沥青也预先寻找目标空隙率下的最佳沥青用量，再在疲劳设计中涵盖此沥青用量并极大地拓展范围。预选级配沿用 AC13 级配中值，级配表见表 3.5。

马歇尔设计过程见表 5.4。

表 5.4　SBS 沥青混合料空隙率计算结果

沥青用量/%	毛体积相对密度	最大理论相对密度	空隙率/%
4	2.435	2.544	4.58
	2.438		4.46
	2.436		4.54
4.5	2.441	2.539	4.14
	2.44		4.18
	2.441		4.14
5	2.452	2.535	3.68
	2.453		3.64
	2.451		3.64

基于马歇尔设计的最佳沥青用量为 4.6%，在疲劳试验中选取在沥青用量范围为 4.0%～7.0%。

5.1.3　SBS-AC13 混合料试验结果

与基质沥青混合料不同，SBS 改性沥青出现 N_{fNM} 次数较晚，试验的结束条件设定为达到初始模量的 5%时截止，同时记录 N_{f50} 和 N_{fNM} 疲劳次数。

选取 1000με、1250με 和 1500με 作为改性沥青混合料试验的基准应变。

同一条件下安排平行试验 2 次，去除误差大于 20%和意外破坏的试件，共完成 54 根小梁试件（实际试验 67 根）。按照全面试验计划，为获得 N_{fNM} 的疲劳寿命，试验暂定以至 10%的初始劲度模量为结束条件。结果如表 5.5 所示。

表 5.5　SBS-AC13 疲劳试验结果

平行试验	沥青用量/%	应变量/με	空隙率/%	初始模量/MPa	疲劳次数 N_{f50}/次	疲劳次数 N_{fNM}/次
1			4.41	5231	8900	62460
2			4.41	5532	9890	64810
3		1000	5.27	5115	6310	54820
4			5.27	5212	5010	52150
5			6.05	5310	4170	46110
6			6.05	5237	6290	51350
7			4.41	5496	6650	61520
8			4.41	5526	11190	53900
9	4.0	1250	5.27	5846	3270	51750
10			5.27	5665	3690	43620
11			6.05	5524	3050	42310
12			6.05	5420	4440	40010
13			4.41	5249	6100	49540
14			4.41	5393	5440	51400
15		1500	5.27	5552	4840	45180
16			5.27	5261	4580	43490
17			6.05	5055	3280	34040
18			6.05	5231	2240	32710
19			3.71	4823	24230	251860
20			3.71	4734	18780	267480
21		1000	4.68	4839	13160	245630
22			4.68	4611	8290	234420
23			5.34	4802	10310	209730
24			5.34	4522	10920	183540
25			3.71	5024	15300	221440
26			3.71	5102	20260	204750
27	5.5	1250	4.68	4813	15840	180490
28			4.68	4639	12240	168640
29			5.34	4638	9000	134390
30			5.34	4745	7870	126810
31			3.71	4806	17620	213720
32			3.71	4863	15140	201070
33		1500	4.68	4530	11080	183270
34			4.68	4638	8820	151230
35			5.34	4445	10600	115130
36			5.34	4839	5930	106640

续表

平行试验	沥青用量/%	应变量/με	空隙率/%	初始模量/MPa	疲劳次数 N_{f50}/次	疲劳次数 N_{fNM}/次
37			2.15	4149	55080	434940
38			2.15	4293	37800	414390
39		1000	2.46	3959	30050	332300
40			2.46	4089	37470	398340
41			3.12	3727	20560	353550
42			3.12	3423	36860	329800
43			2.15	3710	33930	304940
44			2.15	3364	29050	343390
45	7.0	1250	2.46	3330	34710	300300
46			2.46	3394	25240	248370
47			3.12	3246	17830	213570
48			3.12	3375	19760	204420
49			2.15	3594	33180	244940
50			2.15	3370	20600	213390
51		1500	2.46	3551	37850	172800
52			2.46	3367	17470	184370
53			3.12	3251	14860	120580
54			3.12	3146	26400	102940

　　为确保 N_{fNM} 的出现和节省试验时间，经过前面几组试验调整之后的试验将结束标准调整至劲度模量衰减的 5%，记录 N_{f50} 和 N_{fNM} 两组疲劳次数。与之前的研究一致，作如下分析，将 N_{f50} 与 N_{fNM} 汇总于同坐标系中，计算其各自的变异系数。结果如图 5.2 所示。

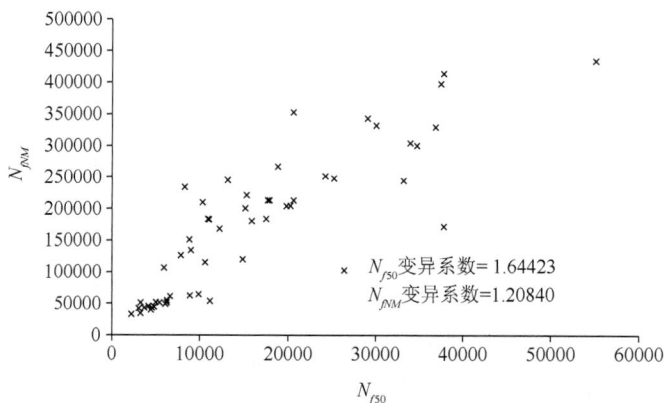

N_{f50} 变异系数 = 1.64423
N_{fNM} 变异系数 = 1.20840

图 5.2　SBS 改性沥青混合料疲劳试验两种判断标准得到的疲劳次数对比

　　对比 N_{f50} 与 N_{fNM} 可以发现，首先对比 N_{fNM} 与 N_{f50} 之间的差距，平均为 11.86 倍。另外，两者相差的倍数比基质沥青混合料更大，原因在于在加载的过程中，改性沥青由于改性剂的存在有着比基质沥青更好的韧性与弹性，其自我愈合能力更强，在加载间歇的短暂时间内存在一个微小的模量恢复过程，而这种恢复在基质沥青中是不明显的，这种即时的自我愈合是需要考虑进疲劳次数中的。再者，因为 SBS 改性沥青混合料初始劲度模量较大，基于 BFA 测试仪本身对初始模量的检测具有不稳定性，越大的劲度模量越难以准确测定，第 50 次的劲度模量值变化较大，这是 SBS 改性沥青混合料 N_{f50} 数据稳定性不高的原因；与初始劲度模量无关的 N_{fNM} 变异系数较小，相对稳定，可信度更高。

　　综上所述，N_{fNM} 疲劳次数更适合评价 SBS 改性沥青混合料。

5.1.4　单一因素的影响

　　根据试验结果，分别按应变、沥青用量和空隙率与疲劳次数的单对数作散点关系图，并采用最小二乘法对各个指标与疲劳次数的关系进行多项式、幂函数、指数函数以及对数函数的曲线拟合，得到最大的相关系数的曲线分别如图 5.3～图 5.5 所示。

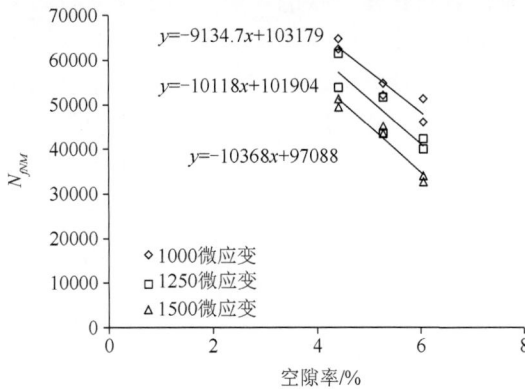

图 5.3　沥青用量 4.0%下疲劳寿命随空隙率变化趋势

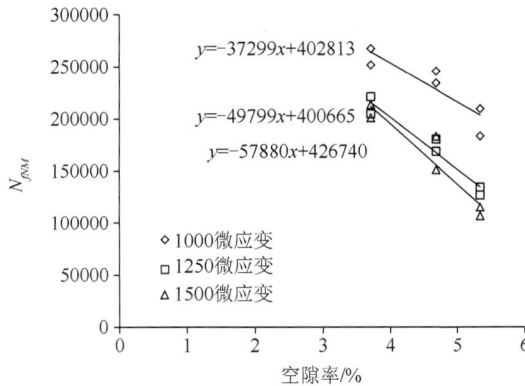

图 5.4　沥青用量 5.5%下疲劳寿命随空隙率变化趋势

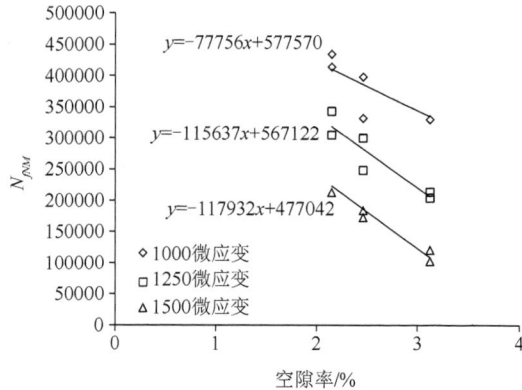

图 5.5 　沥青用量 7.0%下疲劳寿命随空隙率变化趋势

从上述三个图的变化趋势均可看出，无论在何种沥青用量下，空隙率的增大都会导致 N_{fNM} 的降低，更高应变量下空隙率的变化带来的 N_{fNM} 下降更为明显，这与前面所研究的沥青混合料都是一致的。但是由于高沥青用量下空隙率变化幅度并不是很大，且 N_{fNM} 值的基数会增大许多，研究认为，通过提高沥青用量来增加 N_{fNM} 值的方法仍是可取的。当然空隙率的降低也是增加 N_{fNM} 的重要方法，但在试验过程中，若一味地增加压实度，会带来混合料中石料的破碎程度，是不可取的。通过调整级配中关键筛孔的通过率的方法是首选，限于篇幅和前后固定级配的关系，本节不再讨论调整关键筛孔通过率的方法，研究将在 5.2 节的应力吸收层试验中对调整关键筛孔通过率来降低空隙率以达到增加 N_{fNM} 的方法进行深入探究。

对比不同 SBS 掺量与混合料疲劳寿命 N_{fNM} 的关系，计算各掺量下数据的变异系数，结果如图 5.6 所示。

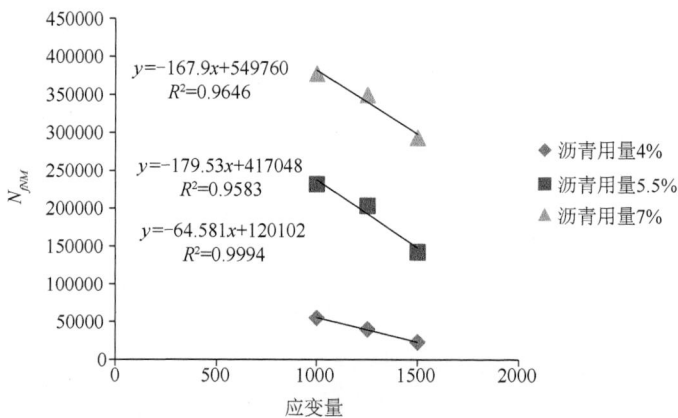

图 5.6 　SBS-AC13 沥青混合料疲劳次数与应变量的关系

由图 5.6 可以看出，SBS-AC13 沥青混合料的疲劳寿命 N_{fNM} 随应变量的增大而减少，双对数下的疲劳方程总结见表 5.6。

表 5.6　应变量为变量的疲劳方程

沥青用量/%	疲劳方程	R^2
4	$\lg N_{fNM}=-2.138\lg\varepsilon+11.177$	0.9436
5.5	$\lg N_{fNM}=-1.1833\lg\varepsilon+8.9333$	0.9261
7	$\lg N_{fNM}=-0.6107\lg\varepsilon+7.4168$	0.9553

从表 5.6 的疲劳方程及相关系数可以看出，疲劳曲线的相关性均较好，表明疲劳数据准确性比较高。式中斜率的数值代表了对应变量变化的敏感性，随着沥青用量的提高，沥青抵抗疲劳破坏的能力在增强，对应变量的变化的敏感性在减弱，能够承受更多的行车荷载波动。

为得到沥青用量与 N_{fNM} 的关系，将各沥青用量下的相同应变量取平均后作沥青用量与 N_{fNM} 趋势图，如图 5.7 所示。

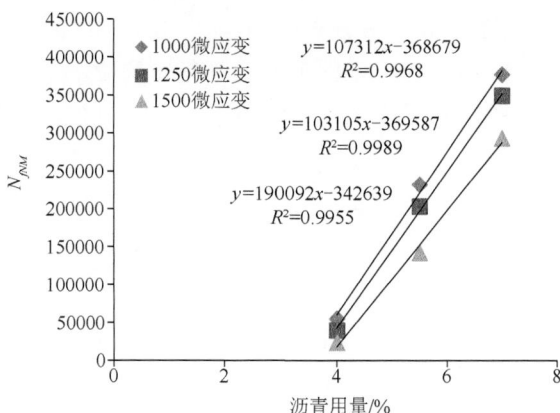

图 5.7　N_{fNM} 随沥青用量变化趋势图

由图 5.7 可以发现，平均后的 N_{fNM} 与沥青用量相关性很好，N_{fNM} 随着沥青用量的增加而增加，应变量越小增加的幅度越大。

5.1.5　回归分析

将试验结果经过 1stOpt 编程拟合得到各个参数，结果如式（5.1）所示：

$$N_f = 3.959\times10^7{}^{.812} \times \mathrm{e}^{0.312\mathrm{AC}-0.262\mathrm{AV}} \times \varepsilon^{-0.477}, \quad R^2 = 0.784 \quad (5.1)$$

其中，N_f 为疲劳寿命（次）；ε 为应变量（无量纲）；AC 为沥青用量（%）；AV 为混合料空隙率（%）；e 为自然对数的底。

回归公式的相关系数 R^2 达到 0.784，可见 SBS 改性沥青 AC13 混合料疲劳寿命与应变量、沥青用量以及空隙率的相关性不如基质沥青，但尚可进行分析。从方程角度分析，应变量越小，沥青用量越大，空隙率越小，则疲劳寿命越大。

在试验过程中可以较为明显地发现，与基质沥青大为不同的是，SBS改性沥青的疲劳特性与SBS类型、产地、改性剂加入时间、剪切强度、搅拌工艺、存放方式、存储时间以及运输方式等因素相关，制备出的每一批SBS改性沥青都不能保证完全一致，这必定会对其混合料的疲劳性能产生或多或少的影响，这也是回归方程的R^2较小的原因。因此，本次研究依靠批量试验建立的疲劳性能拟合方程来预测不同条件下SBS改性沥青混合料的疲劳性能的方法是不够准确的，在实际应用中此方程仅具有辅助推导作用，具体问题需具体分析。建议在进行高水平设计时，对SBS改性沥青混合料进行既定应变量下的疲劳性能评价。

5.1.6 高温车辙试验的验证

严格筛选级配中值，设计出车辙混合料，通过计算用量与试压，最终确定在4.0%沥青用量下分别碾压42次、65次和96次，5.5%沥青用量下分别碾压41次、62次和86次，7.0%沥青用量下分别碾压36次、52次和76次，车辙试件能达到与小梁试件接近的空隙率。同一条件下安排平行试验2次，若存在大于20%的误差则进行第3次试验，共完成18组车辙试验（实际试验25组），试验结果如表5.7所示。

表 5.7　车辙试验结果

平行试验	沥青用量/%	空隙率/%	变形量/mm	动稳定度/（次/mm）
1		4.37	1.908	6168
2		4.37	1.798	6989
3	4.0	5.25	1.641	4492
4		5.325	2.248	5184
5		6.03	3.063	3021
6		6.03	2.266	2156
7		3.71	1.223	4533
8		3.71	1.494	5465
9	5.5	4.60	1.183	5970
10		4.60	1.484	4887
11		5.35	2.753	2481
12		5.35	2.790	2649
13		2.12	2.669	1839
14		2.12	3.075	2022
15	7.0	2.45	3.261	1371
16		2.45	3.212	1232
17		3.10	3.350	1307
18		3.10	2.701	1002

值得说明的是，在 7.0%沥青用量下，车辙试验所产生的车辙槽较深，数据的稳定性较差，2.45 和 3.10 的空隙率均制作了四个试件进行试验，并将不稳定的数据（过大和过小的数据）去除。将表 5.7 中沥青用量、空隙率分别于动稳定度作趋势图形分析得到图 5.8 和图 5.9。

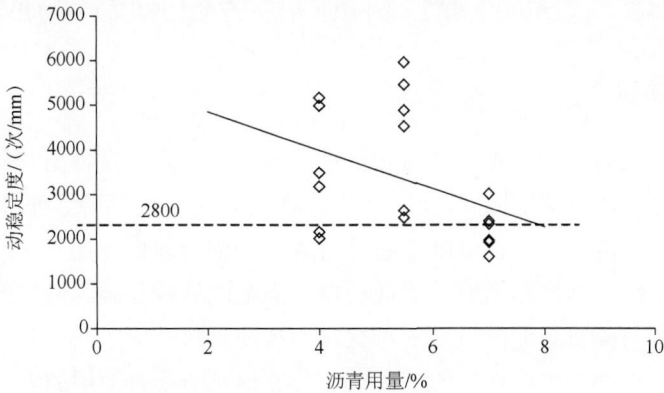

图 5.8　沥青用量与动稳定度变化图

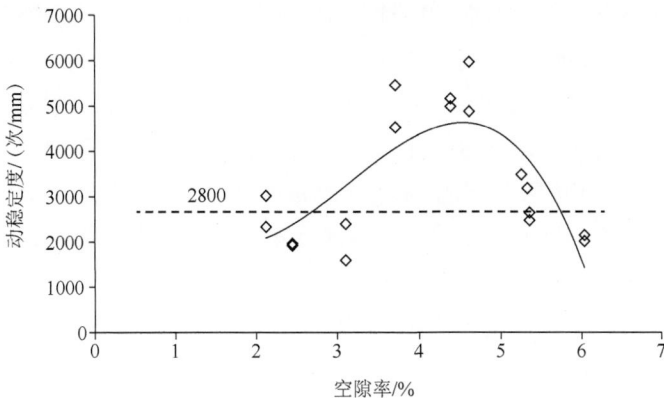

图 5.9　空隙率与动稳定度变化图

与第 4 章的高温性能验证数据处理方法完全一致。从图 5.9 可以看出，随着空隙率的增加动稳定度开始增加而后减小，说明空隙率在 4.0%～5.0%某个点，使得混合料动稳定度最高，说明 SBS 改性沥青与在马歇尔设计过程中稳定度随空隙率变化的规律一致。图中虚线为 2800 次/mm 的国家标准，可作对比性参考。

基于疲劳的混合料设计建议多使用在下面层，但国家规范中并未专门为下面层的高温性能提出指标，无论在哪个面层（混合料公称粒径≤19mm），改性沥青的高温车辙动稳定度要求在 DS≥2800 次/mm，图中虚线位置所标即国家标准。此指标在混合料设计新法提出中作为设计参考，若要达到此要求，建议沥青用量需在 6.5%以下，空隙率大致控制在 3%～5.5%。

5.2　SBS 改性沥青混合料的高疲劳性能设计与应用研究

5.2.1　设计概述

SBS 改性沥青混合料被证明有很好的疲劳性能，为了发挥出其极致的疲劳性能，将其用于应力吸收层是最佳的选择。在沥青的下面层除了采用目前常用的 AC20 或 AC25 混合料，也可以考虑采用 AC13 混合料做一层 4～5 cm 厚的抗裂层，以抵抗半刚性基层路面经常出现的自下而上的疲劳开裂。最初的应力吸收层多用橡胶沥青与碎石级配的组合的形式铺洒在沥青与基层之间，常见的做法是沥青贯入碎石。这种方法可以简便、有效、快速地预防沥青面层的疲劳开裂。由于我国是水泥稳定类半刚性基层，基层的开裂更严重和普遍，应力吸收层的应用则更为迫切，目前我国较多使用的是由美国科氏公司引入 Strata 应力吸收层，该材料是一种沥青混合料，而非之前所述的贯入碎石的方法，它的抗疲劳性能优异，但技术复杂、价格昂贵，不利于大量使用。

在 SBS 改性沥青的使用过程中发现，随着 SBS 改性剂用量的加大，沥青会具有很高的黏度和韧性，这与 Strata 混合料具有类似的特点。因此，本书将展开一种类似于 Strata 的应力吸收层的 SBS 改性沥青混合料。只是应力吸收层混合料的强度和空隙率极低，目前常规的设计方法尚不适用，需借鉴较为成功的 Strata 案例，即一种以疲劳性能优先考虑的设计方法。

基质沥青仍选用沥青埃索 70#，SBS 改性沥青制备方法同 5.1 节。石料与之前的研究保持一致，由于应力吸收层级配更细更密实，在此选取 AC10，根据李本亮的研究[58]，AC10 级配中 4.75mm 的通过率在 55%时能获得最小空隙率，所选级配如表 5.8 所示。为区分不同 SBS 对应力吸收层的影响效果，本节选取了两种 SBS，星型 SBS403 和线型 SBS1192（在数据图分析时，分别用 A 型与 B 型代称），根据研究可知它们具有不同的稳定性和改性效果，是两种具有代表性的 SBS 改性剂。星型和线型 SBS 沥青混合料空隙率变化情况如表 5.9 和表 5.10 所示。

表 5.8　SBS 沥青应力吸收层混合料试验所用级配

筛孔尺寸/mm	9.5	4.75	2.36	1.18	0.6	0.3	0.15	0.075
通过率/%	100	55	45	35	30	20	10	2

表 5.9 星型 SBS 沥青混合料空隙率情况

油石比/%	毛体积相对密度	最大理论相对密度	空隙率/%
9.1	2.390	2.503	2.07
9.4	2.397	2.487	1.58
9.7	2.413	2.471	1.10
10.0	2.418	2.462	0.80
10.3	2.423	2.456	0.64
10.6	2.427	2.450	0.56

表 5.10 线型 SBS 沥青混合料空隙率情况

油石比/%	毛体积相对密度	最大理论相对密度	空隙率/%
9.1	2.397	2.487	1.96
9.4	2.413	2.471	1.45
9.7	2.418	2.462	1.01
10.0	2.423	2.456	0.77
10.3	2.427	2.450	0.56
10.6	2.430	2.445	0.49

以 1%为目标空隙率,最终选取 9.8%和 9.7%分别作为星型和线型混合料疲劳试验的确定油石比。

5.2.2 Strata 混合料

Strata 在我国有多次成功的应用,其在武黄高速公路改建工程至今没有出现裂缝[130]。本书以 Strata 混合料为基准,选取科氏公司提供的成品改性沥青与推荐级配,石料规格与前面保持一致。按照常规 Strata 混合料设计进行。级配范围与本书合成的级配如表 5.11 所示。

表 5.11 Strata 混合料级配

筛孔/mm	9.5	4.75	2.36	1.18	0.6	0.3	0.15	0.075
科氏级配范围	100	91~100	70~78	50~58	36~44	20~26	10~14	8~10
试验合成	100	95	73	54	38	22	13	9

根据常用设计选取了三个油石比:8.5%、9.0%和 9.5%。空隙率计算过程如表 5.12 所示。

表 5.12 Strata 混合料空隙率情况

油石比/%	毛体积相对密度	最大理论相对密度	空隙率/%
8.5	2.374	2.423	1.18
9.0	2.381	2.443	1.05
9.5	2.388	2.467	0.92

根据工程经验 Strata 要求的空隙率应在 0.5%～2.5%[69]，但有条件的情况下以 1%空隙率为目标空隙率，据此选取 9.1%的作为设计油石比。

Strata 疲劳试验结果如表 5.13 所示。

表 5.13　Strata 应力吸收层疲劳试验结果

平行试验	疲劳寿命/次	均值
1	323610	
2	301970	302023
3	282390	
规范指标	1800με，疲劳次数>10^6	
换算后指标	1500με，疲劳次数>$1.45×10^6$～$1.62×10^6$	
与 Strata 持平指标	1500με，疲劳次数≥$3×10^6$	

现行施工规范中没有对应力吸收层进行性能检验的指标，但此类混合料的设计仍需要工程经验为基础的对比参照。鉴于 Strata 沥青混合料的成功，在目前没有其他可参考依据的情况下，选取 Strata 应力吸收层沥青混合料的疲劳性能作为目标，对 SBS 改性沥青应力吸收层进行探索性设计，既是对应力吸收层的一个补充，也是对基于疲劳性能优先的混合料设计提供思路。

暂定 SBS 改性沥青应力吸收层疲劳性能需达到指标为 1500με，疲劳次数≥ $3×10^6$（确定过程见表 5.13）。

5.2.3　SBS 沥青应力吸收层试验

疲劳试验结果有一定的离散性，为此本书中当三个数据的变异系数超过 15%时，取变异较小的两个数据的均值，SBS 沥青混合料由于试验量较大，采用了两根做平行试验，取平均值。同时加强混合料板成型时的质量控制，避免了混合料在向模具倾倒时粗细集料分离出现混合料离析，最后所得的疲劳试验结果没有出现变异系数大于 15%的情形,表明疲劳试验结果的离散性控制在了合理的范围内。试验结果如表 5.14 所示。

表 5.14　SBS 改性沥青应力吸收层混合料疲劳试验结果

平行试验	SBS 类型	SBS 掺量/%	针入度/0.1mm	软化点/℃	疲劳寿命/次
1	星型	2	63.5	55.5	51300
2		2	65.2	54.5	57250
3	线型	2	65.2	62.6	56420
4		2	64.2	63.2	53720
5	星型	3	62.1	63.0	74820
6		3	62.4	63.4	78940
7	线型	3	59.8	67.7	71280
8		3	61.6	67.3	68490

续表

平行试验	SBS 类型	SBS 掺量/%	针入度/0.1mm	软化点/℃	疲劳寿命/次
9	星型	4	60.6	68.4	130490
10		4	58.1	69.0	112030
11	线型	4	59.2	67.5	126830
12		4	59.8	71.2	130040
13	星型	5	54.2	74.3	223920
14		5	57.2	78.3	242030
15	线型	5	56.0	82.0	230900
16		5	57.4	80.3	250200
17	星型	6	53.1	84.3	234590
18		6	52.5	86.0	263800
19	线型	6	53.4	94.1	273840
20		6	52.6	93.2	284930
21	星型	7	49.5	92.3	338580
22		7	49.0	93.3	334930
23	线型	7	50.1	105.5	365720
24		7	48.6	103.4	310300

完成 SBS 小梁平行试验编号 17~20 的混合料拌合后发现当 SBS 掺量为 6%时，混合料空隙率具有继续下调的可能性，特设计平行试验 25~36，均采用 6%的 SBS 掺量，其中 25~28 号梁采用更高的沥青用量，星型与线型的油石比分别为 10.5%和 10.4%，29~32 号梁采用了更高的压实度，在碾压成型时静压 5 次，振动压实 2 次，33~36 号梁调整了级配，改 2.36mm 通过率为 37%，此时的级配已经超越了 AC10 的范围，接近一种 10mm 的间断级配。调整空隙率后的试验结果如表 5.15 所示。

表 5.15　空隙率为 0.7%时 SBS 改性沥青应力吸收层混合料疲劳试验结果

平行试验	混合料空隙率/%	SBS 类型	SBS 掺量/%	降低空隙率的方法	疲劳寿命/次	疲劳寿命均值/次	提高幅值/%
25	0.7	星型	6	加大油石比	316260	321095	28.85
26			6		325930		
27		线型	6		321720	331250	18.56
28			6		340780		
29	0.7	星型	6	加大压实度	260830	271425	8.92
30			6		282020		
31		线型	6		281300	295735	5.85
32			6		310170		

续表

平行试验	混合料空隙率/%	SBS 类型	SBS 掺量/%	降低空隙率的方法	疲劳寿命/次	疲劳寿命均值/次	提高幅值/%
33		星型	6		305360	308145	23.66
34	0.7		6	调整级配	310930		
35		线型	6		311440	311070	11.34
36			6		310700		

提高幅值是对比表 5.14 中平行试验 17~20 的平均疲劳寿命（星型为 249195，线型为 279385）的百分率。

从表 5.15 可以看出，从疲劳性能考虑，加大油石比的方法最为有效，其次是调整级配，加大压实度的方法最差但仍有一定的提高。这是因为加大油石比很大程度上直接降低了空隙率，增大了有效沥青膜厚度，而在调整级配方法中由于调低了 2.36mm 通过率，集料比表面积变小，沥青膜的有效厚度会随之增大，进而疲劳寿命延长；相对而言，通过加大压实度的方式，混合料的空隙率虽得到了一定的下降，但有效沥青却不能进入石料间的缝隙中，而是吸入石料的表面孔隙中，而压实功的增加，会导致部分石料出现破损，级配发生一定的变化，一部分石料的内部空隙变成表面空隙，自由沥青被进一步吸入，有效沥青的部分不升反降，抵消掉一部分由空隙率下降所带来的疲劳性能的增长，导致疲劳寿命的增幅放缓。通过这一点建议在设计和施工中，若需要额外提高混合料的疲劳寿命，应首选加大沥青用量的方式，其次为调整级配的方式，或两种方式协调兼顾使用，一味加大压实功的做法是不可取的。

5.2.4 结果分析

根据试验结果，分别绘制了 SBS 沥青针入度、软化点与疲劳寿命的散点关系图，并采用最优的回归方式对散点进行了拟合，如图 5.10~图 5.13 所示。

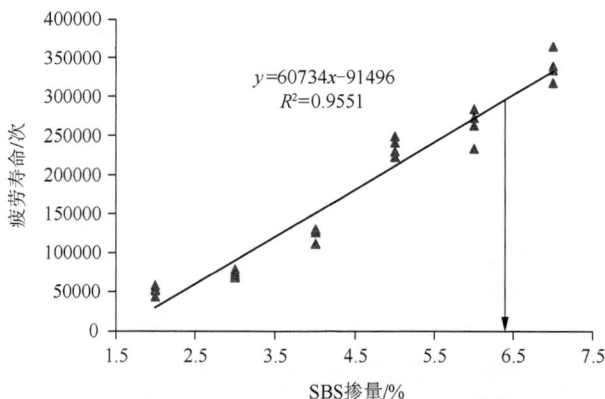

$$y=60734x-91496$$
$$R^2=0.9551$$

图 5.10 SBS 沥青混合料疲劳寿命与 SBS 掺量的关系

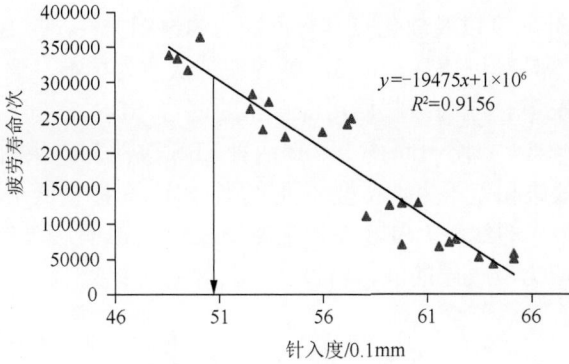

图 5.11　SBS 沥青混合料疲劳寿命与针入度的关系

图中公式：
$$y = -19475x + 1 \times 10^6$$
$$R^2 = 0.9156$$

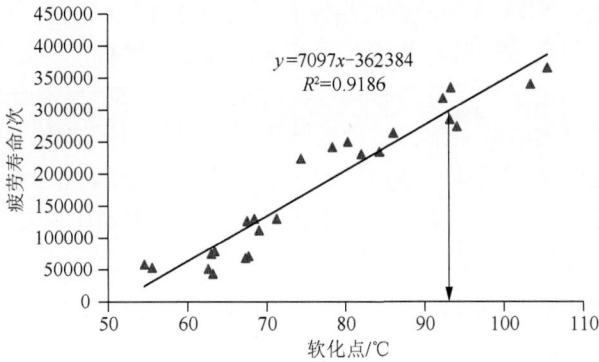

图 5.12　SBS 沥青混合料疲劳寿命与软化点的关系

图中公式：
$$y = 7097x - 362384$$
$$R^2 = 0.9186$$

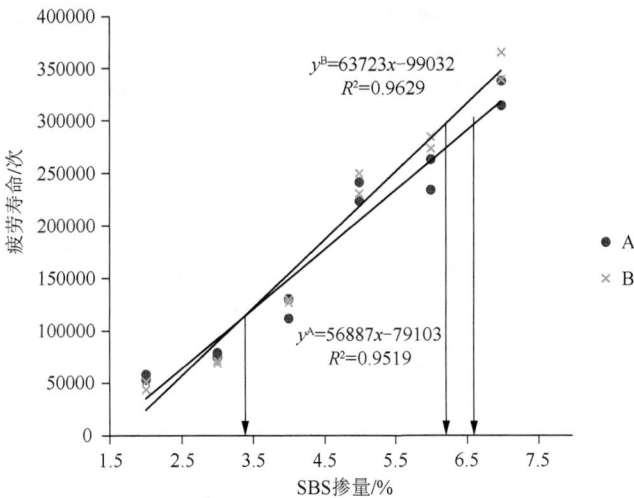

图 5.13　A、B 两种 SBS 改性沥青混合料疲劳寿命与 SBS 掺量的变化关系

图中公式：
$$y^B = 63723x - 99032$$
$$R^2 = 0.9629$$
$$y^A = 56887x - 79103$$
$$R^2 = 0.9519$$

从上述四幅变化关系图可以看出，SBS 改性沥青应力吸收层混合料的疲劳性

能与 SBS 掺量、针入度以及软化点具有很好的线性相关性，拟合后的相关度均在 0.91 以上，指标均具有可信性。以 $3×10^6$ 的疲劳次数为标准，假设两种 SBS 改性剂混合使用的情况下，应力吸收层用混合料的沥青 SBS 掺量≥6.5%，针入度≤5.1mm，软化点≥93℃；分开考虑 A、B 两种 SBS 改性剂，从图 5.13 可以看出，A、B 两型 SBS 效果相差不大，A 型（即星型）SBS 在掺量低于 3.5%时具有较高的疲劳性能，B 型（即线型）SBS 在掺量高于 3.5%时具有较高的疲劳性能，B 型 SBS 更适合用于应力吸收层的混合料设计，其掺量应≥6.3%。

5.3　本 章 小 结

本章首先针对 SBS 改性沥青面层混合料进行了不同沥青用量、不同空隙率和不同应变量的全面疲劳试验，并进行了相应的高温车辙性能验证，完成了单一因素影响分析和回归出了疲劳行为方程；其次作了一个以 Strata 混合料为基准的 SBS 改性沥青混合料应力吸收层的探索性试验研究，得到如下结论。

（1）疲劳性能基本规律与基质沥青大致相同，即空隙率的增大都会带来疲劳寿命的降低，更高应变量下空隙率的变化带来的疲劳寿命下降更为明显；但 N_{fNM} 疲劳次数更适合评价 SBS 改性沥青混合料。

（2）经过回归计算，SBS 改性沥青面层混合料的疲劳行为方程为 $N_f = 3.959 × 10^{7.812} × e^{0.312AC-0.262AV} × \varepsilon^{-0.477}$，$R^2$=0.784，但相关性相对偏低。

（3）Strata 应力吸收层混合料的 15℃、1500$\mu\varepsilon$ 疲劳寿命为 $3×10^6$ 次，应以此为标准疲劳寿命，建议在应力吸收层的混合料设计中，应以疲劳性能为主，较少或者不考虑高温性能。

（4）SBS 应力吸收层混合料可通过适当加大油石比和调整级配中关键筛孔通过率的方法增大疲劳寿命。

（5）SBS 改性沥青应力吸收层混合料的疲劳性能与 SBS 掺量、针入度以及软化点具有很好的线性相关性，疲劳设计要求 SBS 掺量≥6.5%，针入度≤5.1mm，软化点≥93℃，且线型 SBS 更适合用在应力吸收层混合料。

第6章 橡胶沥青混合料的疲劳性能分析

橡胶沥青是一种重复利用废旧轮胎的环保材料,于 20 世纪 60 年代在美国兴起[131-133]。其混合料与 SBS 改性沥青混合料有相近的路用性能,但由于废旧胶粉是回收品,故其成本低廉,生产每吨橡胶沥青可比 SBS 改性沥青节约 1000~1500元。同时,橡胶沥青面层有着很好的降噪效果和低温力学性能,在闹市区的铺面建设和高寒地区都有着广泛的应用潜能。橡胶沥青在我国已经有一定程度上的应用,但其设计仍照搬美国,缺乏适合我国国情的混合料设计方法。本章就橡胶沥青在上面层和用于应力吸收层的两种级配,两种混合料进行基于疲劳性能的设计研究。

6.1 橡胶沥青面层

6.1.1 橡胶沥青

橡胶沥青中最主要的两种成分即为沥青与胶粉。胶粉大多来自废旧轮胎,成分主要有天然橡胶和合成橡胶(如丁苯橡胶和顺丁橡胶),还有硫、炭黑、氧化硅、氧化铁等物质,这些物质都对沥青的改性起着积极的作用。胶粉颗粒在高温的情况下加入沥青,会产生物理共混和网络填充,这两种反应的程度决定了橡胶沥青的某些性质[134]。橡胶粉掺量对橡胶沥青各项指标影响很大,应根据实际的使用要求确定,试验表明,橡胶粉掺量与橡胶沥青黏度具有很好的正相关性。

美国的橡胶沥青规范[135,136]中推荐的黏度范围为 1.5~4.0Pa·s,而施工中要求的黏度范围限制了橡胶沥青中的胶粉掺量,通过试验可以得出基于此黏度范围的胶粉掺量范围。通常而言,胶粉掺量在 15%~25%(内掺,即胶粉占橡胶沥青的质量比),胶粉内掺高于 25%后通常会导致黏度过高从而无法泵送和拌和。肉眼可以看到过多的胶粉颗粒缺少足量的沥青将其熔胀而堆积在混合物中,稠度过高。

从经济性的角度来分析,目前基质沥青价格较高一般在 3000~5000 元/吨,胶粉的价格较低,一般在 2000 元/吨左右,故采用较高掺量会降低橡胶沥青的成本,最终产出的热拌橡胶沥青混合料成本为基质沥青混合料的 1.2~2 倍。

研究表明,当胶粉的掺量在 20%以下时,橡胶沥青的软化点和弹性恢复率增长较快,与胶粉大致呈线性关系。胶粉含量超过 20%后,两个指标变化很小,变化趋于平稳。这也说明随着胶粉掺量的升高,胶粉改性类沥青的高、低温等性能会得到很快的提升，但过了某个临界点后，提升效果就不再如此明显，此现象表明橡胶沥青存在一个最佳掺量的问题，对于研究中所采用的胶粉与沥青，掺量约为 20%时[137]，达到最佳。此值是之后设计的可提供某种程度的参考。轮胎通过轧碎、切碎再通过磨细可制得很细的胶粉，也可采用液氮快速制冷使其变脆，再加工成微粒。美国普遍要求胶粉细度达 40～80 目[138]，我国自己生产的一般可达 60目[139]。本次研究选取浙江金华产 40 目胶粉，掺量为内掺 20%（即胶粉占橡胶沥青的 20%）。

6.1.2　级配的选择

由于橡胶沥青具有特殊的改性机理，在级配的选择上与一般高聚物改性沥青有所不同。橡胶沥青中熔胀反应后的胶粉颗粒能够保持很好的回弹性能，橡胶沥青混合料的空隙中需要有足够的空间以容纳胶粉，若选用的骨架存在合适的空隙，橡胶粉能起到填充骨架的作用，可以增加沥青膜厚度，提高混合料疲劳性能[140]；如果骨架空隙过小，则胶粉会嵌挤或附着在粗集料之间，会影响集料之间的接触，宏观表现为压实度难以保证。当胶粉掺量过高或胶粉颗粒粒径过粗时，此现象尤为明显，压实不足会造成混合料过于松散，极易出现早期损坏。

众多工程经验表明，连续型级配用于橡胶沥青是不太适合的，其在高温、疲劳和施工性能等方面都表现出明显的劣势，因此一般情况下不推荐使用；因此需采用具有较大内部骨架空间的级配类型，如间断级配，半开、开级配，如 SMA级配、OGFC 级配或者一些不常使用的半开级配等[141,142]。美国和南非使用橡胶沥青较多，他们的经验即是如此，他们均根据工程实践和研究提出了各自的级配范围，但这些级配也都是间断级配，其间断的程度通常与胶粉目数和掺量相关，这一理念是在于用粗集料形成的骨架结构为胶粉提供更多的收容空间，从而避免胶粉颗粒干涉级配的骨架结构。

橡胶沥青的专用级配，我国尚未形成规范，目前在国内的研究中使用较多的是美国亚利桑那州推荐的级配范围，本书简称 ARAC-13，级配范围见表 6.1。

表 6.1　ARAC-13 型沥青混合料级配范围[136]（不含外掺剂）

筛孔尺寸/mm	16.0	13.2	9.5	4.75	2.36	1.18	0.6	0.3	0.15	0.075
上限	100	100	80	42	22	—	—	—	—	3
下限	100	80	60	28	14	—	—	—	—	0
中值	100	90	70	35	18	—	—	—	—	1.5

从表 6.1 中可以看出，推荐的橡胶沥青级配与我国 SMA 级配类似，粗集料多、细集料少、骨架结构、高 VMA 、高沥青用量。不同点是橡胶沥青间断级配中不加矿粉，并严格控制 0.075 档筛孔的通过率在 3%以下，而对于 0.075～2.36mm 的范围不加以控制。在以下的研究中选取级配中值作为设计对象。

6.1.3　沥青用量与空隙率取值范围

根据以往研究和实践经验，以 5.5%的空隙率为目标来确定沥青用量。

级配严格按照 ARAC-13 中值选取，按 0.5%油石比为上下间隔，取三个不同的油石比，进行马歇尔试验比较选择。三个油石比分别为 7.7%、8.2%、8.7%，分别制备马歇尔试件，每个沥青用量下制作四个平行试件。值得注意的是，橡胶沥青由于需要一定的溶胀温度，试验中，集料加热和混合料拌和温度均高出 SBS 沥青 5℃，分别为 185℃和 175℃[143]。最大理论密度采用计算法，沥青混合料试件的毛体积密度采用表干法测得，橡胶沥青混合料的马歇尔试验结果见表 6.2，表中数据为四个试件结果平均值。

表 6.2　橡胶沥青 ARAC-13 混合料马歇尔试验结果

油石比/%	毛体积密度/（g/cm³）	理论密度/（g/cm³）	空隙率/%	VMA/%	饱和度/%
7.7	2.366	2.513	5.9	20.4	74.1
8.2	2.369	2.505	5.5	20.3	79.8
8.7	2.372	2.497	5.1	20.4	84.8

根据表 6.2 中的结果，以 5.5%为目标空隙率，最终确定橡胶沥青混合料的油石比为 8.2%。根据涵盖和拓展原则，在接下来的研究中选取 7.0%~11.0%的沥青用量设计混合料进行疲劳试验。

6.1.4　ARAC-13 疲劳试验结果

试验采用全面设计，平行试验安排和整个试验过程在此不再赘述。共完成 54 根小梁试件（实际试验 60 根）。记录整个试验过程的混合料疲劳破坏次数 N_{f50} 与 N_{fNM}，试验数据如表 6.3 所示。

表 6.3　ARAC-13 疲劳试验结果

平行试验	沥青用量/%	应变量/με	空隙率/%	初始模量/MPa	疲劳次数 N_{f50}/次	疲劳次数 N_{fNM}/次
1			5.15	3921	75620	239540
2			5.15	3852	54190	211400
3		1000	5.87	3735	43730	225180
4	7.0		5.87	3662	33530	213490
5			6.55	3710	32530	208040
6			6.55	3569	31390	202700
7		1250	5.15	3896	21850	162460
8			5.15	3666	12610	164810

续表

平行试验	沥青用量/%	应变量/$\mu\varepsilon$	空隙率/%	初始模量/MPa	疲劳次数 N_{f50}/次	疲劳次数 N_{fNM}/次
9			5.87	3523	10860	154820
10		1250	5.87	3365	14690	152150
11			6.55	3781	7270	126430
12			6.55	3243	9240	122620
13	7.0		5.15	3769	5520	97520
14			5.15	3693	3890	103900
15		1500	5.87	3742	1920	91750
16			5.87	3870	2740	92610
17			6.55	3445	2660	87300
18			6.55	3631	2190	80050
19			4.25	3125	137210	753730
20			4.25	3135	165100	781070
21		1000	4.82	3032	91740	613270
22			4.82	2910	141420	651230
23			5.34	2721	103360	604370
24			5.34	2936	113430	587500
25			4.25	2926	128640	651860
26			4.25	3101	114450	637480
27	9.0	1250	4.82	2810	90130	545620
28			4.82	2635	65380	534400
29			5.34	2637	71640	429740
30			5.34	2745	84340	433510
31			4.25	2807	108170	531430
32			4.25	2863	89340	459820
33		1500	4.82	2531	76220	481340
34			4.82	2636	54480	418520
35			5.34	2742	72390	358300
36			5.34	2684	41200	302900
37			3.51	2549	286100	$>10^6$
38			3.51	2796	342350	$>10^6$
39		1000	3.86	2654	265340	$>10^6$
40			3.86	2489	239420	$>10^6$
41	11.0		4.28	2343	244390	$>10^6$
42			4.28	2221	247930	$>10^6$
43			3.51	2517	225530	839210
44		1250	3.51	2369	170080	882300
45			3.86	2379	202120	732300

第 6 章　橡胶沥青混合料的疲劳性能分析　　　　　　　　　　　　　　　· 127 ·

平行试验	沥青用量/%	应变量/με	空隙率/%	初始模量/MPa	疲劳次数 N_{f50}/次	疲劳次数 N_{fNM}/次
46			3.86	2390	149830	798340
47		1250	4.28	2423	132900	749000
48			4.28	2377	119310	694500
49			3.51	2594	158530	$>10^6$
50	11.0		3.51	2370	169080	$>10^6$
51		1500	3.86	2551	143120	930300
52			3.86	2367	128830	788370
53			4.28	2323	77320	793200
54			4.28	2282	92020	872800

　　不计 N_{fNM} 大于 10^6 的情况，N_{fNM} 与 N_{f50} 的比值平均为 10.19，说明橡胶沥青混合料达到 50% 劲度模量后有个很长的平稳期，其单次循环耗散能小，期间橡胶沥青油很强的自我恢复能力。计算两者的变异系数，规整到图中如图 6.1 所示。

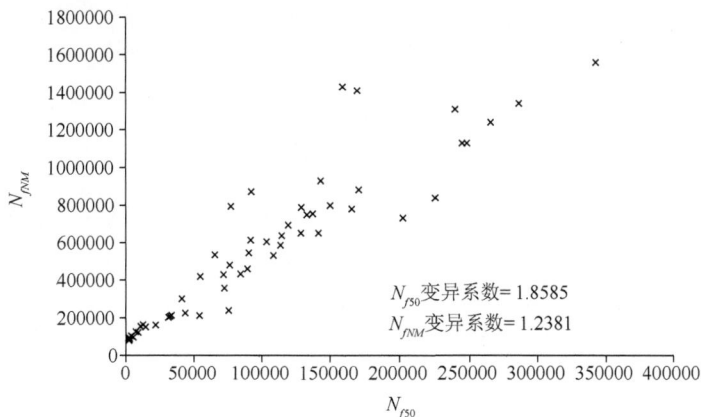

图 6.1　橡胶沥青混合料疲劳试验两种判断标准得到的疲劳次数对比

　　N_{fNM} 法的数据的变异系数比 N_{f50} 法的变异系数小，即数据的离散程度较小，另外，橡胶沥青混合料达到 50% 劲度模量时外形丝毫无变化，在疲劳试验过程中，有着强大的自我愈合能力的表现（此分析见第 9 章）。另外，对比 N_{f50} 与 N_{fNM} 可以发现，两者相差的倍数比基质沥青混合料更大，原因在于在加载的过程中，由于改性沥青胶粉颗粒的存在有着比基质沥青更好的韧性与弹性，其自我愈合能力更强，在加载间歇的短暂时间内存在一个微小的模量恢复过程，而这种恢复在基质沥青中是不明显的，这种即时的自我愈合是需要考虑进疲劳次数中的。

　　综上所述，N_{fNM} 疲劳次数更适合评价橡胶沥青混合料。

6.1.5　单一因素的影响

　　根据试验结果，分别按应变量、沥青用量和空隙率与疲劳次数的单对数作散点关系图，并采用最小二乘法对各个指标与疲劳次数的关系进行了多项式、幂函数、指数函数以及对数函数的曲线拟合，得到最大的相关系数的曲线分别如图 6.2～图 6.4 所示。

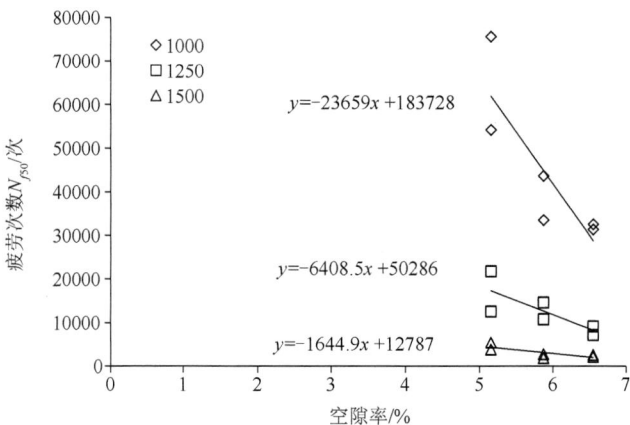

图 6.2　4.0%沥青用量下橡胶沥青混合料疲劳寿命随空隙率变化趋势

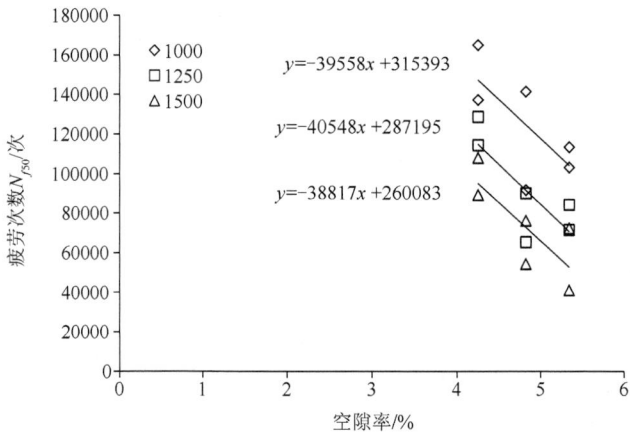

图 6.3　5.5%沥青用量下橡胶沥青混合料疲劳寿命随空隙率变化趋势

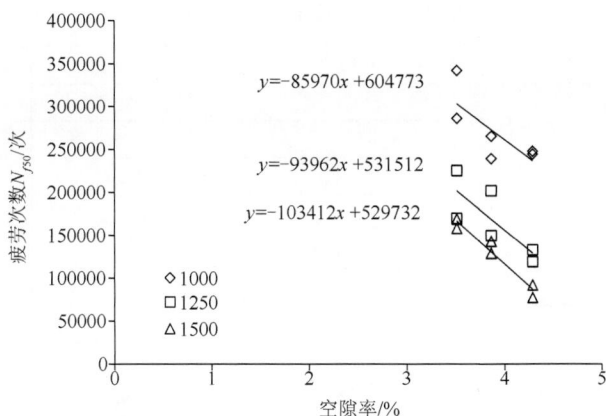

图 6.4　7.0%沥青用量下橡胶沥青混合料疲劳寿命随空隙率变化趋势

与前述研究类似。沥青用量的增加会直接带来疲劳寿命的增长，相同沥青用量下空隙率的增大会引起疲劳寿命的减少，但在不同应变量下减少的幅度也不同。图中趋势线的斜率 k 即表达了随空隙率的增大，疲劳次数的减少的快慢，在高应变下，所有的系列无不呈现出随空隙率的增大疲劳寿命下降较快的趋势，反之，较低的应变下，空隙率的增大所带来的疲劳寿命的减少就不如前者来得显著。

6.1.6　疲劳方程的回归

经过 1stOpt 编程拟合得到各个参数，结果如式（6.1）所示：

$$N_f = 1.068 \times 10^{8.061} \times e^{0.214AC-0.376AV} \times \varepsilon^{-0.798}, \qquad R^2 = 0.9404 \qquad （6.1）$$

其中，N_f 为疲劳寿命（次）；ε 为应力比（无量纲）；AC 为沥青用量（%）；AV 为混合料空隙率（%）；e 为自然对数的底。

回归公式的相关系数 R^2 达到 0.9404，可见 AC20 沥青混合料疲劳寿命与应变水平、沥青用量和空隙率有较好的相关性，在试验选取的条件范围内，应力比越小，沥青用量越大，空隙率不超过某个特定的值，则疲劳寿命越长。

6.1.7　高温车辙试验的验证

按 ARAC-13 中值和疲劳性能试验沥青用量取值范围，设计出车辙混合料，通过计算用量与试压，最终确定在 7.0%沥青用量下分别碾压 48 次、66 次和 86 次，9%沥青用量下分别碾压 36 次、58 次和 68 次，11%沥青用量下分别碾压 30 次、42 次和 54 次，车辙试件能达到与小梁试件相对接近的空隙率。同一条件下安排平行试验 2 次，若存在大于 20%的误差则进行第 3 次试验，共完成 18 组车辙试验（实际试验 20 组），试验结果如表 6.4 所示。

表 6.4　ARAC-13 车辙试验结果

平行试验	沥青用量/%	空隙率/%	变形量/mm	动稳定度/（次/mm）
1		5.4	2.732	5625
2		5.2	2.510	4523
3	7	5.6	2.564	4033
4		5.8	3.112	3942
5		6.5	4.242	3236
6		6.4	3.223	3632
7		4.4	2.523	2340
8		4.5	2.623	2614
9	9	4.9	2.729	2820
10		4.9	4.220	1446
11		5.2	4.133	1715
12		5.3	4.015	1813
13		3.5	7.920	748
14		3.5	7.479	833
15	11	3.7	8.649	620
16		3.7	8.163	728
17		4.1	7.962	692
18		4.1	8.376	493

　　将表 6.4 中沥青用量、空隙率分别于动稳定度作趋势图形分析得到图 6.5 和图 6.6。

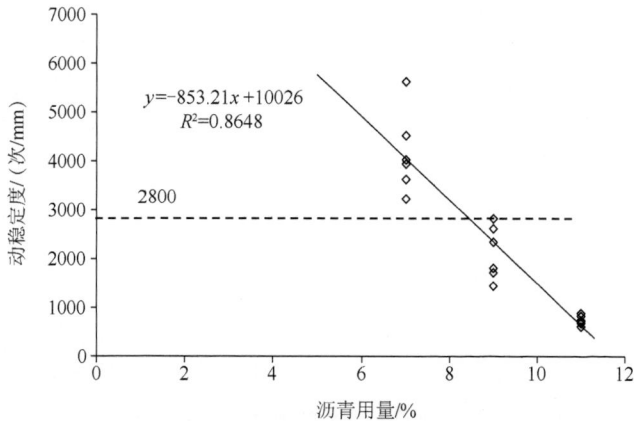

$y = -853.21x + 10026$
$R^2 = 0.8648$

2800

图 6.5　沥青用量与动稳定度变化图

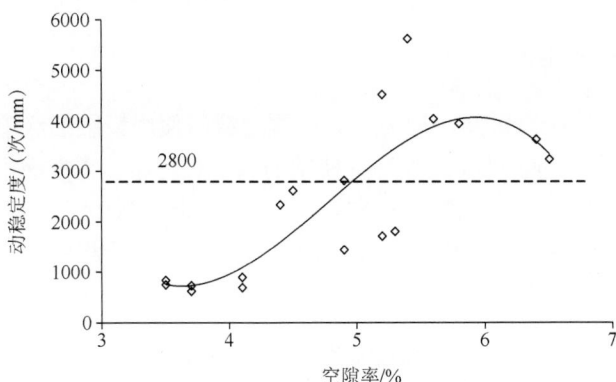

图 6.6　空隙率与动稳定度变化图

通过上述两图可以看出，沥青用量与动稳定度具有很好的线性关系，而空隙率相关性较差。通过图 6.5 不能直观和确切地看出动稳定度随着沥青用量的变化，只能大致看出一个减小的趋势；从图 6.6 可以看出随着空隙率的增加动稳定度开始增加而后减小，说明空隙率在 5.0%～6.0%某个点，使得混合料动稳定度最高，这与此前的研究关于 ARAC-13 目标空隙率多在 5.5%居多的情况相吻合。

图中虚线位置即为我国规范要求的高温性能，可见在如此高的高温性能要求下，橡胶沥青的沥青用量亦不可太高，本书认为，高温性能的要求应随层位的不同而不同，本书在第 9 章中提出在不同层位应该满足的动稳定度要求。本书建议在上面层的设计中满足国家规范即可，随着研究数据和工程经验的增多，可提出更为贴合实际的动稳定度要求。基于疲劳的混合料设计建议多使用在下面层，但国家规范中并未专门为下面层的高温性能提出指标，无论在哪个面层，改性沥青的高温车辙动稳定度要求在 DS≥2800 次/mm，上述图中虚线位置即为规范要求，在基于疲劳性能的混合料设计新法中需要考虑高温车辙因素，在设计过程中，可通过与疲劳性能检测中相同的混合料设计，在相同压实度的情况下完成车辙试验进行验证。若在混合料设计新法中要达到此 DS≥2800 次/mm，建议沥青用量需在 8.5%以下，空隙率需在 5.5%以上。

6.2　橡胶沥青混合料的高疲劳性能设计与应用研究

橡胶沥青与高掺量的 SBS 改性沥青一样，拥有很高的黏度，延续 5.2 节的设计理念，即将高疲劳性能的沥青混合料用于应力吸收层，是一种高疲劳性能混合料的特殊用法。本节将提出一种基于橡胶沥青的应力吸收层混合料的设计及其指标的研究。值得注意的是，本节所指橡胶沥青应力吸收层并不是通常意义上的橡胶沥青碎石封层（SAMI-R）[24]，而是类似于 SHELL 沥青所做的 Strata 混合料。

6.2.1 混合料的初步设计

根据 5.2 节的研究可知，应力吸收层混合料需使用较细的级配，最大公称粒径多在 10mm 以下，而 SBS 改性沥青使用的 AC10 是连续型密级配，这已经被证实了不适用于橡胶沥青。本节在 6.1 节的基础上，调整 ARAC-13 至 10mm，目的在于将级配调至更细，矿粉用量更少。选取与 Strata 设计相同的石料，具体变化和最终选取的级配如表 6.5 所示。

表 6.5　ARAC-10 型橡胶沥青混合料级配要求（不含外掺剂）

筛孔/mm	9.5	4.75	2.36	1.18	0.6	0.3	0.15	0.075
上限	100	80	60	35	—	—	—	5
下限	90	50	40	20	—	—	—	0
取值	100	65	50	28	17	11	8	0

其中，0.075mm 以下的粉尘被全部筛除，混合料中亦无矿粉，这样设计的原因在于矿粉的加入会使得沥青与矿粉结合形成沥青胶结物质以提高沥青的黏结力，但由于橡胶沥青本身黏度已足够大，矿粉或粉尘的存在会导致橡胶沥青会大量吸附矿粉或粉尘，导致有效用油量降低，混合料反而出现干涩的现象，进一步难以压实，而增大了水损害的可能。橡胶沥青混合料的这种设计在美国亚利桑那州的橡胶沥青研究和应用中均有大量应用[136,144]。

所用沥青均为埃索 70#基质沥青，胶粉为 40 目胶粉。橡胶粉改性沥青的加工工艺是在 185℃（±5℃）下，用高速搅拌器，将沥青与橡胶粉共炼 90min。由于可借鉴的使用经验很少，在初步设计中将油石比范围扩大，以 0.5%为间隔，取9.0%～12.0%，毛体积密度用水中重法测出，最大理论密度用计算法得到。空隙率情况如表 6.6 所示。

表 6.6　橡胶沥青混合料空隙率情况

油石比/%	毛体积相对密度	最大理论相对密度	空隙率/%
9.0	2.390	2.503	4.51
9.5	2.397	2.487	3.62
10.0	2.413	2.471	2.35
10.5	2.418	2.462	1.79
11.0	2.423	2.456	1.34
11.5	2.427	2.450	0.94
12.0	2.430	2.445	0.61

以 1%为目标空隙率，最终选取 11.3%作为橡胶沥青混合料疲劳试验的确定油石比。

6.2.2　试验结果

与第 5 章试验设计一致，当三个数据的变异系数超过 15%时，取变异较小的两个数据的均值。同时加强混合料板成型时的质量控制，避免了混合料在向模具倾倒时粗细集料分离出现混合料离析，最后所得的疲劳试验结果没有出现变异系数大于 15%的情形，表明疲劳试验结果的离散性控制在了合理的范围内。试验结果如表 6.7 所示。

表 6.7　橡胶沥青应力吸收层混合料疲劳试验结果

平行试验	胶粉掺量/%	针入度/0.1mm	软化点/℃	177℃黏度/（Pa·s）	疲劳寿命/次
1	17	43.5	68.0	1.42	102300
2	17	45.2	68.0	1.31	120300
3	17	44.5	68.2	1.44	92300
4	18	42.1	68.5	2.52	184920
5	18	42.4	69.5	2.44	182930
6	18	44.0	69.1	2.68	220230
7	19	39.3	69.3	3.19	253830
8	19	40.1	69.2	3.14	274930
9	19	40.2	69.0	3.30	254390
10	20	38.2	69.3	3.66	321380
11	20	37.2	70.3	3.53	303050
12	20	37.0	69.0	3.39	319220
13	21	35.1	70.3	4.12	203920
14	21	35.5	71.0	3.95	192030
15	21	36.4	71.1	3.97	202930
16	22	35.5	72.6	4.18	92800
17	22	34.4	73.1	4.11	102300
18	22	35.1	72.4	4.00	87200
指标要求	—	25～75	≥54.4	1.5～5	—

6.2.3　相关性与设计指标分析

根据试验结果，分别绘制了橡胶沥青针入度、软化点、177℃黏度与疲劳寿命的散点关系图，并采用最优的回归方式对散点进行了拟合，如图 6.7～图 6.10 所示。

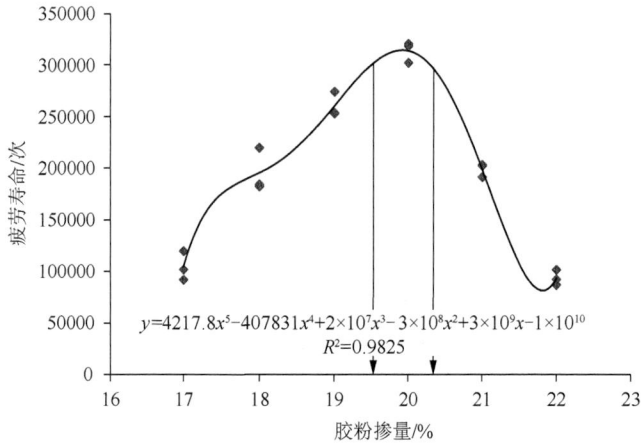

图 6.7　橡胶沥青混合料疲劳寿命与胶粉掺量的关系

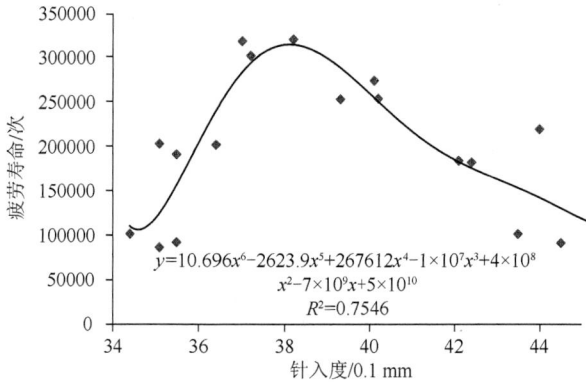

图 6.8　橡胶沥青混合料疲劳寿命与针入度的关系

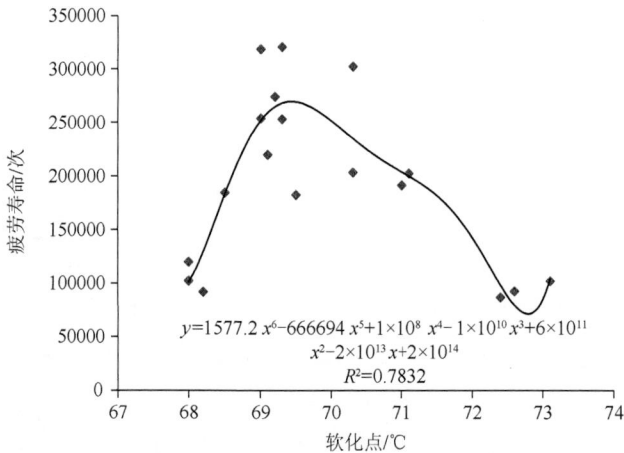

图 6.9　橡胶沥青混合料疲劳寿命与软化点的关系

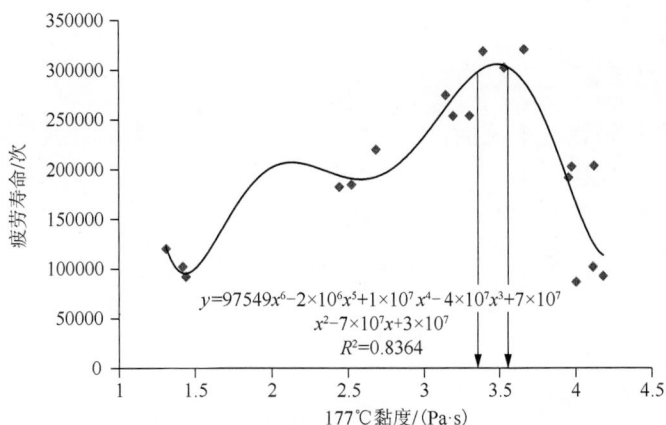

$$y=97549x^6-2\times10^6x^5+1\times10^7x^4-4\times10^7x^3+7\times10^7$$
$$x^2-7\times10^7x+3\times10^7$$
$$R^2=0.8364$$

图 6.10　橡胶沥青混合料疲劳寿命与 177℃黏度的关系

从以上四幅图可以看出，橡胶沥青混合料的疲劳寿命与胶粉掺量、针入度、软化点和 177℃黏度并不像高温性能那样符合良好的线性关系[145]，标准差最为接近的是多项式拟合。疲劳寿命与胶粉掺量的相关性最佳，达到 0.9825，其次是 177℃黏度，其他指标偶然性较大均舍弃。设计的目标是达到与 Strata 相同的疲劳次数，即 3×10^6 次，据此，橡胶沥青胶粉掺量应在 19.6%~20.3%，并保证其 177℃黏度维持在 3.4~3.6Pa·s。

6.3　应力吸收层试验段

为求验证基于疲劳性能优先的橡胶沥青应力吸收层混合料设计方法，本书作者所在课题组与石家庄交通局经历共同的研究课题，在 2011 年 6~7 月，于河北省石家庄市南三环辅道标段铺筑了橡胶沥青应力吸收层试验路。根据添加纤维与否共分为两段，全长约 400m。试验段所处地段是石环公路，设计速度 40km/h，是石家庄市"三年大变样"工作的重点项目之一，本次试验路位于南环中段，此处为预计交通量大，重车多的区域。

本次试验路修筑的主要的研究目的有：①探讨橡胶沥青应力吸收层施工工艺；②加入温拌剂，探讨温拌剂对降低拌和温度和减少排放的效果；③研究添加剂在橡胶沥青中的应用，在部分试验段中尝试使用混合料添加剂木质素纤维，用以提高橡胶沥青混合料的加筋效果，进一步增大其疲劳性能；④将橡胶沥青混合料用于应力吸收层，尝试减薄原设计路面厚度。

6.3.1　试验路设计

1. 设计原理

石环公路辅道设计车流量较大，由于石家庄市西、南郊县工厂较多，重车也较多，车辆超载现象严重，这要求路面具有很好的抗疲劳破坏能力，再者夏季高温炎热，路面各层都需要较高的抗车辙能力，避免由于抗剪能力不足而引起破坏，相对而言，水稳定性能的重要性次之。从路面结构设计方面考虑，将沥青含量高、疲劳性能好的橡胶沥青混合料铺在半刚性基层与沥青底面层之间，作为应力吸收层，阻止基层裂缝向上发展，延长路面使用寿命。

2. 结构设计方案

南三环辅道公路原设计路面结构为 5cm ARAC-13 混合料，7cm ARAC-13 混合料，基层为水泥稳定级配碎石；考虑到检验橡胶沥青混合料的抗裂性能，以及与原两层的设计对比，共设计了两个方案。路面结构设计如图 6.11 所示。

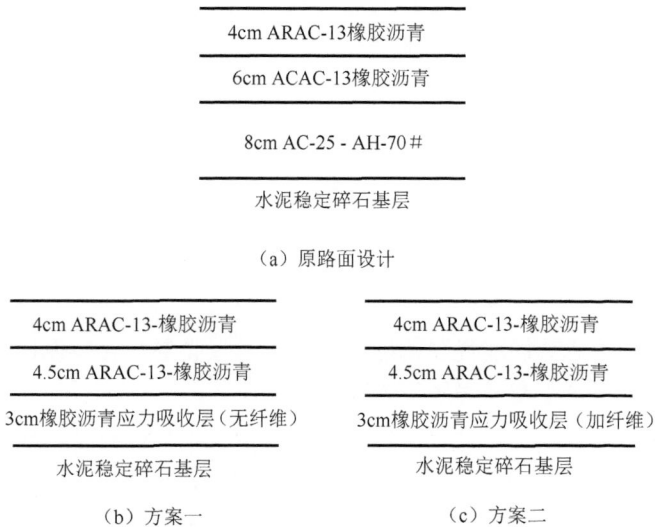

| 4cm ARAC-13橡胶沥青 |
| 6cm ACAC-13橡胶沥青 |
| 8cm AC-25 - AH-70# |
| 水泥稳定碎石基层 |

（a）原路面设计

4cm ARAC-13-橡胶沥青	4cm ARAC-13-橡胶沥青
4.5cm ARAC-13-橡胶沥青	4.5cm ARAC-13-橡胶沥青
3cm橡胶沥青应力吸收层（无纤维）	3cm橡胶沥青应力吸收层（加纤维）
水泥稳定碎石基层	水泥稳定碎石基层

（b）方案一　　　　　　　　　（c）方案二

图 6.11　试验段路面结构设计图

方案一：将富有弹性且柔软的高沥青用量橡胶沥青混合料作为应力吸收层置于用于半刚性路面与底面层之间，起到抗反射裂缝的应力吸收层作用；同时高沥青用量，低空隙率的应力吸收层起到了防水层的作用，亦可减少基层进水。上、下面层分别采用 4cm＋4.5cm 橡胶沥青 ARAC-13 混合料。混合料设计中中面层仍以 4.5%作为设计空隙率，保证混合料的抗疲劳性能，为防止反射裂缝向上发展，将 3cm 厚的 ARAC-10 型橡胶沥青混合料作为应力吸收层放置在水泥稳定碎石基层与下面层之间，应力吸收层选择较高的沥青用量，2%以下的空隙率，保证其优异的疲劳性能和抵抗发射裂缝的能力。试验段全长 200m，位于 K95＋840～K96＋240。

方案二：在方案一的基础上加入木质素纤维。木质素纤维是一种比较柔韧的细而长的物质，一般来说，纤维的长度与直径之比一般大于 100∶1，有一定的吸油性；室内试验证明，木质素纤维用在 SMA 沥青混合料里将会起到加筋的效果[60]，试验段全长 200m，位于 K98＋120～K98＋548。

6.3.2　橡胶沥青混合料设计

方案一与方案二的区别仅在于是否添加纤维，考虑到橡胶沥青混合料中添加 3‰以内的纤维，其设计并不受影响，因此下面仅以方案一为例，进行设计说明，对于橡胶沥青混合料在应力吸收层的应用加以分析。

1. 原材料选择

1）集料

试验段所用石料分为三档，1#（5～10mm）、2#（3～5mm）、3#（<3mm 机制砂）。1#料为鹿泉玄武岩，2#和 3#料为鹿泉石灰岩。按试验规程规定的方法，对集料和填料分别进行筛分和相关指标的性能检测，筛分结果如表 6.8 所示，其他性能检测结果如表 6.9 所示。

表 6.8　集料筛分结果

矿料 ＼ 筛孔	通过方筛孔的百分率/%								
	13.2	9.50	4.75	2.36	1.18	0.60	0.30	0.15	0.075
1#	100	94	5.1	1.2	0.3	0	0	0	0
2#	100	100	57.8	4.5	4.5	0.9	0	0	0
3#	100	100	100	81.1	48.4	21.7	13.1	8.1	5.8

表 6.9　集料、填料指标检测结果

检验项目		检测结果	规范要求	试验方法
毛体积密度/（g/cm³）	1#	2.863	≥2.60	T0304
	2#	2.830	≥2.60	
	3#	2.633	≥2.50	T0328
吸水率/%	1#	0.3	≤2.0	T0304
	2#	0.6	≤2.0	
	3#	0.6	≤2.0	
压碎值/%		11.4	≤26	T0316
磨耗/%		8.4	≤28	T0317
针片状颗粒含量/%	1#	8.9	≤12	T0612
	2#	10.2	≤18	

根据试验结果可知，选用的集料和填料均满足规范要求[115]。

2）橡胶粉

根据研究可知，橡胶沥青的质量受橡胶粉质量的影响，实践表明，在生产过程中应选用斜交胎胶粉，且来自胎源稳定的厂家。试验段选用山东产 30 目斜交胎胶粉，该橡胶粉颜色较黑，说明炭黑含量较高，另外纤维、金属等杂质含量极少，质量有保障。实测密度为 1.178g/cm³，其筛分结果如表 6.10 所示。

表 6.10　30 目橡胶粉筛分结果

筛孔尺寸	通过率/%	设计要求/%
10 目（1.18mm）	100	65～100
30 目（0.6mm）	25.2	20～100
50 目（0.3mm）	13.9	0～45
200 目（0.075mm）	0.5	0～5

3）基质沥青

制备橡胶沥青时，基质沥青选用常规使用的标号、满足基本的规范要求即可。本次选用山东滨州产 70#沥青，各项性能指标如表 6.11 所示（根据文献[108]中规范要求所测）。

表 6.11　70#基质沥青性能指标检测结果

检验项目		检测结果	规范要求	试验方法
针入度（25℃，100g，5s）/0.1mm		71	60～80	T0604
软化点（R&B）/℃		49	≥46	T0606
密　度/（g/cm³）		0.993	实测	T0603
延度（5cm/min，15℃）/cm		101	≥100	T0605
延度（5cm/min，10℃）/cm		25	≥20	
薄膜加热试验（163℃，5h）	质量变化/%	0.09	±0.8	T0609
	针入度比/%	67	≥61	T0604
	延度（15℃）/cm	24	≥15	T0605
	延度（10℃）/cm	6	≥6	

2. 橡胶沥青的生产

选择合适的橡胶粉掺量也是影响橡胶沥青质量重要的一步[135,136]。根据 6.2 节的研究结果，选取橡胶沥青采用内掺 19.5%（即外掺 22%）橡胶粉。

本次试验路使用的橡胶沥青是山东大山路桥工程有限公司提供的优质成品橡胶沥青，按试验室确定目数、掺量提供制备好的成品，采用运输车的方式运输至拌合站，存放时间不超过 24h。试验段铺筑之前对橡胶沥青性能指标进行检测，结果如表 6.12 所示，各项指标符合设计要求。

表 6.12　橡胶沥青指标检测结果

检验项目	检测结果	设计要求	试验方法
针入度（25℃，100g，5s）/0.1mm	42.1	≥25	T0604
软化点（R&B）/℃	72.7	≥54	T0606
177℃黏度/（Pa·s）	2.1	1.5~3.5	T0625

3. 配合比设计

沿用 6.2 节研究结果，选取 ARAC-10 级配，结合石料组成，合成后的通过率如表 6.13 所示。

表 6.13　ARAC-10 型橡胶沥青混合料级配要求（不含外掺剂）

筛孔	9.5	4.75	2.36	1.18	0.6	0.3	0.15	0.075
上限	100	80	60	35	—	—	—	5
下限	90	50	40	20	—	—	—	0

级配选择采用如下原则：

（1）级配范围不超出 ARAC-10 型沥青混合料级配规范要求；

（2）级配以中值为参考，适当偏细，使有一定的柔韧性以延缓反射裂缝。

按照上述两个原则，参照此前的工程经验及干涉理论研究经验可知，ARAC-10 级配空隙率的控制关键筛孔为 2.36 与 1.18 档，且以 2.36 为主。设计采用三个比选级配，三个比选级配 2.36 与 1.18 档的通过率进行变化，以空隙率在 2.0%以下的级配确定为最佳级配。

由此确定三个级配的四档料的百分比分别如下。级配 1：26%、26%、48%；级配 2：19%、17%、64%；级配 3：31%、14%、55%；三个级配见表 6.14。其特点是：2.36 为粗细集料的分界，在 4.75 与 1.18 通过率比例相对一致的情况下，级配 3 的 2.36 用量适中。沥青用量根据工程经验暂定为沥青用量为 9%，三种级配在 9%的沥青用量时的空隙率结果如表 6.14 最右栏所示。

表 6.14　ARAC-10 型橡胶沥青混合料比选级配结果

粒径通过率/%	13.2	9.5	4.75	2.36	1.18	0.6	0.3	0.15	0.075	毛体积密度	最大理论密度	空隙率/%
级配 1	100	98.4	72.2	40.4	24.5	10.7	6.3	3.9	2.8	2.298	2.393	3.97
级配 2	100	98.9	79.9	52.9	31.8	14.0	8.4	5.2	3.7	2.309	2.369	2.56
级配 3	100	98.1	68.9	45.6	27.3	12.1	7.2	4.5	3.2	2.341	2.384	1.81

根据表 6.14 的结果，级配 3（2.36 的通过率为 45.6%，1.18 的通过率为 27.3%）

在沥青用量为9%的空隙率为1.81%，由此确定级配3为理想级配；根据各矿料的筛分结果，结合混合料级配要求，最终确定的合成级配见表6.15。

表 6.15　ARAC-10 型沥青混合料设计级配组成计算

矿料名称用量/%	各方孔筛通过率/%								
	13.2	9.5	4.75	2.36	1.18	0.6	0.3	0.15	0.075
1#（31）	100	94	5.1	1.2	0.3	0	0	0	0
2#（14）	100	100	87.8	4.5	4.5	0.9	0	0	0
3#（55）	100	100	100	81.1	48.4	21.7	13.1	8.1	5.8
合成级配	100.0	98.1	68.9	45.6	27.3	12.1	7.2	4.5	3.2

由于 ARAC-10 是一种与 SMA 存在一定相似性的间断级配，木质素纤维在 SMA 混合料设计中有很好的效果，作为对比，试验段设计了另外一种在 ARAC-10 中添加了木质素纤维的混合料，其他设计与上述设计过程一种，木质素纤维的添加量为混合料的 3‰。加入之后的混合料物理参数变化如表 6.16 所示。

表 6.16　添加木质素纤维的 ARAC-10 混合料空隙率试验结果

平行试验	毛体积密度	最大理论密度	空隙率/%
1	2.328	2.373	1.97
2	2.339	2.373	1.88
3	2.331	2.373	1.92

根据以上试验结果可以看出，加入 3‰的纤维对橡胶沥青 ARAC-10 混合料的空隙率影响并不是很大，仍选取 9%的沥青用量作为设计值。

6.3.3　橡胶沥青应力吸收层施工工艺

1. 橡胶沥青混合料拌和

本次试验段采用的是意大利产 MARINI 拌合机，产能 80t/h。正式生产前首先应对其进行调试，保证机械设备的正常运转以及计量系统的准确。拌和过程中橡胶沥青的黏度严格控制在 1.5～3Pa·s，否则会产生各种问题影响拌合机产量。反应罐尽可能靠近拌合楼，减少输送管道长度，需适当将泵送管道加粗，或提高沥青泵的功率。使用前 30～60min 须对管道进行预热。

再进行试拌来确定拌和试件。橡胶沥青、温拌剂与纤维投入拌锅湿拌 35～40s。反应罐中橡胶沥青为 185～195℃温度保温，无矿粉加入因此石料温度无须调高，控制在 180～190℃即可，出料温度为 175～185℃为最佳，超过 195℃的应作为废料处理。在拌合楼实际拌和时，效果与实验室中大致相同，并没有出现拌和困难，也未出现花料、白料等现象，出料稳定且均匀。

2. 储存和运输

橡胶沥青应力吸收层混合料的储存与运输与普通混合料并无很大的不同。实际上这类级配较细的混合料在存储、运输和摊铺过程中具有很好的稳定性。这是由于橡胶沥青应力吸收层混合料粒径小，细料含量较多，裹附性好，不易离析，析漏量也都很少。另外橡胶沥青混合料本身在自养生过程中存在"浸润"作用，即橡胶颗粒填充级配骨架的过程，可实现进一步的性能提升。

3. 摊铺与碾压

橡胶沥青混合料温度较低时，难于碾压，必须保证压实温度。摊铺温度：不低于 160℃，碾压温度：开始温度不低于 150℃，复压温度不低于 135℃，终了温度不低于 90℃。为防止黏轮，胶轮压路机不适合用于橡胶沥青混合料的碾压，本次采用徐工 XD130 型和瑞典 Danapac 双轮双振动压路机，自重分别为 13t 与 14t，初压采用两台压路机紧跟摊铺机静压一遍，振动碾压四遍；复压采用两台压路机振动碾压三遍，终压选用一台压路机以静压方式碾压 2～3 遍以消除碾压轮迹。由于空隙率对橡胶沥青应力吸收层混合料的疲劳性能影响最大，因此在施工中需做到严格检测和控制，保证压实度>98%。

碾压过程中以及结束后路面未冷却时，要严格做好隔离措施，施工人员以及车辆禁止上路，防止路表面石料被车轮或者鞋底黏走，影响路面美观。摊铺与碾压过程中，严格控制了摊铺与碾压速度，使得应力吸收层表面纹路均匀，也较少有黏轮现象。

4. 路面施工质量检测

橡胶沥青混合料的生产过程中，需做到定期定量抽检，黏度为主控制指标，必须符合设计黏度范围要求。在遇到下雨或者拌合楼故障等客观因素，不可避免地需要对橡胶沥青进行存储时，需要在存储罐中做到不断搅拌，防止橡胶粉沉底发生离析。再次使用时，若存储时间超过 8h，须重测橡胶沥青的黏度，若不合格应适量补加胶粉，反应一段时间后再次检测。应力吸收层碾压完成后，对空隙率的控制要求很高，在施工过程中最主要是检测压实度与级配检验。

现场肉眼观测压实度良好，有少许摊铺纹路，接缝处理亦达到技术要求，加纤维与不加纤维并无明显区别，如图 6.12 所示。施工结束后按照设计要求[10]进行了质检，作为层间材料，应力吸收层应注意的是平整度和密实性，因此此次橡胶沥青混合料进行了压实度的检测。

（a）不加纤维　　　　　　　　　　　　　　　（b）加纤维

图 6.12　不加纤维与加纤维的应力吸收层终压后表观

由于是试验段，每隔 100m 钻取两个芯样，进行压实度检测，结果见表 6.17。

表 6.17　试验段压实度检测结果

编号	桩号	实测密度	标准密度	压实度/%
1	K95+830	2.387	2.404	99.3
2	K95+930	2.392	2.404	99.5
3	K96+040	2.383	2.404	99.1
4	K96+140	2.397	2.404	99.7
5	K96+230	2.429	2.404	101.0

钻芯取样后检测得到压实度在 99%～101%，都能满足>98%的施工技术要求。可见在控制合理的情况下，施工现场的压实效果要好于实验室，橡胶沥青混合料的压实性能良好，由于温拌剂的加入，橡胶沥青的高黏度并没有造成较大的压实困难。

使用抽提法，可以检验沥青含量与级配控制情况。选择合适的燃烧温度以及燃烧时间是关键，从本次试验段检测来看，结果较为稳定，可以作为参考，但仍需结合拌合楼当天橡胶沥青用量与混合料产量进行验算，抽提结果见表 6.18。

表 6.18　抽提法检测结果

矿料名称	各方孔筛通过率/%								
用量/%	13.2	9.5	4.75	2.36	1.18	0.6	0.3	0.15	0.075
设计级配	100.0	98.1	68.9	45.6	27.3	12.1	7.2	4.5	3.2
筛分结果	100	99.8	67.4	42.6	24.7	12.6	5.2	3.0	2.8
差异率	0	+1.7	−1.5	−3.0	−2.6	+0.5	−3	−1.5	−0.4
设计油石比	9.9								
抽提结果	9.98								

从抽提检测结果可以看出，施工质量控制做到了较好的程度。所有筛孔的差异率均在 3%以内，此范围可以接受。由于加入了温拌剂和纤维，油石比比设计值高 0.08%，是合理且可以接受的。

6.3.4　试验室检测

根据实践和研究可以知道，常见应力吸收层往往存在强度、黏结力、抗水损害性能以及抗车辙能力不足的问题，作为如此高沥青用量的应用，其高温性能与水稳定性显得尤为重要[131]。综合考虑之后，为了检测应力吸收层混合料的性能，着重从马歇尔强度、水稳定性以及高温性能三个方面加以验证。

1. 马歇尔强度

马歇尔强度即马歇尔稳定度和流值，是设计中的一个综合指标，它在一定程度上反映了沥青混合料的力学性能，此法可使试件存有一定的侧限并允许出现一定的变形，部分地模拟了路面状态，因此也可用来评价混合料的高温稳定性[133]。

试验根据之前的马歇尔设计方法确定的级配与油石比，成型了 12 个混合料的马歇尔试件，加纤维与不加纤维分别为六个。表 6.19 展示了本次试验用混合料的马歇尔强度。

表 6.19　混合料马歇尔试验值

加纤维与否	试件个数	平均稳定度/kN	变异系数	流值/0.1mm	变异系数
否	6	10.25	3.12	40.2	3.25
是	6	11.71	2.18	34.2	3.61

从检测结果可以看出，两种沥青混合料的稳定度流值都满足 JTG F40—2004 的要求，且加纤维的效果要略好于不加纤维的效果。

2. 水稳定性

应力吸收层作为中间层也应具有很好的防水隔水保护作用，因为它需要做到防止路表水侵蚀下面层和路基。因此抗水损坏的能力显得十分重要。本次试验采用冻融劈裂试验作为水稳定性检测试验。表 6.20 是试验结果。

表 6.20　混合料冻融劈裂值

加纤维与否	未冻融循环/kN	均值/kN	冻融循环/kN	均值/kN	TSR/%
否	11.20		10.55		
	12.37	12.11	11.29	11.13	91.9
	12.15		11.31		
	12.72		11.40		

续表

加纤维与否	未冻融循环/kN	均值/kN	冻融循环/kN	均值/kN	TSR/%
是	11.25	12.22	10.26	11.07	90.6
	12.12		11.20		
	12.82		11.21		
	11.64		10.93		

根据试验结果，如此高的 TSR 说明橡胶沥青应力吸收层混合料抗水损害性能极佳，能够实现防水隔水的作用。

3．高温性能

由于较高的沥青用量，橡胶沥青混合料铺面往往面临着高温车辙问题[133-135]的隐患，再者将混合料中添加了温拌剂，混合料的沥青黏度会降低，就应该更加注意路面高温稳定性。

高温性能检采用车辙试验。本次车辙试件的体积为 300mm×300mm×50mm，碾压 48 次成型车辙试件，平行试验次数 3 次。表 6.21 为试验数据。

表 6.21　混合料车辙试验结果

加纤维与否	平行试验次数	动稳定度/（次/mm）	永久变形/mm	相对变形/%
否	1	1421	2.527	5.05
	2	1430	2.512	5.04
是	3	1521	2.434	4.92
	4	1202	2.921	5.85

从试验结果可以看出，应力吸收层橡胶沥青混合料动稳定度均超过美国亚利桑那州规范的要求（＞500 次/mm）。

选取两种常见混合料进行对比试验，结果如表 6.22 所示。

表 6.22　车辙对比试验

沥青种类	动稳定度/（次/mm）	永久变形/mm	相对变形/%
加德士 70#基质	923	8.230	16.5
STRATA 应力吸收层	1020	4.122	7.9

橡胶沥青混合料的动稳定度甚至高过 SBS 改性沥青，可见虽然用油量高，但其仍具有很好的高温稳定性。

6.4　本 章 小 结

本章首先针对橡胶沥青面层混合料进行了不同沥青用量、不同空隙率和不同应变量的全面疲劳试验，并进行了相应的高温车辙性能验证，完成了单一因素影响分析和回归出了疲劳行为方程；其次作了一个以 Strata 混合料为基准的橡胶沥青混合料应力吸收层的指标试验研究；最后以石家庄市南三环辅道为试验段，验证了 ARAC-10 作为应力吸收层的设计、施工和性能检测灯效果。得到如下结论。

（1）疲劳性能基本规律与基质沥青大致相同，在高应变下，所有的系列无不呈现出随空隙率的增大疲劳寿命下降较快的趋势，相对 N_{f50} 法，N_{fNM} 疲劳次数更适合评价橡胶沥青混合料。

（2）经过回归计算，橡胶沥青面层混合料的疲劳行为方程为 $N_f = 1.068 \times 10^{8.061} \times e^{0.214AC-0.376AV} \times \varepsilon^{-0.798}$，$R^2$=0.9404。

（3）橡胶沥青应力吸收层混合料（ARAC-10）的疲劳性能与胶粉掺量和 177℃ 黏度较好的线性相关性，在设计中尽量满足橡胶沥青胶粉掺量应在 19.6%～20.3%，并保证其 177℃ 黏度维持在 3.4～3.6Pa·s，会获得最佳疲劳效果。

（4）从基于研究的应力吸收层试验段的设计、施工结果可见，橡胶沥青应力吸收层具有很好的路用性能，并且在混合料中加入纤维会提高路用性能。

第 7 章　Terminal Blend 胶粉改性沥青混合料的疲劳性能分析

本章所提出的 Terminal Blend 胶粉改性沥青为一种橡胶粉改性沥青，然而它不同于目前常说的湿法橡胶粉改性沥青（即橡胶沥青，asphalt rubber），Terminal Blend 胶粉改性沥青克服了橡胶沥青存在的存储稳定的问题，是一种疲劳性能异常优异的新型改性沥青。如果 Terminal Blend 胶粉改性沥青用于提高混合料的疲劳性能，并在混合料设计时采用合适的级配、更高的沥青用量、更小的空隙率及适当的混合料设计要求，会大幅度提高混合料疲劳性能，并因空隙率减小，混合料抗水损害能力得到改善；因增加沥青用量，层间黏结能力增强；低空隙率技术要求也会简化原有的混合料级配设计。Terminal Blend 胶粉改性沥青可以加入最高达 25%的废旧橡胶粉，因此改性沥青的成本基本与普通沥青相近，远低于目前的 SBS 改性沥青。由于其具有良好的疲劳性能，可用于半刚性路面及白加黑防治反射裂缝，可以使废旧轮胎变废为宝。由于疲劳开裂是沥青面层厚度的决定因素，如果从根本上改变了混合料的疲劳性能，这种混合料还可用于减薄沥青路面的结构厚度，这将会降低路面工程造价并延长路面寿命。Terminal Blend 胶粉改性沥青也是一种废旧胶粉改性沥青，鉴于这种沥青有着很好的存储效果，适用于更广的级配范围，路用性能亦良好，将其进行疲劳性能研究和高温性能验证后进行基于疲劳性能优先的混合料设计有助于使其优异的疲劳性能扬长避短，获取更广阔的应用前景。然而在研究和实践的过程中可知，Terminal Blend 胶粉改性沥青老化程度过高，疲劳性能是值得深入考虑的路用性能。

7.1　Terminal Blend 胶粉改性沥青面层混合料设计

7.1.1　Terminal Blend 胶粉改性沥青介绍

1．Terminal Blend 胶粉改性沥青研究现状

Terminal Blend 胶粉改性沥青是近年在美国发展起来的一种新型改性沥青[146]，它的制作工艺与一般改性沥青相似。最初起源于 20 世纪 80 年代，美国一些州有过许多次成功的此类改性沥青的试验段。

在 ASTM 的定义中，胶粉掺量≥15%，177℃黏度≥1.5Pa·s 的胶粉改性沥青才称为橡胶沥青，不在这个范围以内的可称为无搅拌湿法或沥青库法胶粉改性沥

青，它产生于 20 世纪 60 年代的美国，与橡胶沥青同时代产生，最初的做法称为"无搅拌湿法沥青"，是用来描述不需要持续搅拌就能使橡胶颗粒均匀分布于高温沥青中的橡胶改性沥青。由于这种沥青也可以在现场或拌合厂生产，在其产生之初称为"沥青库拌和物"[134,135]。该工艺所用胶粉主要是由可通过 0.3mm 筛孔的胶粉颗粒组成，因为这些颗粒可以较快地分解、融合，正常环境下在储油罐中它们无须专门搅拌即可保持均匀分散，同时可以加入聚合物或其他添加物。应用初期橡胶含量在质量上不高于沥青或总沥青质量的 10%，但是加利福尼亚州有的产品达到 15%或更高，引入我国后，结合我国最新技术，可将其掺量增至 20%或者更高。尽管这些沥青的胶粉改性效果明显，但 177℃黏度很少达到最小值 1.5Pa·s，因此在施工过程中不会出现离析、析漏。这种产品现已在亚利桑那州、得克萨斯州和佛罗里达州推广应用，在我国武汉、天津等地有初步的应用[147,148]。

　　Terminal Blend 胶粉改性沥青主要是由 30 目或者更细的胶粉或者脱硫胶粉颗粒进行改性，通过让胶粉在沥青中发生脱硫反应并可以较快地分解、融合，制备的改性沥青正常环境下在储油罐中无须专门搅拌即可保持均匀分散[149,150]，同时可以加入聚合物或其他添加物[151,152]，使胶粉脱硫的手段有多种，包括氧化、高温、活化或剪切等化学或物理手段[149-152]，这些脱硫并存储稳定的橡胶粉改性沥青在美国统称为 Terminal Blend 胶粉改性沥青[148]，其胶粉含量通常在外掺 5%～25%[151-154]，黏度不如橡胶沥青，但其具有备用时间长、颗粒均匀、单位时间混合料产量高以及施工速度快等特点，另外 Terminal Blend 胶粉改性沥青可以用于密级配、开级配和断级配，其混合料的劲度模量和抗剪切强度要比橡胶沥青要稍低但仍在可接受范围内，可通过路面厚度设计完善其性能；成本方面，Terminal Blend 胶粉改性沥青比 SBS、橡胶沥青低 40%左右，故在成本不高于两者的基础上具有一定的复合改性空间。

　　美国加利福尼亚大学伯克利分校的 UCPRC 用 HVS 所做的加速加载试验表明，Terminal Blend 胶粉改性沥青有很好的抗反射裂缝能力[16]，美国联邦公路局（FHWA）用 ALF 加速加载试验对 Terminal Blend 胶粉改性沥青的抗反射裂缝能力进行了评价，其结果见图 7.1[15]。

　　美国加利福尼亚州在 Terminal Blend 胶粉改性沥青的技术研发与性能研究上最为深入，并将制定出相关沥青胶结料规范[148]，但 Terminal Blend 胶粉改性沥青在加州并未得到推广应用，在美国其他州的应用也不多，即使应用，也没有考虑其性能特点，这与美国习惯使用基质沥青有关；相应 Terminal Blend 胶粉改性沥青在美国目前的研究还较少，除了两次影响较大的加速加载试验，只有 UCPRC 进行了部分室内研究[148,153]，但由于没有 Caltrans（加州交通局）的经费支持，难以进行系统的研究。

　　除加利福尼亚州之外，美国还有许多州的研究人员对 Terminal Blend 胶粉改性沥青进行了较为深入的研究。

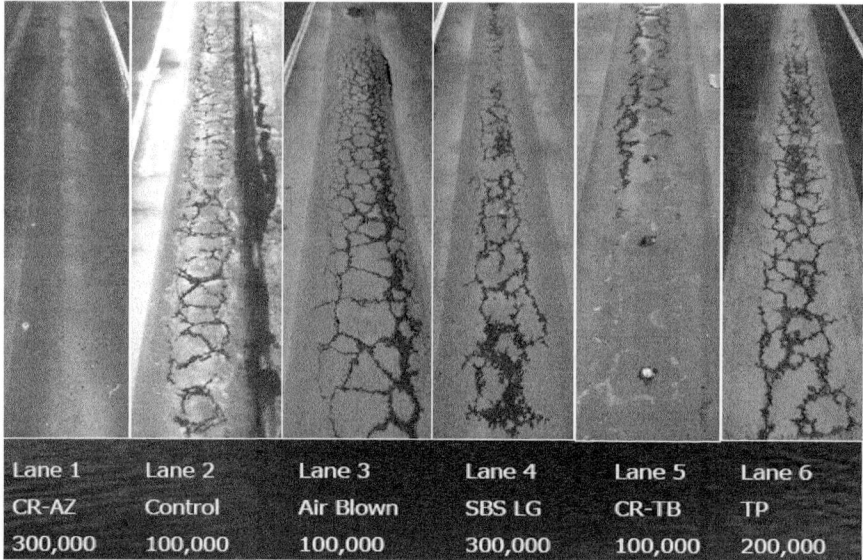

图 7.1　　ALF 对 Terminal Blend 胶粉改性沥青的评价结果[17]

Fontes 等[154]对比了橡胶沥青和 Terminal Blend 胶粉改性两种方法，利用 RSST-CH 常高度重复简单剪切试验和 APT 加速加载得到了可采用胶粉有效对抗车辙的结论。

Mohamed[155]等研究发现使用高性能的 Terminal Blend 湿法改性沥青可以适用在 Superpave 混合料设计上，并研究了为了达到 Superpave 混合料设计要求，可以通过改变沥青的拌合时间、剪切速率和不同的胶粉来源来加强结合料的性能来实现，Terminal Blend 胶粉改性沥青与橡胶沥青有很大的不同。

Hunt[156]的研究发现，在 1993 年始建的俄勒冈州的 17 条胶粉改性沥青混合料路面中，其中 Terminal Blend 改性沥青混合料的成本要高出其他胶粉改性沥青混合料的 12%，但经过 5 年的时间验证，采用开级配设计的 Terminal Blend 改性沥青路面是这 17 条路面中表现最优秀的，也是投入产出比最高的。

Takallou 等[157]的研究发现 Terminal Blend 改性沥青混合料的实验室疲劳性能受胶粉级配、沥青含量、空隙率、集料级配、温度、养护条件对胶粉改性沥青混合料的影响。

我国目前也有相关的 Terminal Blend 胶粉改性沥青专利技术[158,159]，天津海泰环保科技发展有限公司及江苏宝利沥青股份有限公司也有类似但未申请专利的产品，主要采用胶体磨技术进行脱硫加工，但由于其对 Terminal Blend 胶粉改性沥青的混合料性能与特点不了解，目前的主要用途是替代部分 SBS 改性剂，未能充分发挥其性能特点，将会阻碍其推广应用。

Terminal Blend 胶粉改性沥青经历了高温高压的处理，胶粉与沥青都存在不同程度的老化，而老化后的沥青疲劳性能是路用性能的薄弱点，虽然在 Terminal Blend 胶粉改性沥青中，能够适当提高混合料的沥青含量，使混合料获得更小的空隙率，则会进一步提高其疲劳性能，但在疲劳性能与上涨的成本中，得到适当的平衡依旧很重要。提高沥青混合料沥青用量的同时能提高混合料的抗水损害和层间黏结性能，因此 Terminal Blend 沥青混合料将有广泛的应用前景。但这需要对其疲劳行为进行深入研究，研究沥青用量、空隙率、沥青劲度模量、橡胶粉掺量、级配、矿粉用量等因素与混合料性能之间的定性关系，在定性分析基础上，还有必要对沥青用量、空隙率及应变水平与疲劳性能之间的定量关系进行研究，这种研究将有助于全面深入的了解这种新型改性沥青的特点，进而掌握 Terminal Blend 胶粉改性沥青混合料的疲劳行为特点，最终建立基于疲劳性能的混合料设计体系。与其他的混合料一样，建立基于沥青用量、空隙率、模量、应变水平的疲劳寿命预估方程是研究 Terminal Blend 胶粉改性沥青混合料疲劳行为的有效方法，也因此显得更为重要。

2．试验用 Terminal Blend 胶粉改性沥青

本次研究所采用的 Terminal Blend 胶粉改性沥青均为成品沥青，由湖北武汉某公司加工提供。从外观看，它与基质沥青以及优质的 SBS 改性沥青类似，表面光滑，沥青膜厚度均匀，易存储和运输。实物如图 7.2 所示。

（a）Terminal Blend 沥青　　　　　　　　　　（b）橡胶沥青

图 7.2　Terminal Blend 沥青和橡胶沥青

从外观上看，Terminal Blend 沥青与 SBS 沥青类似，没有明显颗粒状。相比传统意义上的橡胶沥青（图 7.1 右图）有着本质的不同。Terminal Blend 沥青柔软，软化点低，流动性好，具有橡胶沥青所不具有的施工优点。

7.1.2　Terminal Blend 胶粉改性沥青与普通橡胶沥青的区别

1. 定义不同

对于橡胶沥青，根据 ASTM 的定义（ASTM D8，公路和铺面材料标准术语（2001 年标准年鉴第 4.03 卷）），橡胶沥青："沥青、回收轮胎橡胶和某些添加剂混合而成的胶结料，橡胶成分至少占到总量的 15%，橡胶颗粒在热沥青中发生熔胀反应"。ASTM 将橡胶沥青（AR）定义为一种至少含有 15%再生轮胎橡胶的材料。加州依据自己的规范，要求含有占结合料总质量 20%±2%的废橡胶改性剂（包括 75%的废橡胶改性剂和 25%的高天然橡胶含量胶粉）。

Terminal Blend 胶粉改性沥青主要由 40 目或者更细的胶粉颗粒进行改性，通过让胶粉在沥青中发生脱硫反应并可以较快地分解、融合。制备的改性沥青正常环境下在储油罐中无须专门搅拌即可保持均匀分散[150]这些脱硫并存储稳定的橡胶粉改性沥青在美国统称为 Terminal Blend 胶粉改性沥青[134]。

2. 颗粒大小不同

Terminal Blend 胶粉改性沥青在制备的过程中，解聚反应发生得比较彻底，因此胶粉基本上都已经完全融解，胶粉颗粒比较小。橡胶沥青中，胶粉颗粒则比较明显，通过采用显微镜观察可以发现，Terminal Blend 胶粉改性沥青胶粉颗粒，粒径明显小于橡胶沥青。显微镜观察图片如图 7.3 与图 7.4 所示，其中 Terminal Blend 胶粉改性沥青放大倍数为 100 倍（用 100×表示），橡胶沥青放大倍数为 40 倍（用 40×表示），表示方法下同。

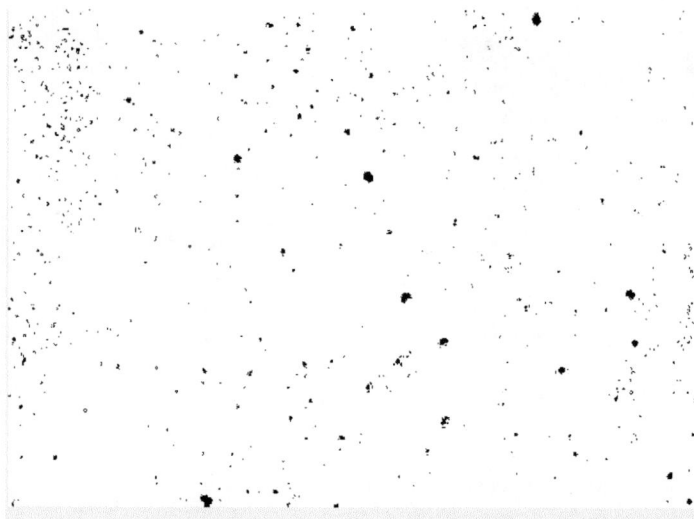

图 7.3　20%掺量 Terminal Blend 胶粉改性沥青（100×）

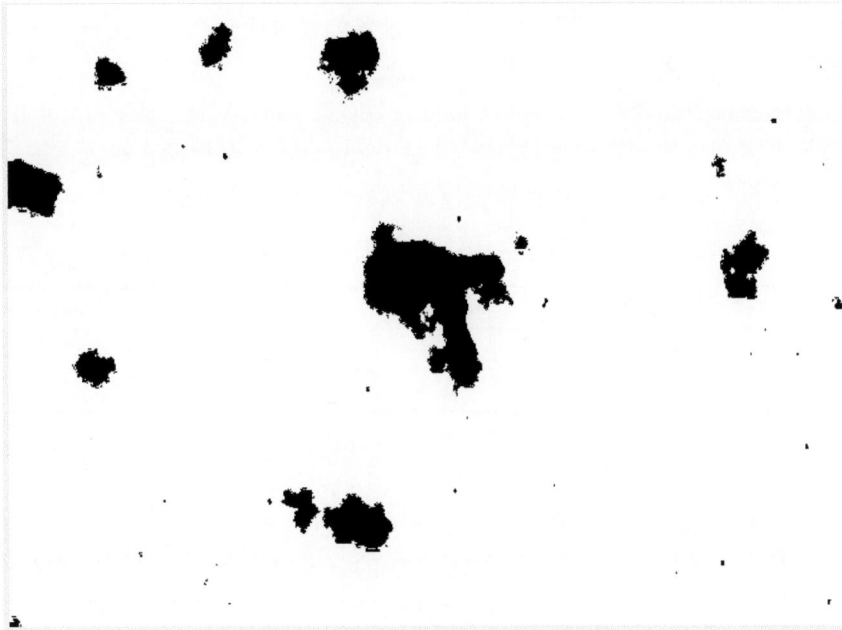

图 7.4　20%胶粉掺量橡胶沥青（40×）

图 7.3 中，Terminal Blend 胶粉改性沥青为放大 100 倍情况下的拍摄；图 7.4 中，橡胶沥青为放大 40 倍情况下的拍摄。从图中可以看出，Terminal Blend 胶粉改性沥青颗粒明显比橡胶沥青中胶粉颗粒要小得多，说明在搅拌过程中，Terminal Blend 胶粉改性沥青的解聚反应发生得比较彻底，胶粉颗粒比较小，且分布更加均匀。

3. 针入度不同

在针入度的表现上，橡胶沥青与 Terminal Blend 胶粉改性沥青有着很大的不同。选取 70#基质沥青，通过不同的加工工艺，分别制备橡胶沥青与 Terminal Blend 胶粉改性沥青。通过与 70#基质沥青对比发现，橡胶的加入，造成橡胶沥青针入度下降，Terminal Blend 胶粉改性沥青针入度上升，针入度测试数据如表 7.1 所示。

表 7.1　橡胶沥青与 Terminal Blend 胶粉改性沥青针入度结果

沥青	25℃针入度/0.1mm（100g/5s）
橡胶沥青	33
Terminal Blend 胶粉改性沥青	120

4. 黏度不同

一般来说，橡胶沥青的黏度在 1.5～4Pa·s。由于橡胶沥青本身高黏的特点，在用于热拌沥青混合料的过程中，对拌和设备的要求比较高，这在一定程度上限制了橡胶沥青的使用。同时要求有较高的施工温度，进而造成一定的污染。采用同一胶粉掺量橡胶沥青与 Terminal Blend 改性沥青，通过对比发现，Terminal Blend 胶粉改性沥青布氏旋转黏度比较小，仅为 0.83Pa·s，与基质沥青接近，因此在应用上，基本没什么限制。布氏旋转黏度测试数据如表 7.2 所示。

表 7.2　橡胶沥青与 Terminal Blend 胶粉改性沥青黏度测试结果

测试项目	橡胶沥青	Terminal Blend 沥青
135℃黏度（旋转）/（Pa·s）	无法测出	0.83
177℃黏度（旋转）/（Pa·s）	2.5	—

5. 化学结构不同

Terminal Blend 改性沥青表现出不同于一般胶粉改性沥青的性能最主要的原因在于，其内部发生过化学反应，胶粉颗粒的分子中的官能团与沥青组分中的一些活性分子发生了交联反应。下面利用红外光谱对 Terminal Blend 改性沥青的分子结构进行一个定性的分析。

红外光谱是指以波长或波数为横坐标，以强度或其他随波长变化的性质为纵坐标所得到的反映红外射线与物质相互作用的谱图[160]。按照量子学的观点，当分子从一个状态跃迁到另一个状态时，就要发射或吸收电磁波，两个状态的能量差 ΔE 与光的频率 ν 之间存在如下关系：

$$E = h\nu \tag{7.1}$$

其中，h 为普朗克常量。随着不同波长的红外辐射照射沥青粒子，由于某些波长的辐射能被样品选择吸收而减弱，逐渐形成红外吸收光谱。红外光谱的波段由近、中、远红外三部分组成，有机物分子结构分析中被应用到最多的是中红外 $600\sim4000\text{cm}^{-1}$ 的范围。某些特定的物质，可根据获得的红外特征吸收峰的位置和数目，相对强度和形状等参数，便推断试样物质中存在哪些基团，进而确定其结构。

有机物的功能基团和键型的不同振动吸收频率对应于红外光谱的波数范围内的八个分区，即所谓的八分区。第 1～3 区为单键伸缩振动区；4 区为三键伸缩振动区；5～6 为双键伸缩振动区；7～8 为不同的弯曲振动区。

（a）$3750\sim3000\text{cm}^{-1}$ 区：主要为—OH 及—NH 的吸收区。在这一区—OH 吸收峰的峰形较宽，而—H 吸收峰较宽，而—NH 吸收峰较尖锐。

（b）$3300\sim2700\text{cm}^{-1}$ 区（2，3 分区）：以 3000cm^{-1} 为界，饱和脂肪族的 C—H 键伸缩振动吸收低于 3000cm^{-1}，而不饱和的高于 3000cm^{-1}。

（c）$2400\sim2100\text{cm}^{-1}$ 区：此区主要为三键区。H—C≡C—R，波数 $2140\sim2100\text{cm}^{-1}$，R—C≡C—R，波数 $2260\sim2190\text{cm}^{-1}$；R—C≡C—R，无吸收；R—C≡N，波数 $2260\sim2210\text{cm}^{-1}$。

（d）1900～1650cm^{-1} 区：1755～1670cm^{-1} 区，由于 C=O 此区为>C=O 电偶极矩较大，伸缩振动区，C=O 常出现的区域为故此峰一般较强。酮一般为 1735～1710cm^{-1} 酰胺为 1700～1680cm^{-1}。对于梭酸则除 1710cm^{-1} 外（C=O），还有 3300～3900cm^{-1}（—OH）的吸收。

（e）1680～1575cm^{-1} 区（双键振动区）：>C=C<，波数 1680～1620cm^{-1}；>C=N—，波数 1690~1640cm^{-1}；—N=N—，波数 1630～1575cm^{-1}。

（f）1475～1300cm^{-1} 区（CH 面内弯曲振动）：—CH$_3$ 为 1380cm^{-1} 的单峰，而异丙基分别在 1380～1370cm^{-1} 和 1385～1350cm^{-1} 出现两吸收峰。

（g）1000～650cm^{-1} 区：此区主要用于鉴定各种烯烃和鉴定苯环取代基个数和取代位置。

采用同济大学材料学院的 WQF-400 傅里叶变换红外光谱仪，对普通基质沥青、Terminal Blend 胶粉改性沥青、橡胶沥青进行测试，测试数据如图 7.5～图 7.7 所示。

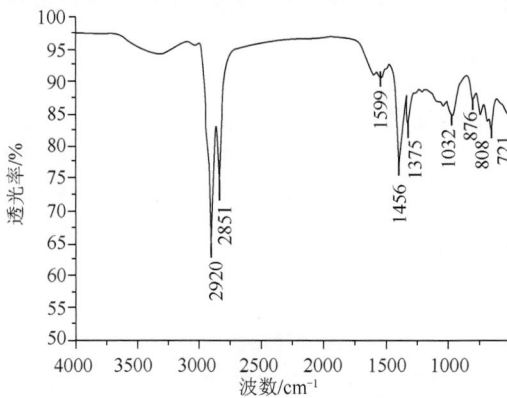

图 7.5　70#基质沥青红外光谱测试结果

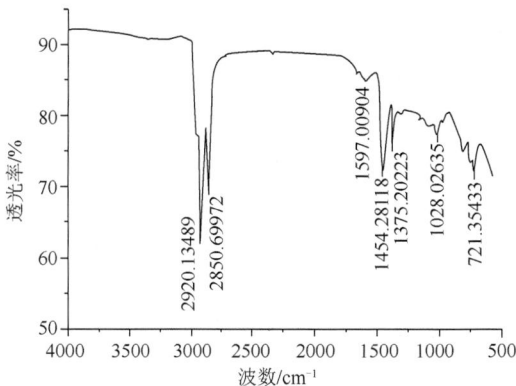

图 7.6　Terminal Blend 胶粉改性沥青红外光谱测试结果

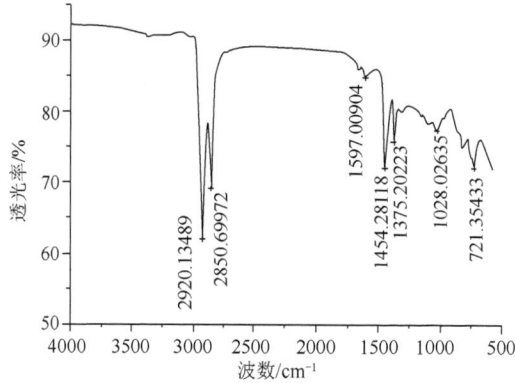

图 7.7　橡胶沥青红外光谱测试结果

上图中，2920.57cm^{-1}、2815.33cm^{-1} 为沥青中—CH$_2$—伸缩振动产生，波数 1589.53cm^{-1} 为 C=C 伸缩振动产生，也可能为芳香族化合物或不饱和树脂；1456.22～1031.74cm^{-1} 的吸收带为—CH$_3$ 或者—CH$_2$ 中的 C—H 弯曲振动。

6. 存储稳定性不同

由于橡胶沥青存储稳定性较差，一般都是现拌现用，大大增加了施工成本。因此限制了橡胶沥青的使用[144]。Terminal Blend 胶粉改性沥青与橡胶沥青相比，存储稳定性非常好，基本不存在离析问题，可以在工厂进行拌和，使用起来非常方便。Terminal Blend 沥青与橡胶沥青的上下针入度之差测试结果如表 7.3～表 7.5 所示。

表 7.3　橡胶沥青与 Terminal Blend 胶粉改性沥青 12h 针入度与软化点之差对比

沥青	软化点		软化点之差	针入度		针入度之差
橡胶沥青	上	57.3	1.1	后	74.6	2.8
	下	58.8		前	71.8	
Terminal Blend 胶粉改性沥青	上	51.2	0.5	后	121.1	1.3
	下	51.7		前	119.8	

表 7.4　橡胶沥青与 Terminal Blend 胶粉改性沥青 24h 针入度与软化点之差对比

沥青	软化点		软化点之差	针入度		针入度之差
橡胶沥青	上	56.6	2.6	后	74.8	4.0
	下	59.2		前	70.8	
TB 胶粉改性沥青	上	51.1	0.5	后	121.2	1.5
	下	51.6		前	119.7	

表 7.5　橡胶沥青与 Terminal Blend 胶粉改性沥青 48h 针入度与软化点之差对比

沥青		软化点	软化点之差		针入度	针入度之差
橡胶沥青	上	55.9	6.9	后	75.2	6.5
	下	62.8		前	68.7	
Terminal Blend 胶粉改性沥青	上	51.2	0.5	后	122.2	1.6
	下	51.7		前	120.6	

　　从试验可以看出，Terminal Blend 胶粉改性沥青的存储稳定性优于橡胶沥青，尤其在经过长时间的存储之后。48h 后，橡胶沥青分层明显，几乎无法再使用，而 Terminal Blend 胶粉改性沥青外观并无明显变化。两者在存储稳定性上的差异是上述差异中最为关键的区别，良好的存储稳定性使得 Terminal Blend 胶粉改性沥青可以用于工厂生产，无须在沥青拌和站现场进行现拌现用，节省了步骤、能耗和施工时间。

7.1.3　混合料初步设计

　　Terminal Blend 胶粉改性沥青有着与普通沥青相似的性能指标，本节的设计级配与基质沥青选择级配的方法基本一致，即寻找目标空隙率下的最佳沥青用量，详细过程不再赘述。由于可借鉴的经验较少，为获取更为准确的数据，本次设计在规范设计之上增加三种预选级配组合，预选级配共为六种，如表 7.6 所示。

表 7.6　预选级配

级配编号	筛孔尺寸/mm	13.2	9.5	4.75	2.36	1.18	0.6	0.3	0.15	0.075
YG-4		100	79	48	34	20	17	11	9	6
YG-5		100	79	46	32	20	16	11	9	5
YG-6	通过率	100	79	44	30	20	15	11	9	4
YG-7	/%	100	77	49	34	20	17	11	9	7
YG-8		100	77	47	32	20	16	11	9	5
YG-9		100	77	45	30	20	15	11	9	3

　　设计的六种级配均处于 AC13 级配范围，从级配 YG-4 到级配 YG-6，调整了 4.75、2.36、0.6 和 0.075 筛孔的通过率；从级配 YG-7 到级配 YG-9，调整了 9.5、4.75、2.36、0.6 和 0.075 筛孔的通过率，由上至下，级配在逐渐变粗。每个级配选取三个沥青用量，由于是密级配，选取 0.5% 为间隔，分别为 4%、4.5% 和 5%。按全面组合设计，试验结果如表 7.7 所示，其中毛体积相对密度采用马歇尔试件表干法测得，最大理论相对密度通过抽真空的实测法测得。

表 7.7　Terminal Blend 胶粉改性沥青混合料空隙率计算结果

级配	沥青用量/%	毛体积相对密度	最大理论相对密度	空隙率/%
YG-4	4.1	2.425	2.533	4.77
		2.428		4.75
		2.422		4.82
	4.6	2.431	2.528	4.36
		2.434		4.32
		2.431		4.35
	5.1	2.442	2.523	3.98
		2.443		3.94
		2.441		3.95
YG-5	4.1	2.427	2.534	4.68
		2.428		4.66
		2.429		4.64
	4.6	2.430	2.529	4.24
		2.434		4.18
		2.433		4.19
	5.1	2.442	2.525	3.78
		2.443		3.74
		2.446		3.75
YG-6	4.1	2.424	2.536	4.64
		2.424		4.64
		2.428		4.59
	4.6	2.436	2.532	4.14
		2.438		4.18
		2.439		4.17
	5.1	2.452	2.527	3.68
		2.453		3.64
		2.451		3.62
YG-7	4.1	2.427	2.538	4.68
		2.428		4.66
		2.424		4.63
	4.6	2.439	2.534	4.29
		2.436		4.22
		2.438		4.22
	5.1	2.448	2.531	3.78
		2.450		3.74
		2.453		3.69

续表

级配	沥青用量/%	毛体积相对密度	最大理论相对密度	空隙率/%
YG-8	4.1	2.432	2.539	4.36
		2.430		4.40
		2.431		4.37
	4.6	2.436	2.534	4.10
		2.442		4.04
		2.443		4.03
	5.1	2.454	2.529	3.51
		2.453		3.55
		2.453		3.55
YG-9	4.1	2.431	2.540	4.41
		2.432		4.41
		2.429		4.52
	4.6	2.440	2.535	4.14
		2.442		4.18
		2.440		4.14
	5.1	2.449	2.531	3.75
		2.450		3.73
		2.451		3.71

选取在沥青用量最小的情况下空隙率最接近 4.0%的原则，YG-8 仅需 4.65%即可满足 4%的空隙率，是最为节省沥青用量的级配，选为研究用级配。考虑到试验误差和取整后计算便利，取 4.7%为最佳沥青用量（即油石比约为 5%）。此最佳沥青用量为施工快捷方法确定出来的，仅作为疲劳与高温性能的设计参考值。

7.1.4　TB-AC13 混合料试验结果

考虑到改性沥青出现 N_{fNM} 次数较晚，试验的结束条件设定为达到初始模量的 5%时截止，同时记录 N_{f50} 和 N_{fNM} 疲劳次数。

根据研究发现，应变大小的变化与疲劳寿命的关系显著，大多呈线性相关，根据试验量的关系，没有必要进行多应变量下的全面试验。考虑到尽量缩短试验时间，选取 $1000\mu\varepsilon$、$1250\mu\varepsilon$ 和 $1500\mu\varepsilon$ 作为 TB-AC13 混合料疲劳试验的应变。

同一条件下安排平行试验 2 次，去除误差大于 20%和意外破坏试件，共完成 54 根小梁试件（实际试验 71 根）。根据既定全面试验，记录整个试验过程的混合料疲劳破坏次数，试验数据如表 7.8 所示。

表 7.8　TB-AC13 疲劳试验结果

平行试验	沥青用量/%	应变水平/με	空隙率/%	初始模量/MPa	疲劳次数 N_{f50}/次	疲劳次数 N_{fNM}/次
1			4.33	3139	5620	28330
2			4.33	3319	6500	29010
3		1000	5.07	3069	3440	26710
4			5.07	3127	4150	26090
5			5.81	3186	3910	24070
6			5.81	3142	2020	22950
7			4.33	3298	4270	23360
8			4.33	3316	6400	20730
9	4.0	1250	5.07	3741	4470	17540
10			5.07	3626	4020	16680
11			5.81	3535	1140	15750
12			5.81	3469	2910	16750
13			4.33	3359	4240	17790
14			4.33	3236	4160	19940
15		1500	5.07	3331	3090	17440
16			5.07	3157	2980	16130
17			5.81	3033	2070	12500
18			5.81	3139	2150	11400
19			3.65	2894	16080	116860
20			3.65	2840	12610	130530
21		1000	4.28	2903	14240	111635
22			4.28	2767	13090	98297
23			5.05	3025	9490	104583
24			5.05	2849	10640	92805
25			3.65	3165	14120	103500
26			3.65	3214	15260	108670
27	5.5	1250	4.28	2984	13300	89305
28			4.28	2876	11390	95317
29			5.05	2783	9750	80230
30			5.05	2847	11210	75140
31			3.65	2884	11920	85470
32			3.65	2918	12900	74730
33		1500	4.28	2718	8580	66850
34			4.28	2783	11120	59420
35			5.05	2667	8290	48930
36			5.05	3049	7710	45880

续表

平行试验	沥青用量/%	应变水平/$\mu\varepsilon$	空隙率/%	初始模量/MPa	疲劳次数 N_{f50}/次	疲劳次数 N_{fNM}/次
37			2.44	2614	30390	210800
38			2.44	2705	28040	227280
39		1000	2.81	2494	33120	191000
40			2.81	2576	26990	177580
41			3.35	2348	22490	176240
42			3.35	2020	19080	169430
43			2.44	2189	23080	182360
44			2.44	1985	23700	201760
45	7.0	1250	2.81	1965	20760	147810
46			2.81	2036	18260	169930
47			3.35	1948	13650	139810
48			3.35	2025	17310	146560
49			2.44	2156	18870	158540
50			2.44	2022	21460	171420
51		1500	2.81	2308	15450	159210
52			2.81	2189	17800	128430
53			3.35	2113	13010	120550
54			3.35	2045	11150	108520

经过前面几组试验发现，由于 N_{fNM} 出现较早，为节省试验时间，之后的试验将结束标准调整至劲度模量衰减的 10%。

选取何种判断标准作为 Terminal Blend 胶粉改性沥青疲劳次数，对于经验法的设计，数据的稳定性是设计合理性的关键。与之前的研究一致，作如下分析，将 N_{f50} 与 N_{fNM} 汇总于同一坐标系中，计算其各自的变异系数。结果如图 7.8 所示。

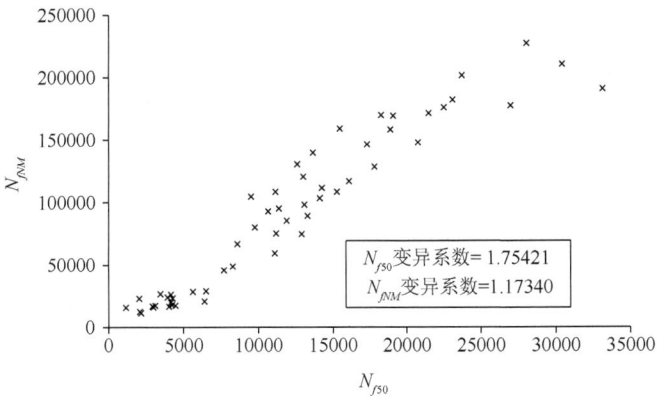

图 7.8　Terminal Blend 胶粉改性沥青疲劳试验两种判断标准得到的疲劳次数对比

对比 N_{f50} 与 N_{fNM} 可以发现，首先对比 N_{fNM} 与 N_{f50} 之间的差距，平均为 7.308 倍，远低于 SBS 改性沥青和橡胶沥青，接近基质沥青的 5.86 倍，这也是 Terminal

Blend 胶粉改性沥青与基质沥青性质更为接近的缘故，但它的自愈合能力与基质沥青是否类似需要根据第 8 章进一步验证。N_{fNM} 变异系数较小，相对稳定，可信度更高。

综上所述，N_{fNM} 疲劳次数更适合评价 SBS 改性沥青混合料。

7.1.5 单一因素的影响

根据试验结果，分别按应变、沥青用量和空隙率与疲劳次数的单对数作散点关系图，并采用最小二乘法对各个指标与疲劳次数的关系进行多项式、幂函数、指数函数以及对数函数的曲线拟合，得到最大的相关系数的曲线分别如图 7.9～图 7.11 所示。

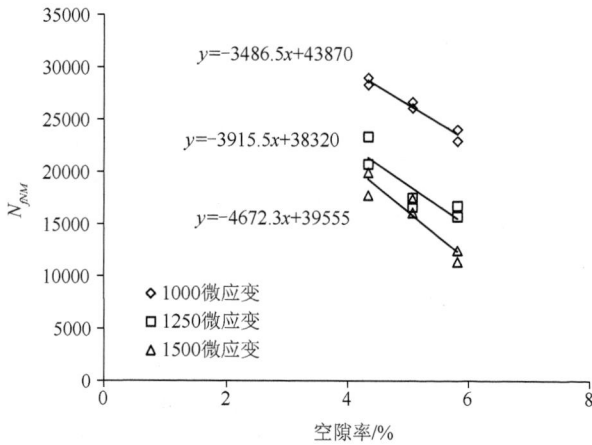

图 7.9　沥青用量 4.0% 下疲劳寿命随空隙率变化趋势

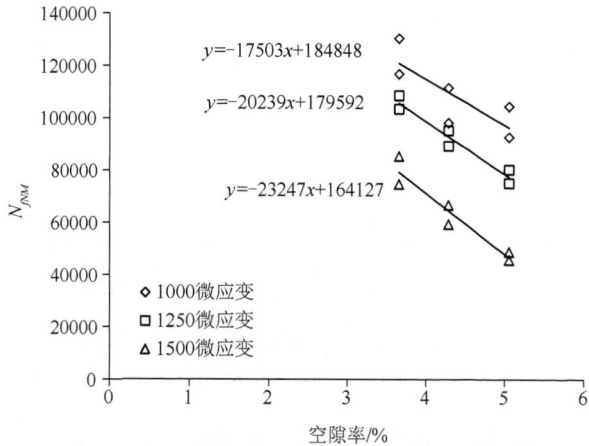

图 7.10　沥青用量 5.5% 下疲劳寿命随空隙率变化趋势

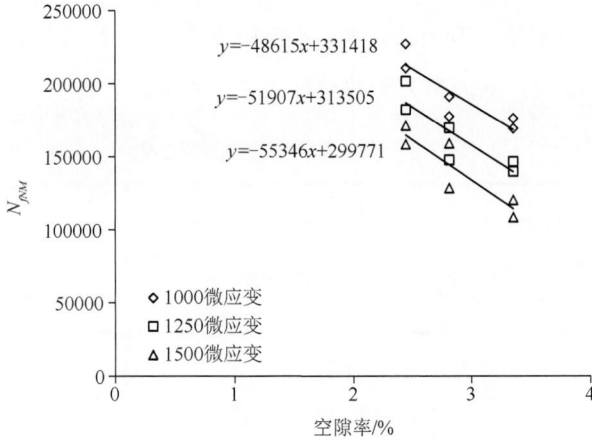

图 7.11　沥青用量 7.0%下疲劳寿命随空隙率变化趋势

　　从上述三幅图的变化趋势均可看出，无论在何种沥青用量下，空隙率的增大都会带来 N_{fNM} 的降低，高沥青用量下空隙率的变化带来的 N_{fNM} 下降更为明显，这与前面所研究的沥青混合料都是一致的。但是由于高沥青用量下空隙率变化幅度并不是很大，且 N_{fNM} 的基数会增大许多，研究认为，通过提高沥青用量来增加 N_{fNM} 的方法仍是可取的。当然空隙率的降低也是增加 N_{fNM} 的重要方法，但在试验过程中，若一味地增加压实度，会加大混合料中石料的破碎程度，是不可取的。通过调整级配中关键筛孔的通过率的方法是首选，由于篇幅和前后固定级配的关系，本节不再讨论调整关键筛孔通过率的方法，研究已在 5.2.3 节中阐述了的应力吸收层试验中对调整关键筛孔通过率来降低空隙率以达到增加 N_{fNM} 的方法。

　　对比不同 SBS 掺量与混合料疲劳寿命 N_{fNM} 的关系，计算各掺量下数据的变异系数，结果如图 7.12 所示。

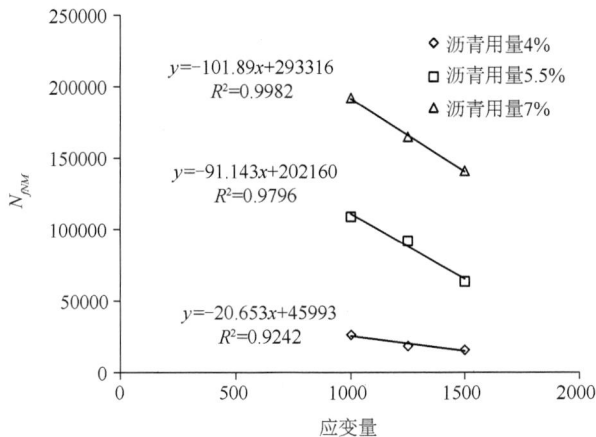

图 7.12　Terminal Blend 胶粉改性沥青混合料疲劳次数与应变量的关系

由图 7.12 可以看出，Terminal Blend 胶粉改性沥青混合料的疲劳寿命 N_{fNM} 随应变量的增大而减少，其疲劳方程总结如表 7.9 所示。

表 7.9 应变量为变量的疲劳方程

沥青用量/%	疲劳方程	R^2
4	$\lg N_{fNM}=-1.3485\lg\varepsilon+8.154$	0.9964
5.5	$\lg N_{fNM}=-1.2124\lg\varepsilon+8.9917$	0.9297
7	$\lg N_{fNM}=-0.7575\lg\varepsilon+7.5581$	0.9728

从表 7.9 的疲劳方程及相关系数可以看出，疲劳曲线的相关性均较好，表明疲劳数据准确性比较高。式中斜率的数值代表了对应变量变化的敏感性，随着沥青用量的提高，沥青抵抗疲劳破坏的能力在增强，对应变量的变化的敏感性在减弱，能够承受更多的行车荷载波动。

为得到沥青用量与 N_{fNM} 的关系，将各沥青用量下的相同应变量取平均后作沥青用量与 N_{fNM} 趋势图，如图 7.13 所示。

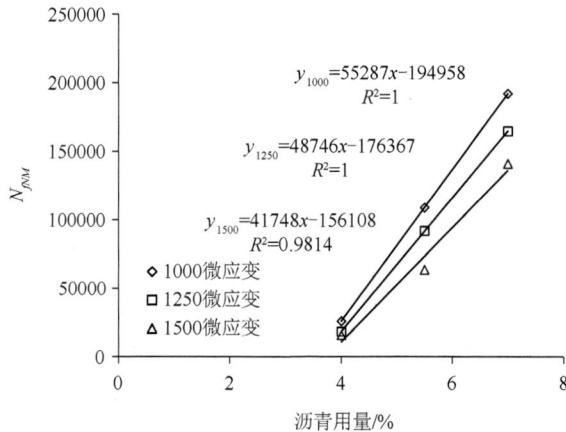

图 7.13 N_{fNM} 随沥青用量变化趋势图

由图 7.13 可以发现，平均后的 N_{fNM} 与沥青用量相关性很好，N_{fNM} 随着沥青用量的增加而增加，应变量越小增加的幅度越大。

7.1.6 回归分析

将试验结果经过 1stOpt 编程拟合得到各个参数，结果如式（7.2）所示：

$$N_f = 2.632\times10^{6.561}\times e^{0.357AC-0.214AV}\times\varepsilon^{-0.834}, \qquad R^2=0.936 \qquad (7.2)$$

其中，N_f 为疲劳寿命（次）；ε 为应变量（无量纲）；AC 为沥青用量（%）；AV 为混合料空隙率（%）；e 为自然对数的底。

回归公式的相关系数 R^2 达到 0.936，可见 Terminal Blend 胶粉改性沥青 AC13 混合料疲劳寿命与应变量、沥青用量以及空隙率有不错的相关性，从拟合方程角度分析，应变量越小，沥青用量越大，空隙率值越小则疲劳寿命越长。

Terminal Blend 胶粉改性沥青与橡胶沥青有原材料上的相似性，为了对比其疲劳性能，加入基质沥青材料，将三者的行为方程列入同一表中进行对比，如表 7.10 所示。

表 7.10　三种沥青混合料疲劳行为方程

沥青混合料种类	行为方程
AC13	$N_f = 1.451 \times 10^{4.901} \times e^{0.6862AC - 0.4269AV} \times \varepsilon^{-1.908}$
ARAC-13	$N_f = 1.068 \times 10^{8.061} \times e^{0.214AC - 0.376AV} \times \varepsilon^{-0.798}$
TB-AC13	$N_f = 9.3417 \times 10^{4.6898} \times e^{0.3890AC - 0.4375AV} \times \varepsilon^{-1.0741}$

对比橡胶沥青与 TB-AC-13 混合料的疲劳行为方程，从常数项可见，橡胶沥青的疲劳寿命要超出 Terminal Blend 胶粉改性沥青较多的数量级，但其对于空隙率变化的敏感性不如 Terminal Blend 胶粉改性沥青，且对于应变量的敏感性，Terminal Blend 胶粉改性沥青也较基质沥青有较大的突破；沥青用量方面橡胶沥青的沥青用量很高，与基质沥青和 Terminal Blend 胶粉改性沥青没有可比性，其敏感度值较低亦是因为方程的覆盖范围仅在高沥青用量下变化回归得到，而对比相同的沥青用量范围的 TB-AC13 和基质沥青 AC13，Terminal Blend 胶粉改性沥青就敏感性有着明显的提高（即敏感度弱化）。

7.1.7　高温车辙试验

严格筛选级配中值，设计出车辙混合料，通过计算用量与试压，最终确定在 3.3%沥青用量下分别碾压 48 次、60 次和 72 次，4.8%沥青用量下分别碾压 42 次、48 次和 54 次，6.3%沥青用量下分别碾压 36 次、42 次和 58 次。车辙试件能达到与小梁试件接近的空隙率。同一条件下安排平行试验 2 次，若存在大于 20%的误差则进行第 3 次试验，共完成 24 组车辙试验（实际试验 26 组），试验结果如表 7.11 所示。

表 7.11　TB-AC13 车辙试验结果

平行试验	沥青用量/%	空隙率/%	变形量/mm	动稳定度/（次/mm）
1		4.62	2.650	1462
2		4.62	2.569	1825
3	3.3	5.41	2.344	1233
4		5.41	3.212	942
5		6.33	4.375	898
6		6.33	3.237	631

平行试验	沥青用量/%	空隙率/%	变形量/mm	动稳定度/（次/mm）
7		3.82	3.223	831
8		3.82	3.134	843
9	4.8	4.61	3.039	880
10		4.61	3.120	806
11		5.42	3.933	836
12		5.42	3.985	733
13		2.47	4.449	592
14		2.47	4.393	553
15	6.3	3.12	4.359	546
16		3.12	4.589	420
17		3.56	4.927	471
18		3.56	4.858	464

将表 7.11 中沥青用量、空隙率分别于动稳定度作趋势图形分析得到图 7.14 和图 7.15。

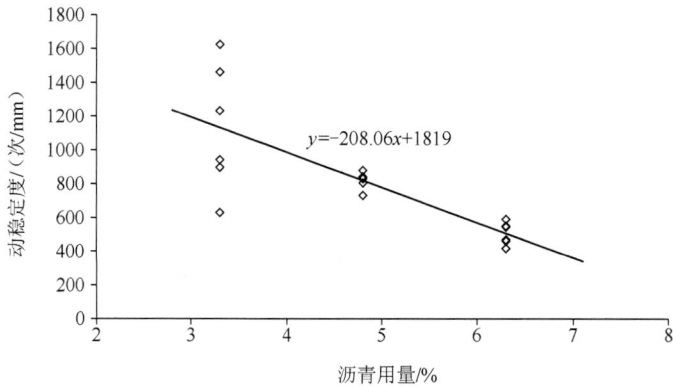

图 7.14　沥青用量与动稳定度变化图

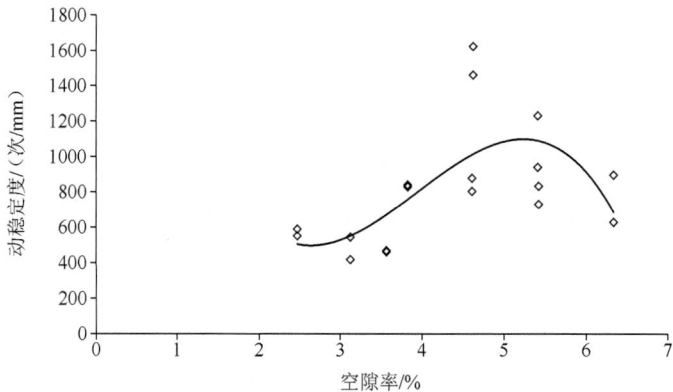

图 7.15　空隙率与动稳定度变化图

通过试验结果可知，Terminal Blend 胶粉改性沥青 AC13 混合料无法达到国家标准中 DS≥2800 次/mm 的要求，无法直接将其用在上面层中；若要获取更高性能，需要在其混合料或结合料中添加某些改性剂，制备成复合改性沥青以提高混合料的高温性能。值得一提的是，若仅将 Terminal Blend 胶粉改性沥青作为基质沥青看待，沥青用量≤4.9%时，可满足 DS≥800 次/mm 的要求。

7.2　Terminal Blend 的复合改性

7.2.1　复合过程与沥青性能检测

1. Terminal Blend+SBS

相对 SBS 改性沥青，Terminal Blend 胶粉改性沥青具有低廉的价格，但却不具有 SBS 高低温疲劳兼顾的优异特性，若利用 SBS 改性剂的特点[161]，将两种各具优势的改性剂复合，将会得到何种效果使研究者十分关注。

改性剂的添加量决定了复合改性沥青的成本，考虑到复合改性的经济性，改变胶粉掺量和添加内掺比常规用量（4.5%）少的星型 SBS 作为复合改性剂，添加量为 3%，加入 1.5‰的稳定剂在 150℃下强力搅拌 1.5h。改性后沥青指标如表 7.12 所示。为研究不同胶粉掺量的 Terminal Blend+SBS 的效果，原胶粉掺量为 x，经由埃索 70#沥青 1:1 稀释后的胶粉掺量为 $0.5x$。

表 7.12　Terminal Blend+SBS 复合改性效果影响

胶粉掺量/%	SBS 掺量/%	针入度/0.1mm	软化点/℃
0		57.6	68.9
0.5x	3	53.4	74.4
x		61.5	60.9

由此亦可看出，胶粉在 Terminal Blend 沥青中具有重要的特性，随着胶粉掺量的变化，沥青变得更软（0.5x 时的软化点有提升是因为在较低掺量时，无须严苛条件进行改性，沥青性能有适当保持并提升，此时应关注针入度的变化更为准确），从某种程度上说，有助于改善沥青混合料的疲劳性能，而 SBS 依旧起到了改善沥青高温性能的作用，有助于保持其混合料的高温性能。

2. Terminal Blend+岩沥青

由于 Terminal Blend 胶粉改性沥青的高温性能有所欠缺，而岩沥青具有很好的改善高温性能，本书以期将岩沥青添加入 Terminal Blend 胶粉改性沥青中进行湿法改性得到混合料优异的疲劳和高温综合路用效果。

岩沥青是天然沥青中的一种，严格地说，应称其为沥青岩，其中沥青含量约为 20%，其余均为石灰岩类矿物质[162,163]。它是渗透在岩石层之间的远古石油成分，经过长期的海底沉淀、承受压力和地质变化而形成的沥青岩，挖掘后经破碎而成的微细颗粒状粉末，呈浅褐色。

本次试验用岩沥青灰分含量为 12%。将岩沥青添加到 Terminal Blend 胶粉改性沥青中 150℃下搅拌 2h，制备成复合改性沥青，选用岩沥青的掺量为占复合改性沥青的 20%。改性后沥青指标如表 7.13 所示。

表 7.13　Terminal Blend+岩沥青复合改性效果影响

胶粉掺量/%	岩沥青掺量/%	针入度/0.1mm	软化点/℃
0.5x	20	59.7	63.9
x		58.5	55.8

3. Terminal Blend+PE

与 Terminal Blend 复合岩沥青思路一致，为求加强 Terminal Blend 胶粉改性沥青的高温性能，将聚乙烯（polyethylene，PE）添加到沥青混合料中是一个维持低廉成本的做法，且 PE 在法国高模量沥青的设计和施工中有许多成功的经验值得我们借鉴[164]。

PE 的改性有湿法和干法两种。湿法是将 PE 先与沥青混合，而干法是直接将PE 添加到拌和的混合料中。经过试验研究，PE 不能自然保持微粒状持久均匀分散于沥青之中即缺乏储存稳定性，这使得湿法 PE 改性只能现拌现用，提高了成本和施工难度，与本书研究思路不符；在此仅选用干法改性。

根据一些使用经验较多的研究方案，采用 5‰（占混合料）的 PE 掺量。

同样选用内掺 0.5x 与 x 的 Terminal Blend 胶粉改性沥青作为基础沥青，另外选取基质沥青与 PE 直接干法改性作为无胶粉掺量下的 Terminal Blend 胶粉改性沥青补充。

7.2.2　疲劳试验结果

本节涉及的疲劳试验和车辙试验方案与之前的研究一致，均取 AC13 级配中值，5%沥青结合料用量，平行试验做两次。基于材料和试验量的限制，疲劳性能检测仅选取 1000$\mu\varepsilon$。

共完成 16 根小梁试件（实际试验 22 根），均在 1000$\mu\varepsilon$ 下完成，沥青用量均为 5%。记录整个试验过程的混合料疲劳破坏次数，试验数据如表 7.14 所示。

表 7.14　Terminal Blend 复合改性沥青混合料疲劳试验结果

编号	沥青种类	胶粉掺量/%	空隙率/%	初始模量/MPa	疲劳次数 N_{fNM}/次
1		0	4.33	4334	108330
2		0	4.33	4416	189010
3	Terminal	0.5x	4.37	3860	216710
4	Blend+SBS	0.5x	4.37	3526	276090
5		x	4.41	3424	338210
6		x	4.41	3317	303650
7		0.5x	4.15	4690	113660
8	Terminal Blend+岩	0.5x	4.15	4842	136180
9	沥青	x	4.12	4532	155240
10		x	4.12	4460	145250
11		0	3.87	6784	71530
12		0	3.87	7259	39810
13	Terminal	0.5x	4.07	5733	112340
14	Blend+PE	0.5x	4.07	5923	204300
15		x	4.11	4833	108400
16		x	4.11	5239	147900

7.2.3　车辙试验结果

完成同一条件下安排平行试验两次，若存在大于 20%的误差则进行第 3 次试验，共完成 16 组车辙试验（实际试验 16 组），试验结果如表 7.15 所示。

表 7.15　Terminal Blend 复合改性沥青混合料车辙试验结果

编号	沥青种类	胶粉掺量/%	变形量/mm	动稳定度/（次/mm）
1		0	2.990	3031
2		0	2.870	3283
3	Terminal Blend+SBS	0.5x	1.290	9140
4		0.5x	1.427	8433
5		x	2.625	6545
6		x	1.942	6435
7		0.5x	1.623	2382
8	Terminal Blend+岩沥	0.5x	1.480	3773
9	青	x	1.623	2260
10		x	1.672	2016

编号	沥青种类	胶粉掺量/%	变形量/mm	动稳定度/（次/mm）
11		0	1.180	14042
12		0	1.096	13251
13	Terminal Blend+PE	0.5x	1.435	5922
14		0.5x	1.388	6312
15		x	1.598	4681
16		x	1.377	5554

7.2.4　对比分析

将表 7.14 和表 7.15 对比柱状图进行直观对比，如图 7.16 和图 7.17 所示。

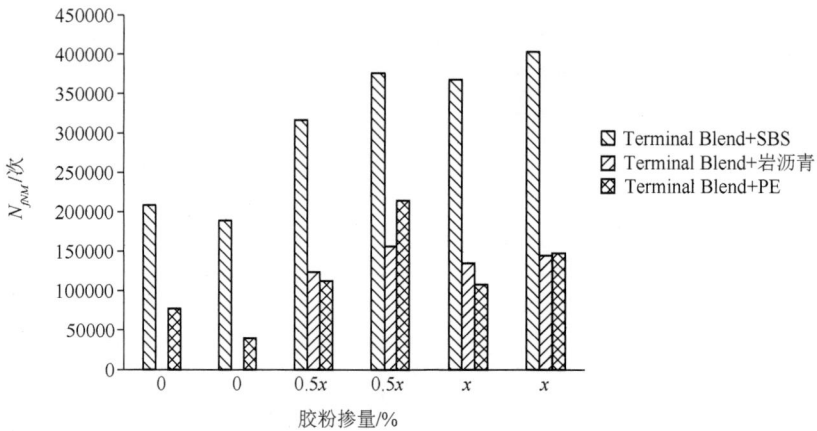

图 7.16　三种复合改性沥青的疲劳寿命对比

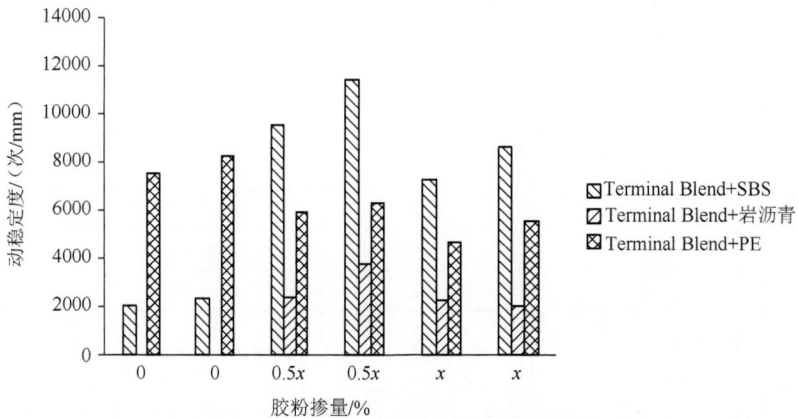

图 7.17　三种复合改性沥青的车辙性能对比

经过对比发现，加入了改性剂后的 Terminal Blend 胶粉改性沥青在疲劳性能方面获得了极大的提升。仅从疲劳性能观察，三种复合沥青均是在 x 的胶粉掺量下最优，而车辙性能则反映混合料在 x 时会得到更加有效的高温性能。

疲劳性能方面，无论在何种胶粉掺量，Terminal Blend+SBS 表现最优，其次是 Terminal Blend+岩沥青，Terminal Blend+PE 效果最差，尤其当在无胶粉添加的情况下，即 PE 单独对沥青进行改性时的疲劳性能最差。经过深入对比还可发现如下现象：由于 Terminal Blend 胶粉改性沥青混合料在沥青用量为 5.5%时的疲劳寿命为 $10^5 \sim 1.2 \times 10^5$ 次，又从表 7.14 中可以看出，单纯的 3%掺量下的 SBS 改性沥青（即 0%胶粉掺量时）混合料的疲劳寿命为 $1.8 \times 10^5 \sim 2 \times 10^5$ 次，而 Terminal Blend+SBS 复合后的混合料疲劳寿命恰好在 $3.1 \times 10^5 \sim 4.0 \times 10^5$，与前面两者数值单独相加的大致相当且略有提升，可以理解为 Terminal Blend +SBS 复合后的混合料疲劳性能即为 Terminal Blend 混合料与 SBS 沥青混合料疲劳性能加和的效果。这说明在复合过程中并无多余反应产生，SBS 与 Terminal Blend 的相容性很好，它的加入很好地起到了改性的作用。

高温性能方面，除了在无 Terminal Blend 参与的情况下 PE 改性会使得高温性能有明显增强外，在 0.5x 或 x 的胶粉掺量下，Terminal Blend+SBS 最优，其次是 Terminal Blend+PE，Terminal Blend+岩沥青效果最差。

总体而言，无论疲劳或是高温性能 Terminal Blend 与 SBS 的复合改性效果最优，首先推荐选取这种复合改性方式。当选用 Terminal Blend+岩沥青或 Terminal Blend+PE 的情况时，要视性能的侧重而定。考虑到 Terminal Blend 胶粉改性沥青本身存在的高温性能隐患，本书认为 0.5x 的胶粉掺量略优于 x，但究竟采用 0.5x 还是 x 的胶粉掺量，可视成本和设计方案而定。

7.3　本 章 小 结

本章对 Terminal Blend 胶粉改性沥青面层混合料进行了不同沥青用量、不同空隙率和不同应变量的全面疲劳试验，并进行了相应的高温车辙性能验证，完成了单一因素影响分析和回归出了疲劳行为方程；其次以完善混合料设计和增强 Terminal Blend 高温性能为目的，完成了 Terminal Blend 胶粉改性沥青的复合改性方案研究，得到如下结论。

（1）Terminal Blend 胶粉改性沥青与基质沥青比较接近，可以在一定程度上替代基质沥青进行复合改性。

（2）Terminal Blend 胶粉改性低温性能优越，高温性能不足，可进行复合改性使用。复合改性时，应着重提升高温性能，同时尽量减少低温性能的损失。

（3）Terminal Blend 胶粉改性沥青疲劳性能优于普通基质沥青，Terminal Blend

胶粉改性沥青 AC13 混合料疲劳寿命与应变量、沥青用量以及空隙率有不错的相关性，应变量越小，沥青用量越大，空隙率越小，则疲劳寿命越长。

（4）疲劳性能基本规律与前述规律一致；N_{fNM} 疲劳次数更适合评价 Terminal Blend 胶粉改性沥青混合料。

（5）经过回归计算，Terminal Blend 胶粉改性沥青面层混合料的疲劳行为方程为 $N_f = 2.632 \times 10^{6.561} \times e^{0.357AC-0.214AV} \times \varepsilon^{-0.834}$，$R^2 = 0.936$。

（6）经过高温车辙性能的验证，Terminal Blend 胶粉改性沥青混合料的高温性能较弱，需进行复合改性以加强其高温性能。

（7）无论疲劳或是高温性能 Terminal Blend+SBS 的复合改性效果最优；$0.5x$ 的胶粉掺量略优于 x，但究竟采用 $0.5x$ 还是 x 的胶粉掺量，要视成本和设计方案而定。

第8章 环氧沥青混合料的疲劳性能分析

环氧沥青是目前兴起的一种高强度的桥面铺装材料，具有高于普通沥青及改性沥青的超高强度。环氧沥青有许多品种，最常见的为以美国 ChemCo 公司和东南大学研制的双组分环氧沥青体系，也陆续会有新型的功能型环氧沥青出现。本章主要列出以下两个部分对环氧沥青的疲劳进行阐述，第一部分以最常见的美国 ChemCo 环氧沥青为例，按马歇尔设计方法进行了混合料设计，进行了应变控制和应力控制两种疲劳试验的对比，选用了 BFA 和 MTS-810 两种试验仪器完成了室内疲劳试验，对沥青混合料小梁特性进行了检测，从沥青用量、摊铺等待时间、应力比三个影响因素分析了基于应力控制的环氧沥青混合料疲劳性能的变化规律，并回归了环氧沥青混合料的应力控制疲劳行为方程。除此之外，本章提出了一种新型的环氧沥青——泡沫环氧沥青，依照常规试验方法论证后，进行其疲劳性能研究，为其深入的研究提供参考。第二部分即主要以自制泡沫环氧沥青为研究对象，首先进行配方的比选研究，而后进行马歇尔试验与其他性能试验，最后选用了应力控制疲劳试验进行泡沫环氧沥青的疲劳性能评价，为其研发与推广提供数据参考并奠定基础。考虑到环氧沥青的疲劳与其他沥青相差很大，且不适用于应变控制，本章的研究结果未能与其他沥青作横向对比。

8.1 环氧沥青简介

环氧沥青混合料从 1961 年使用以来较多使用在钢桥面铺装，出现了早期损坏，与其疲劳有很大的关系，它的好坏直接影响到行车的安全性、舒适性、耐久性等。从 20 世纪 60 年代起，是美国、德国、日本的研究及桥面铺装规范中所涉及的检测项目之一[165]。国外对钢桥面铺装用的环氧沥青混合料的疲劳性能研究开展得较早，Metcalf[166] 和 Fondriest 等[167]均采用复合梁对环氧沥青混合料进行了弯曲疲劳试验，并以普通沥青混合料为对比，得到环氧沥青混凝土在抗疲劳性能方面远优于普通沥青混凝土的结论；判断方法上，Wang[168]提出基于间接拉伸试验的黏弹性分析沥青混合料疲劳性能，Ghuzlan[169]用耗散能方法来分析沥青混合料疲劳特性，然而这些方法所选取的因素太少，不足以从全方面反映环氧沥青混合料的疲劳性能。

　　环氧沥青国产化之后，国内专门针对桥面铺装层进行的疲劳性能方面的研究陆续开始，东南大学[170]利用复合梁进行了应变控制的疲劳试验并得到国产环氧沥青混合料疲劳性能优异的结论，并对钢桥面铺面结构层进行了多方面的力学分析，但上述的疲劳研究绝大多数都是单一因素下的疲劳试验，且应变控制和应力控制模式单一，并且理论支撑也仅是静态地从力学分析的角度探讨了铺装层裂缝产生的原因以及简单的预防措施，通常只有在众多影响因素下的疲劳性能变化才有参考价值，因此提出环氧沥青铺面材料的疲劳行为的预估方程对桥面铺装的设计、施工和维护具有十分重要的意义[170]。为此，本书将从多因素正交设计的基础上进行环氧沥青混合料的疲劳性能研究。

8.2　试验材料与前期工作

　　石料的选择采用的是市场上较为常见的几种路用材料。粗集料（≥2.36mm）与细集料（0.075～1.18mm）都采用玄武岩，均来自江苏溧阳，矿粉是由石灰石研磨而成，来自浙江吉安，其表观密度为 2.788g·cm^{-3}。集料的基本性能的测试结果见表 8.1 和表 8.2。

表 8.1　集料密度

尺寸/mm	0～3	3～5	5～10	10～13
密度/（g·cm^{-3}）	2.835	2.866	2.875	2.903

表 8.2　集料性能指标

项目		实测值	规范指标
压碎值/%		23.2	<28
洛杉矶磨耗值/%		21.3	<30
针片状含量/%（4.75～13.2mm）		10.3	<20
砂率（<2.36mm）/%		91.0	>60
棱角性/%	2.36～4.75mm	37	>30
	<2.36mm	49.2	

　　材料选取美国 ChemCo 公司的环氧沥青，这是一种用在了 SanMetreo 和金门大桥上的环氧沥青[24]，级配选取南京长江二桥用级配规范的级配中值，这种级配在我国后来的许多新建大型钢桥的桥面铺装上均有应用[107]，具有广泛的代表性，级配范围如表 8.3 所示。

表 8.3　环氧沥青混合料混合料级配范围

粒径/mm	通过以下筛孔的百分率/%								
	13.2	9.5	4.75	2.36	1.18	0.6	0.3	0.15	0.075
二桥级配规范	100	95~100	65~85	50~70	39~55	28~40	21~32	14~23	7~14
中值	100	97.5	75	60	47	34	26.5	18.5	10.5

本次研究不涉及混合料设计，而是沿用了文献[170]的设计过程。拌和过程如下：沥青 B 组分加热 115℃，A 组分保温 90℃，石料保温 130℃，环氧沥青混合料拌和温度为 120℃，矿粉常温加入。

每个沥青用量下成型马歇尔试件 3 个，按规程进行马歇尔试件体积计算。不同沥青用量下的混合料体积参数与马歇尔试验结果如表 8.4 所示。

表 8.4　不同沥青用量对应的空隙率

沥青用量/%	平均毛体积密度/ (g·cm^{-3})	最大理论密度/ (g·cm^{-3})	空隙率/%	稳定度/kN	流值/mm
5.0	2.576	2.686	5.19	45.43	16.41
6.0	2.598	2.682	4.23	46.22	15.62
7.0	2.615	2.678	3.18	45.26	14.98
8.0	2.615	2.663	2.14	42.63	16.22

8.3　应变控制疲劳试验

在疲劳模式的选择方面，继续选用前面章节中的四点小梁弯曲试验。

初期试验设计为，选取 5.0% 的沥青用量进行试验，每组进行 2 组平行试验。选取 250 和 750 一高一低两个应变量作为基准应变比，以达到初始劲度模量的 50% 认定为疲劳破坏的标准。试验结果如表 8.5 所示。

表 8.5　应变控制四点弯曲小梁疲劳试验结果

平行试验	沥青用量/%	应变量/$\mu\varepsilon$	空隙率/%	初始模量/MPa	疲劳次数 N_{f50}/次
1			4.41	18212	128900
2			4.41	12432	29890
3		250	5.27	19315	626310
4			5.27	10230	51010
5			6.05	16310	14670
6	5.0		6.05	13237	26290
7			4.41	14496	26650
8			4.41	15526	31190
9		750	5.27	16846	53270
10			5.27	12665	27810
11			6.05	18524	13050
12			6.05	12420	24440

结果发现，无论在低应变或是高应变量下，混合料小梁会发生突然断裂的现象[171]，试验数据的变异性太大，这是因为环氧沥青混合料具有很高的模量（大于6000MPa 有的甚至达 8000MPa），过高的模量会使得在应变控制的疲劳试验中产生层底弯拉应力不足所带来的一次性破坏，导致数据的离散性很大。

8.4　应力控制疲劳试验

8.4.1　试件的成型与小梁试件的力学特征

1.　准备试验

依据我国规范[108]选取了轮碾法成型混合料试件，使用车辙试验模具，尺寸为300mm×300mm×50mm，然后进行切割，切割成小梁尺寸为 200mm×50mm×50mm，误差均在 2mm 以内，根据小梁疲劳的现行规范，5mm 以内均可以接受，故误差影响可忽略不计。通过 MTS-810 试验机，使用中点加载模具，图 8.1 为夹具和施加应力示意图。由于不同沥青用量（AC）和不同摊铺等待时间（T_w）下的混合料的性质是不一样的，试验对不同影响因素的小梁进行单次最大弯拉应力测试，为了配合后期的疲劳试验，抗弯拉强度试验在 15℃条件下完成，其结果如表 8.6 所示。

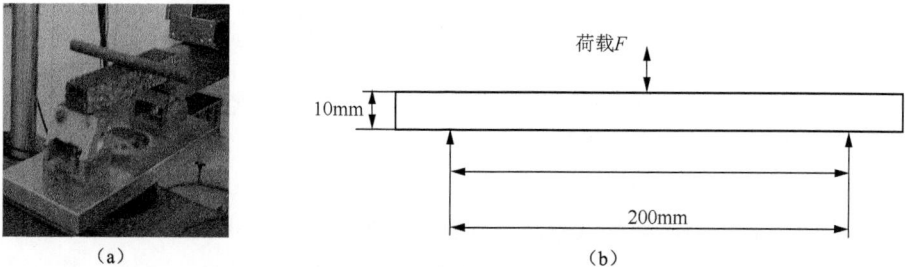

图 8.1　中点加载疲劳试验夹具和力学示意图

通过其抗弯拉强度可计算出其抗弯拉应力 σ。计算 σ 是因为即时应力比 σ_i/σ 是疲劳性能的影响因素之一，表 8.6 中 AC 即沥青用量，T_w 即摊铺等待时间，下同。

表 8.6　不同内部影响因素下的混合料小梁力学特征

AC/%	T_w/min	最大压力 P_B/kN	抗弯拉应力 σ/MPa	跨中挠度 d/mm	最大弯拉应变 /ε	弯曲劲度模量 S_B/MPa
5.0	0	4.34	10.416	0.1752	0.001314	7926.94
	30	4.36	10.464	0.1733	0.00129975	8050.78
	60	4.45	10.68	0.1788	0.001341	7964.21
	90	4.11	9.864	0.1611	0.00120825	8163.87
	120	3.23	7.752	0.1532	0.001149	6746.74

续表

AC/%	T_w/min	最大压力 P_B/kN	抗弯拉应力 σ/MPa	跨中挠度 d/mm	最大弯拉应变/ε	弯曲劲度模量 S_B/MPa
	0	4.55	10.92	0.2122	0.0015915	6861.45
	30	4.53	10.872	0.2328	0.001746	6226.8
6.0	60	4.62	11.088	0.2215	0.00166125	6674.49
	90	4.14	9.936	0.1923	0.00144225	6889.24
	120	3.18	7.632	0.1825	0.00136875	5575.89
	0	4.18	10.032	0.2522	0.0018915	5303.73
	30	4.23	10.152	0.2614	0.0019605	5178.27
7.0	60	4.22	10.128	0.2523	0.00189225	5352.36
	90	4.01	9.624	0.2113	0.00158475	6072.88
	120	3.16	7.584	0.2004	0.001503	5045.91
	0	4.18	10.14	0.2766	0.0018915	4303.73
	30	4.23	10.32	0.2714	0.0019605	4278.27
8.0	60	4.22	10.42	0.2713	0.00189225	4252.36
	90	4.01	9.38	0.2523	0.00158475	4572.88
	120	3.16	7.18	0.2251	0.001503	4145.53

　　分析表 8.6 中的弯曲劲度与沥青用量、摊铺等待时间的关系，可绘制出图 8.2 和图 8.3 所示的关系图。

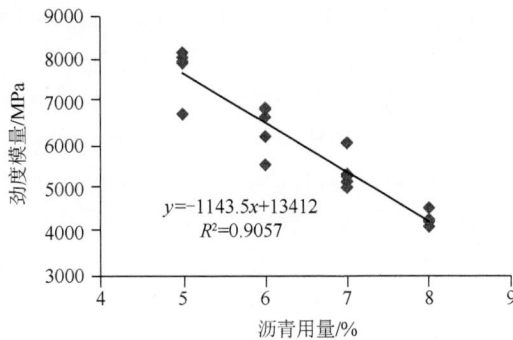

图 8.2　劲度模量随沥青用量变化图

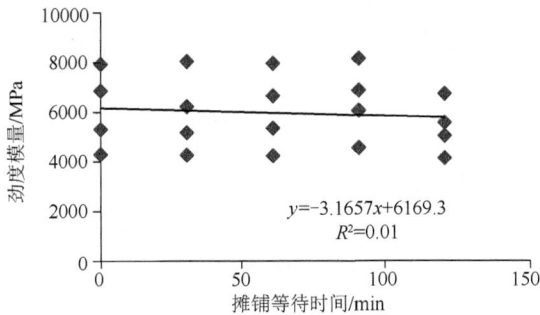

图 8.3　劲度模量随摊铺等待时间变化图

从图 8.3 中可以看出，劲度模量 S_B 与沥青用量有着很好的线性关系，但与摊铺等待时间的关系并不是很明显，但总体可以看出是一个下降的趋势。

2. 应力控制疲劳试验方案

可以考虑的影响因素有温度、加载频率、荷载大小，外部影响因素有加载应力比大小，我国规范[9]中容许拉应力指标采用的是 15℃的参考值，参照国内外的研究成果，本次小梁弯曲疲劳试验采用 15℃作为试验温度；加载频率方面，我国现行的"公路工程技术标准"规定高等级公路的计算行车速度范围为 60～120km/h，这里选取 80km/h 作为平均车速，根据车速与加载时间换算公式可知，加载时间为 0.014s，根据 Van der Poel 公式 $f=1/(2\pi t)$，加载频率为 10.4Hz，取整之后为 10Hz，加载波形为常见的半正弦波。荷载大小方面，导致疲劳破坏的车辆荷载多集中在较小的单次最大弯拉应力 σ 范围以内，即 0.5 倍以下，为了体现我国超载较多的情况，研究选取了 0.7 倍的情况，最终选取 0.3、0.5、0.7 三个倍数作为试验变量，这里的应力比即指 σ_t/σ。

环氧沥青混合料的内部影响因素有沥青与石料的品质、沥青用量、空隙率以及摊铺等待时间等，本书主要研究行为方程，能够反映在行为方程中的最主要的就是沥青用量的大小，根据之前的研究，沥青用量的增大有助于疲劳性能的提高，为了使方程更具有代表性，本次试验选取了四种沥青用量，即 5%、6%、7%和 8%；另外对于环氧沥青，摊铺等待时间是特别需要重视的因素，它影响着环氧沥青混合料的路用性能，也是一个综合指标[9]。另外，空隙率在许多研究中都被列为一个影响因素，但在矿料级配一定的情况下，空隙率的形成主要由沥青用量和施工质量决定，摊铺等待时间能够综合反映施工质量，所以在本次环氧沥青混合料的研究中不单列空隙率作为一个影响因素。

试验采用正交设计，正交设计如表 8.7 所示。在接下来的叙述中，将所选取的应力比在 0.3～0.7，沥青用量在 5%～8%，摊铺等待时间在 0～120min 的范围称为"既定条件范围"。

表 8.7　正交设计表

	因素	变化程度				
内部因素	T_w/min	0	30	60	90	120
	AC/%	5.0	6.0	7.0	8.0	—
外部因素	σ_t/σ	0.3	0.5	0.7	—	—

研究所选取的应力控制方法，疲劳破坏判断标准也较为直接：小梁完全断裂，承载力迅速下降。值得注意的是在试验结束时，需设定 MTS 压头下降自动停止程序，以保护夹具与仪器。

8.4.2　疲劳试验结果

由于采用的是应力控制，再者混合料小梁的稳定度很高，说明其具有很大的刚度，故疲劳试验结束条件选取以梁的完全断裂为标准。从图 8.4 中可以清晰地看出，试验结束后小梁已完全破坏，并且表现出十分刚性的破坏。

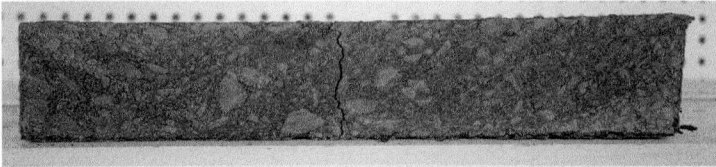

图 8.4　小梁疲劳破坏正面图

根据既定设置，记录整个试验过程的混合料疲劳破坏次数，试验数据如表 8.8 所示。

表 8.8　疲劳试验结果

编号	σ_t/σ	AC	T_w	疲劳次数	编号	σ_t/σ	AC	T_w	疲劳次数	编号	σ_t/σ	AC	T_w	疲劳次数
1			0	13330	21			0	5420	41			0	1180
2			30	13240	22			30	5330	42			30	1100
3		5.0	60	13020	23		5.0	60	5420	43		5.0	60	980
4			90	7630	24			90	4430	44			90	410
5			120	3330	25			120	3210	45			120	170
6			0	16230	26			0	7270	46			0	1490
7			30	16290	27			30	7390	47			30	1590
8		6.0	60	16280	28		6.0	60	7560	48		6.0	60	1550
9			90	8880	29			90	5280	49			90	860
10	0.3		120	4130	30	0.5		120	2370	50	0.7		120	230
11			0	20350	31			0	7020	51			0	1710
12			30	20830	32			30	7530	52			30	1610
13		7.0	60	20880	33		7.0	60	7580	53		7.0	60	1640
14			90	11210	34			90	6210	54			90	1020
15			120	4720	35			120	4320	55			120	250
16			0	20350	36			0	8020	56			0	1890
17			30	20830	37			30	8530	57			30	1860
18		8.0	60	20880	38		8.0	60	8580	58		8.0	60	1810
19			90	11210	39			90	7210	59			90	920
20			120	5820	40			120	3510	60			120	300

8.5　试验结果的分析与疲劳方程推导

8.5.1　单一因素的影响

根据试验结果，分别按三个应力比、四个沥青用量和五个摊铺等待时间与疲劳次数（N_f）的单对数作散点关系图，并采用最小二乘法对各个指标与疲劳次数的关系进行多项式、幂函数、指数函数以及对数函数的曲线拟合，得到最大的相关系数的曲线分别如图 8.5～图 8.7 所示。

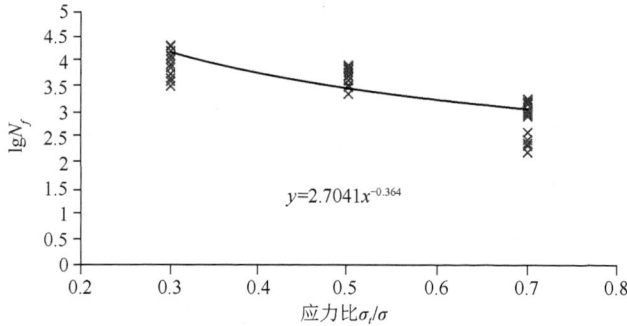

$$y=2.7041x^{-0.364}$$

图 8.5　疲劳寿命（对数）随应力比变化曲线

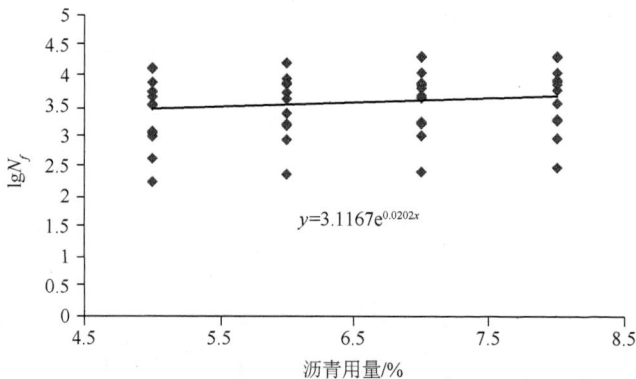

$$y=3.1167e^{0.0202x}$$

图 8.6　疲劳寿命（对数）随沥青用量变化曲线

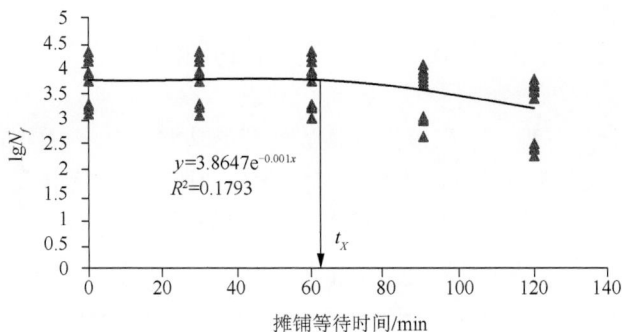

图 8.7　疲劳寿命（对数）随摊铺等待时间变化曲线

虽然三个曲线的相关系数并不是很高，但这是由同一横坐标下的变量过多造成的，故这并不影响曲线的拟合的大致走势。从上面三条曲线可以看出，疲劳寿命以 10 为底的对数与应力比呈幂函数关系，与沥青用量、摊铺等待时间都呈指数关系，则疲劳寿命也与之呈相应的关系，则可初步判断其疲劳寿命随应力比增大而减小，随沥青用量的增大而增大。值得注意的是，图 8.7 中，存在一个最佳的摊铺等待时间 t_X，在这个时间点之前，疲劳寿命基本变化不大，越过某个特定的时间点 t_X 之后随摊铺等待时间的增大而减小。关于 t_X 的研究，在文献[171]中有较为详细的论述。

8.5.2　疲劳方程的回归

对比 Harvey 等[32]对控制应变疲劳试验结果得到的回归方程，其方程在单因素（沥青用量、空隙率和应变大小）下的拟合关系分别为指数、指数、幂的关系，与本次研究得到的关系类似，（见图 8.5～图 8.7）基于此将由本次研究的三种单因素整合到一个公式中进行多维拟合，建立如式（8.1）所示的回归方程：

$$N_f = a \times 10^b \, \mathrm{e}^{cAC - dT_w} \left(\frac{\sigma_t}{\sigma} \right)^e \tag{8.1}$$

在后来的研究中，实施证明此类方程是比较有效的预估混合料疲劳寿命的方程形式，经过 1stOpt 编程拟合得到各个参数，结果如式（8.2）所示：

$$N_f = 2.412 \times 10^{2.442} \, \mathrm{e}^{0.144AC - 0.007T_w} \left(\frac{\sigma_t}{\sigma} \right)^{-2.044}, \qquad R^2 = 0.931 \tag{8.2}$$

其中，N_f 为疲劳寿命（次）；σ_t / σ 为应力比（无量纲）；AC 沥青用量（%）；T_w 为摊铺等待时间（min）；e 为自然对数的底。可见沥青混合料疲劳寿命与应变水平、沥青用量以及摊铺等待时间有较好的相关性，总体而言，在"既定条件范围"内，应力比越小，沥青用量越大，摊铺等待时间不超过某个特定的值则疲劳寿命越长。

8.6 行为方程的验证

作为疲劳行为方程，就应该具有预估疲劳的功能。以下按同样的方法成型小梁，设计了 12 组非常规点（其中包括 7 组超出"既定条件范围"）作为疲劳方程的验证试验，试验条件、参数和验证结果如表 8.9 所示。

表 8.9　验证试验结果

编号	超出方程验证范围	σ_r/σ	AC/%	T_w/min	弯曲劲度模量 S_B/MPa	计算疲劳次数 N_{fC}	实测疲劳次数 N_{fT}	计算值与实测值之差 $\delta=N_{fC}-N_{fT}$	差率 $V=\delta/N_{fC}$
A1	Exceeded	0.06	4.1	12	6926.94	348147.17	$>10^6$	—	—
A2	Exceeded	0.1	4.3	25	8050.78	115157.15	$>10^6$	—	—
A3	**Exceeded**	**0.23**	**4.8**	**35**	**7964.21**	**21027.51**	**25260**	**4232.49**	**0.17**
A4	Not	0.35	5.8	55	6363.87	8949.97	6230	−2719.97	−0.43
A5	No	0.42	6.4	61	6146.74	6445.52	6240	−205.52	−0.03
A6	Not	0.48	6.2	68	6461.45	4538.73	4720	181.28	0.04
A7	Not	0.55	6.3	70	6226.8	3437.66	3560	122.33	0.03
A8	Not	0.67	7.2	85	5374.49	2353.7	2100	−253.7	−0.12
A9	Exceeded	0.82	9.2	105	3189.24	1805.88	560	−1245.88	−2.22
A10	Exceeded	0.93	9.4	115	3275.89	1339.84	10	−1329.83	−132.98
A11	Exceeded	0.9	7.8	76	4303.73	1495.07	120	−1375.06	−11.45
A12	Exceeded	0.17	7.7	56	4926.94	51126.02	$>10^6$	—	—

从表 8.9 的差率值可以看出，大部分超出了"既定条件范围"的小梁疲劳寿命与计算值相差很远，仅有黑体字表示的 A3 号试件验算结果尚可接受。这是由于在很低（小于 0.2）的应力比和较高的沥青用量的情况下，环氧沥青混合料的疲劳性能十分优异，MTS 试验机极限疲劳加载次数为保护仪器而不允许过高的数值，环氧沥青混合料的室内疲劳寿命根本无法测得，并且沥青用量如果太高也会超出混合料的空隙率下限；另外，在应力比很高（大于 0.8）的情况下，试验机与夹具之间的应力集中会导致具有高模量的环氧沥青混合料发生瞬间脆断，而这种脆断不属于疲劳破坏的范畴；相反，没有超出"既定条件范围"的小梁试件的疲劳试验具有很好的复现性。

综合以上验证的情况可以看出，式（8.2）仍只适用于"既定条件范围"之内的疲劳次数预估。

8.7　泡沫环氧沥青

8.7.1　研发的背景

在上述 ChemCo 的环氧沥青的应用中可以看到，为了保证环氧沥青中固化体系充分发挥作用，此类环氧沥青混合料的出料温度必须保证在一定范围以内，如目前常用的国产环氧沥青为 110～121℃，且其混合料的初压必须紧跟铺装层的摊铺，初压温度不得低于 83℃，终压不得低于 66℃，由于温度可变范围较窄，施工过程中对温度的控制十分严格，这源自这类环氧沥青中固化体系的状态变化规律、黏度的时温变化等特性。现行的环氧沥青施工可操作时间太短，容易造成混合料的浪费，摊铺等待时间较短，也是导致许多施工质量问题凸显的原因。这是众多环氧沥青研究人员所共同研究的焦点问题。导致上述施工性能不足的最根本原因即环氧固化体系的固化温度限制过于严苛，即目前所应用的环氧沥青中的固化体系多为酸酐类、改性胺类，它们大都属于高温固化体系，相对于沥青混合料的温度变化范围，固化温度范围较窄，目前国内大多数施工和建设单位不愿意选用环氧沥青作为铺装的首选，除去成本因素之外，最为重要的就是施工工艺过于复杂，要求严苛，这是环氧沥青获得进一步推广的最大障碍，环氧沥青的施工性能问题亟待解决。

考虑到环氧沥青的 B 组分常温下的黏度较低，这一点符合沥青发泡的要求，为此，我们提出一种将其改性后并作泡沫化的处理，将其固化成分替换为可溶于水的亲水性胺类，且此类固化体系较之前的固化速度有所减缓。得到的泡沫环氧沥青则可以在较低的温度下裹附集料，有效降低施工温度，同时固化速度就会进一步降低，而随着水的排除，固化体系与环氧树脂反应深入进行，混合料的强度上升；由于允许水的进入，此环氧沥青即可降低施工工艺的难度，可有效减少材料的浪费和能源的消耗，进一步扩展环氧沥青混合料的施工工艺和使用范围，因此从市场或是技术方面考虑，进行泡沫环氧沥青的研究是十分必要的。

除此之外，泡沫环氧沥青还将具有很好的环境效益。温度的降低会带来节能减排、降低粉尘排放、降低 NO_x 的排放等效果。粗略估计能耗可降低 20%左右、主要污染物排放总量减少 10%。这也是贯彻落实科学发展观、建设资源节约型、环境友好型社会的必然选择；泡沫环氧沥青混合料技术的低能耗、低排放完全符合这个大趋势，具有很好的社会效益。

为了保证环氧沥青中固化体系充分发挥作用，混合料的出料温度必须保证在110～121℃，且其混合料的初压必须紧跟铺装层的摊铺，初压温度不得低于 83℃，终压不得低于 66℃。施工过程中对温度的控制十分严格，这源自环氧沥青以及混合料的状态变化规律、黏度的时温性等特性，它们决定着这类材料最终使用效果，是目前这类热固性材料成功应用的关键所在，现行的环氧沥青施工可操作时间太短，容易造成混合料的浪费，摊铺等待时间较短，也是导致许多施工质量问题凸显的原因。这是众多环氧沥青研究人员所共同研究的焦点问题。

泡沫沥青是一种较为廉价的改性沥青，它有着低排放、经济性优、早期强度高、环境污染少、储存性能好等特点，其关键技术在于将少量水加入沥青，或通过发泡设备，或使用亲水材料（如沸石）、潮湿的集料等，诱发沥青发泡，通过发泡形成的沥青膜结构来实现较低温度下对集料的裹附和降低沥青混合料操作温度。但泡沫沥青大多不能够使用诸如 SBS 改性或胶粉类改性沥青进行发泡，因为这类改性沥青黏度较高往往，发泡效果甚微，而单单采用基质沥青的泡沫沥青强度往往无法提高，故导致泡沫沥青技术大多只能运用在基层或是修补工程中，用途和用量受到极大的限制。

沥青发泡所要求的低黏度，与环氧沥青中的 B 组分不谋而合，环氧沥青的 B 组分在未与 A 组分融合之前，黏度是可控可调的，这一点奠定了环氧沥青发泡的基础，另外与环氧沥青类似，泡沫沥青适合采用连续型级配，在混合料设计上也不存在冲突，环氧沥青具有较高的强度和路用性能，正是补泡沫沥青的劣势所在，通过某种途径将环氧沥青与泡沫沥青进行复合改性，能够提高各方面的路用性能，实现在更低的温度和能耗下获取优质沥青路面的效果。且在此前的研究中进行了环氧发泡的相关试验，发现国产环氧沥青 B 组分针入度大和软化点低，完全符合机械发泡的要求，经过手工发泡试验，发现环氧沥青 B 组分在 170～200℃的高温下具有发微泡的能力。由于没有加压设备和搅拌不均，半衰期都较为短暂；但可以预见，在发泡机中，环氧沥青 B 组分定会达到预期效果。

然而，众所周知，泡沫沥青混合料虽然施工便捷，但其路用性能往往较差，尤其是水稳定性和耐疲劳性能。

8.7.2 材料与试验

1. 基质沥青

泡沫沥青对于基质沥青的要求并不十分特殊，满足标号且合格的基质沥青均可。考虑到工程实际情况，采用常用的某种国产 70#道路沥青，各项性能指标如表 8.10 所示（根据 JTG E20—2011 中规范要求所测）。

表 8.10　70#基质沥青性能基本指标检测结果

检验项目		检测结果	规范要求	试验方法
针入度（25℃，100g，5s）/0.1mm		71	60~80	T0604
软化点（R&B）/℃		49	≥46	T0606
密度/（g/cm³）		0.993	实测	T0603
延度（5cm/min，15℃）/cm		101	≥100	T0605
延度（5cm/min，10℃）/cm		25	≥20	
薄膜加热试验（163℃，5h）	质量变化/%	0.09	±0.8	T0609
	针入度比/%	67	≥61	T0604
	延度（15℃）/cm	24	≥15	T0605
	延度（10℃）/cm	6	≥6	

2. 石料

为使本试验具有一般性，本次试验骨料的选择采用的是市场上较为常见的几种路用材料。粗集料（>2.36mm）采用花岗岩，细集料（0.075~1.18mm）采用玄武岩（以后章节若无特殊说明均采用此类集料与基质沥青）。

表 8.11 和表 8.12 所示为试验材料的性能指标。

表 8.11　集料密度

粒径/mm	0~3	3~5	5~10	10~16
密度/（g/cm³）	2.875	2.882	2.891	2.910

表 8.12　集料性能指标

试验项目	指标	玄武岩	石灰岩
石料压碎值/%	<28	15.6	
洛杉矶磨耗值/%	<30	16.5	
针片状含量/% 粒径在 4.75~13.2mm	<20	8.8	
砂当量（粒径小于 2.36mm）/%	>60	87	
棱角性（粒径在 2.36~4.75mm）/% 粒径在小于 2.36mm	>30	55.8 45.6	

3. 环氧树脂

环氧树脂（epoxy resin）是一类树脂的统称，它是指分子式内含有两个或两个以上的环氧基—CH（O）CH—的化合物。以脂肪族、指环族或芳香族等有机化合物为骨架并能通过环氧基团反应形成有用的热固性高分子低聚体（oligomer）产物，当聚合度为零时，称为环氧化合物（epoxide），包括这些低分子量的或高分子量的具有环氧树脂基本属性的统称为环氧树脂。最典型的环氧树脂结构式如图 8.8 所示。

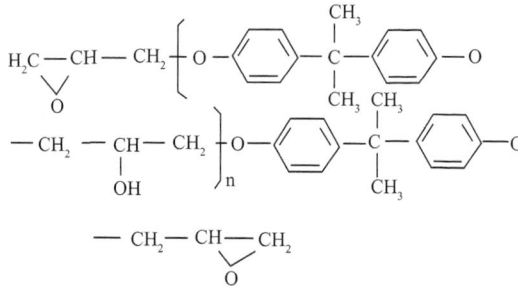

图 8.8　典型的环氧树脂结构式[172]

正是因为环氧树脂的定义十分宽泛，环氧树脂的分类也相当丰富。根据其结构式的变化以及结构式中聚合程度的不同，可划分为双酚型缩水甘油醚环氧树脂、多酚型缩水甘油醚环氧树脂、脂肪族缩水甘油醚环氧树脂、缩水甘油酯型环氧树脂、缩水甘油胺型环氧树脂、环氧化烯烃化合物、杂环型和混合型环氧树脂、阻燃性环氧树脂和水性环氧树脂等。

在环氧树脂方面，本次研究选用双酚 A 型环氧树脂，又称为二酚基丙烷缩水甘油醚。因为它的原材料易得、成本最低，产量最大，在我国约占环氧树脂总产量的 90%，在世界占环氧树脂总产量的 75%～80%。双酚 A 型环氧树脂也有多种型号，本次研究选用型号为 E-51 的一种，它由二步法生产，副反应少，质量好且稳定，产率高。图 8.8 的环氧树脂结构式即为 E-51 的结构式，从图中可以分析出 E-51 中各官能团所具有的大致特性。

（1）大分子的两端是有反应性很强的环氧基。

（2）主链上有许多醚键，随着 n 值的增大形成线性聚醚结构，由醚键的性能可知 E-51 也具有很强的耐药品腐蚀性。

（3）长链上有规律地、相距较远地出现许多仲羟基，是一种长链多元醇结构，这使得 E-51 能够有很强的反应接著性。

（4）主链上大量的苯环、次甲基和异丙基使得 E-51 具有很强的耐热性与韧性。

4.　固化剂

环氧树脂本身没有任何优良的力学性质，只有在酸性或碱性固化剂作用下，环氧树脂中的环氧基完成开环反应，形成网状立体结构的大分子，才能体现出优异的性能。所以固化剂是环氧体系中最关键的一个环节，之前提到的顺酐也是固化剂的一种。环氧树脂固化剂按固化反应机理可分为加成型固化剂、催化性固化剂、缩聚交联固化剂和自由基引发剂。按分子的结构划分，碱性固化剂有多元胺、改性脂肪胺、胺类加成物；酸性固化剂有酸酐类；合成树脂类，有含活性基因的聚酰胺、聚酯树脂、酚醛树脂等[172]。

影响固化剂选择的因素有很多，但以满足以下要求为原则。

（1）生产固化物后在改性沥青混凝土中能形成足够的强度，亦为最基本要求。

（2）整个固化反应所需的条件能够与沥青混合料拌和、施工、摊铺的工艺过程相贴合，并且在常温下能持续固化反应，达到初始强度的时间不超过 3～4 天。若在高温下拌和，至少应保证两个小时的施工适用期。

（3）材料应无毒或毒性极低，需做到不影响相关人员的身体健康。

（4）固化剂的供给方便，能够保证持续供应和价格合理[162]。

（5）固化温度需在常温～180℃，即拌和时固化反应开始，一直需持续到开放交通[171]。

（6）考虑到露天摊铺施工的需要，固化剂的吸湿性不能过于强烈，本书推荐在 24h 内没有明显结晶析出的固化剂为宜。

5. 泡沫沥青中的环氧体系

由于泡沫沥青混合料的所有操作均在有水的环境下进行，这里需考虑到环氧固化物与水的结合问题。与普通的环氧沥青一样，其中存在如下过程：固化剂与环氧树脂反应、功能聚合物与环氧树脂反应、乳化剂与环氧树脂反应，反应产物间交织互联，固化物体系很快从二维平面结构转变为三维立体型结构并形成强度。而环氧树脂、固化剂的亲水性决定了泡沫沥青的发泡效果和使用性能。环氧树脂与固化剂常见的选择有两种：①水性环氧树脂+普通固化剂；②油性环氧树脂+水性环氧固化剂。

从试验角度来说，水性环氧树脂需要先进行乳化处理，与沥青的乳化类似，是通过离子型（多为阳离子）乳化剂将树脂乳化，再加入水进行搅拌制得。然而这类水性环氧树脂往往价格昂贵，乳化之后的成本往往提高了 3～4 倍，而在固化体系中，环氧树脂的用量比重往往较大，由于这种做法通常用在水性环氧地坪、涂料等方法当中，用在材料需求量更大的路面工程中显然不合时宜。油性环氧树脂价格低廉，而水性环氧固化剂的制作成本仅较普通固化剂高出 10%～30%，是可以接受的范围。

6. 添加剂

添加剂分为填料和可进行化学反应的促进剂。在东南大学所研制的环氧沥青中，通常会采用马来酸酐对沥青进行酸酐化处理，进而使得沥青的组分如一些沥青质或胶质分子上加入酸酐基团，因此，可以在后续的每组环氧沥青固化试验前，均用一种具有水溶性的酸酐对沥青进行酐化处理，同时酸酐是环氧化工上用的增韧剂，能够有效增强环氧树脂的可塑形，同时可与环氧键产生开环反应，达到一定的固化效果。不过这种固化反应过程十分缓慢，可以在使用期内逐渐加强沥青混合料的使用性能。在接下来的试验中，均将此产品加入基质沥青，将沥青进行一定程度的酸酐化处理。

1）促进剂

本次试验选用的某些固化剂在常温下虽然和环氧树脂能发生固化反应，但反应速度慢且不完全，后固化周期长。如果提高固化温度，反应加速进行，120℃固化 2h 后，就相当于室温固化 7～15 天。为了缩短工期，提早开放交通，环氧树脂混凝土铺装完成后要求其能在常温快速固化，那么就需要在体系内加入少量促进剂来缩短其固化期。更为重要的一点，促进剂的加入可以使得固化速度得到控制，计算促进剂掺量的多少，可以调节出理想的固化速度，以满足施工拌和与运输的要求。

本书选用了某种叔胺固化剂作为 Z2 的促进剂，其他三种没有选用促进剂。叔胺固化剂本身可单独作为环氧树脂固化剂，还是脂肪多元胺、芳香族多元胺、聚酰胺及酸酐等固化剂的反应促进剂。叔胺类化合物胺值较高，固化过程放热剧烈，放热后温度升高进一步又促进固化反应的进行。随着添加量的逐步增加，环氧树脂固化物凝胶时间缩短速率加快。若环境温度较高、配胶量较大时，凝胶时间就会变得更短。用量过多，凝胶时间太短，就会导致无法正常施工，所以其用量要严格通过试验来确定[172]。

2）增韧剂

无论环氧沥青还是环氧沥青混合料，拥有很高的强度的同时也会表现出很大的刚度，缺乏柔韧性，根据此前的分子空间结构分析知道，双酚 A 型环氧树脂在固化剂作用下，所获得的固化产物是具有较高交联密度的三维网状结构，结构中每个环节的自由度都十分有限，所以固化产物延伸率低，脆性较大，抗冲击性能及弯曲性能差，当黏接部位承受外力时很容易产生裂纹并迅速扩展，导致胶层开裂；不耐疲劳，不能用做结构黏接。因此必须设法降低脆性，增加柔韧性，提高承载强度[172]。

凡能降低脆性，增加韧性，而又不影响胶黏剂其他主要性能的物质，称为增韧剂。增韧剂一般都含有活性基团，能够与树脂发生反应，改善韧性，可使冲击强度成倍或几十倍增长，伸长率也明显增大，然而往往不可避免地使模量、热变形温度等一些性能有所下降，因此在增韧的同时，必须防止过分地影响刚性，要精心设计配方，使二者综合平衡，才能达到预期的效果。

本章的设计中选用了一种脂肪胺作为其增韧剂。

7. 级配

任何混合料,级配的影响都是举足轻重的。而在常规的泡沫沥青与环氧沥青均可适用于连续型密级配。级配问题曾严重影响着环氧沥青混凝土的抗滑性能,且亦出现过多次早期破坏。但本节不再对级配进行更深入的探讨,均选用连续型级配,本次试验用级配选用 AC13 型密级配,如表 8.13 所示。

表 8.13　AC13 混合料配合比

粒径/mm	16	13.2	9.5	4.75	2.36	1.18	0.6	0.3	0.15	0.075
通过率/%	100	92	71	50	33	20	14	9	7	5

石料在 100℃烘箱保温 3h,B 组分沥青在 140℃沥青罐中保温 2h,矿粉不加热,A 组分（环氧树脂）在 50℃烘箱保温 1h。发泡时,水量 2%。在混合料拌和之前,利用维特根产 WLB10 型发泡机进行 B 组分的发泡,并在短时间内迅速完成拌和。

由图 8.9 可以看出,环氧沥青 B 组分由于其低黏度,可以顺利地进行发泡、且最终的半衰期可达 11s,膨胀率可达 12 倍,完全能够满足使用要求。在进行与石料的完全裹附之后,加入的流淌性较好环氧树脂经过浸润与混合料融合,可使得固化剂与树脂最终能够相遇结合。

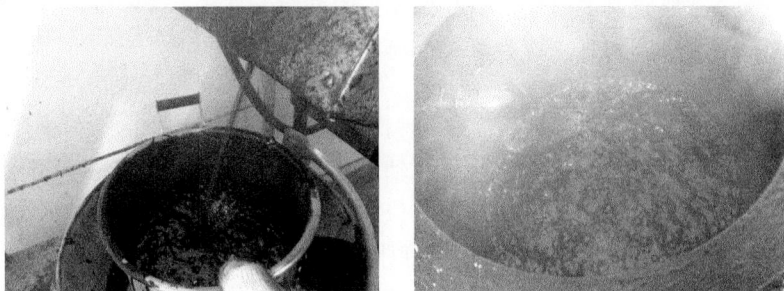

图 8.9　B 组分的发泡效果

通过加入适量的固化剂与添加剂后,沥青组分的黏度会发生改变,而黏度的变化会影响发泡的效果,因此进行 B 组分黏度的检测,如表 8.14 所示。

表 8.14　泡沫环氧沥青 B 组分黏度

温度/℃	黏度/（MPa·s）
60	1147.2
70	651.4
100	143.5
120	98.2

根据研究可知，当达到 100MPa·s 以下时，可顺利地进行发泡处理。因此选择在 120℃情况下进行发泡。根据施工技术规范，在 150MPa·s 左右拌和最佳，故在 100℃情况下进行拌和将是合理的选择。

按表 8.13 级配进行马歇尔试件成型，每组成型 5 个试件，其中一个用来进行空隙率检测，其余 4 个试件进行马歇尔试验，均值和变异系数均取自 4 个马歇尔试件的稳定度试验。

试验结果如表 8.15 所示。

表 8.15　马歇尔试验结果

B 组分固化剂	试件个数	空隙率/%	平均稳定度/kN	变异系数	流值/0.1mm	变异系数
B	5	5.6	13.72	2.87	41.5	3.78
5a	5	6.7	12.25	3.12	40.2	3.25
7a	5	5.5	15.71	2.18	34.2	3.61
H	5	4.1	26.12	3.41	32.22	4.27

可见并不是所有固化剂均适合环氧发泡，仅仅达到 10～15kN 的稳定度是不能达到要求的。当达到 26kN 时，能够远远超出一般沥青混合料，才会使得成本增加的有价值体现，因此选择 H 固化剂继续进行下面的试验。另外，由试验结果可见，此拌和方法温度较低，且强度较大，相对于传统热拌热铺材料，在拌和、摊铺及碾压时需要较高的温度，生产和施工的过程，消耗大量能源，沥青热老化，排放出大量的废气和粉尘，影响环境和施工人员的身体健康。泡沫环氧沥青混合料具备如下特点。

（1）低沥青混合料生产和施工温度为 30～50℃，可以节约能耗 20% 以上，减少振动压路机使用时对桥梁和沿线建筑结构的影响。

（2）少排放量。温拌沥青混合料可以大幅度减少沥青混合料拌和过程中的气体排放物种类和排放量，一般拌和温度每降低 10℃，沥青烟雾和 CO_2 的排放量会随之减半，减少了气体排放，一般可以节省沥青拌合楼 30%～50% 的间接成本，降低有害气体对施工人员的伤害。

（3）延长沥青路面施工期、扩大应用范围。由于泡沫环氧沥青混合料施工温度比热拌沥青混合料低，因此在环境温度较低和温度损失较快时，温拌沥青混合料具有很大的应用优势，从而大大延长沥青路面的施工期，甚至可以进行冬季施工；温拌沥青混合料较低的拌和、摊铺和碾压温度特别适合于沥青混凝土在隧道路面中的应用。

（4）可进行旧料回收，现场再生，为今后的路面改造提供了很好的施工工艺。

可以理解为这类泡沫环氧沥青属于温拌的范畴，相对而言，目前常见的温拌技术包括如下。

（1）泡沫沥青温拌技术（WMA-Foam）。它是由英国 Shell（壳牌）公司和挪威 Kolo-Veidekke 联合开发并拥有专利的一种两阶段法生产温拌沥青混合料的技术，该技术首先采用软质沥青与石料拌和，拌和温度控制在 110℃左右[24]。

（2）沸石（Aspha-Min）降黏技术。这种技术的施工温度可降低 30℃左右，并且生产温度每降低 12℃，耗能将减少约 30%。所有的结合料无论沥青还是聚合物改性结合料以及回收沥青都能够使用 Aspha-Min[24]。

（3）使用沥青流动性改性剂（如 Sasobit-费托石蜡）技术，Sasobit 是南非 Sasol Wax 的产品，Sasobit 能通过化学反应来减小沥青混合料的黏性，降低生产温度 18～54℃ [24]。

（4）乳化沥青温拌技术（Evotherm），这种方法是美国 Meadwestvaco 公司正在进行研究的基于乳化沥青分散技术的 Evotherm 温拌沥青混合料。该技术采用一种特殊的乳化沥青替代热沥青实现温拌，其生产工艺与热拌沥青混合料基本相同。在拌和过程中乳化沥青中的水分以水蒸气的形式释放出去，拌和后的温拌沥青混合料从外观上看其裹附和颜色与热拌沥青混合料相类似[173]。

虽然以上温拌沥青各有优点，但也不可避免地会存在以下问题。

黏结强度不高，抗剪切性能不强，容易诱发高温车辙；温拌沥青混合料制备过程中石料加热温度较低，这样石料中水分不能完全排除，滞留在石料中的水分容易聚集在石料与沥青表面，诱发水损害；还有最关键的一点是国内温拌沥青不够成熟，许多技术都是国外专利，使用成本居高不下。

本次试验开发的 H 固化体系与沥青搅拌在一起后，B 组分常温有很微弱的流动性，根据拌和最佳黏度 170MPa·s，可以推算 H 最佳拌和温度在 100℃左右，考虑到将要加入冷环氧树脂，拌和温度推荐 105℃，较 HMA 降低了 60℃左右。H 初步的常温胶凝时间为 5h，进一步需用在 0℃以上的温度都可以缓慢固化 90～120 天；H 为水性改性胺类固化剂，吸湿性不如酸酐固化剂，这样使得 H 环氧沥青既可在低湿度环境下施工，也可在高湿度环境下施工，而且 H 混合料拌和时基本无废烟产生。这说明 H 既满足上述温拌沥青的特点，又能解决上述一般温拌沥青强度上不足的问题。

8.7.3 固化过程的针入度评价

众所周知，将环氧树脂与固化剂搅拌在一起后两者即会发生固化反应，从反应开始到形成施工可控制黏度之间的这段时间称为适用期。不同的固化体系有不同的适用期，即可供施工的有效时间。将环氧技术应用到沥青中也会存在同样的问题。

美国的环氧沥青技术规范要求在 100℃且不断搅拌的情况下环氧沥青结合料的黏度增加到 1000cps 的时间要大于 50min。然而，为了保证环氧沥青中固化体系充分发挥作用，环氧沥青混合料的出料温度必须保证在一定范围以内，如目前常用的国产环氧沥青为110～121℃，且其混合料的初压必须紧跟铺装层的摊铺，初压温度不得低于83℃，终压不得低于66℃，由于温度可变范围较窄，施工过程中对温度的控制十分严格，这源自这类环氧沥青中固化体系的状态变化规律、黏度的时温变化等特性。现行的环氧沥青施工可操作时间太短，容易造成混合料的浪费，摊铺等待时间较短，也是导致许多施工质量问题凸显的原因。这是众多环氧沥青研究人员所共同研究的焦点问题。

图8.10给出了美国ChemCo环氧沥青A、B组分拌和后黏度的增加情况[171]。从图中还可以看出，ChemCo环氧沥青前50min的黏度变化很小，超过50min后的黏度随时间增加较大，当环氧沥青的黏度增加到1000cP①后，黏度随时间的变化增加更快，说明该环氧沥青的性能在超过这一时间段后变化较快，在化工原理上称黏度变化不明显的这个时间段为适用期，在道路沥青上称为施工可操作时间，过了这段时间后，环氧沥青混合物就开始固化，这也是环氧沥青混合料时间和温度要求严格的原因。

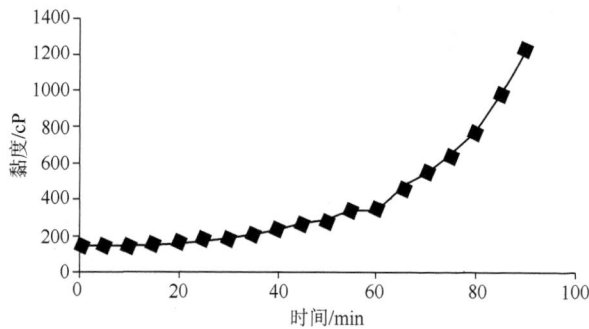

图8.10　美国ChemCo环氧沥青黏度变化曲线[174]

本节的目的是想通过测黏度来测出固化过程中强度形成及最终达到完全固化的时间（即施工可操作时间）。

为了试验的方便和排除其他因素的影响，本次试验仅作了结合料的黏度变化分析，除去了石料的裹覆性，即考察B组分与A组分拌和过程中黏度的变化。

黏度试验常用布氏黏度仪测量[175]，但环氧沥青的特殊性是不适宜用布氏黏度测量的，因为布氏黏度测量需要将沥青浇到试验筒内，而环氧沥青会在高温保温的过程中与环氧树脂发生不可逆过程的环氧固化物，不仅毁坏了试模，还导致无法精确测出其黏度。所以在考虑黏度与针入度有很好的相关性后，试验采用了测针入度的方法，以达到把握和控制胶凝速度的目的。

---

① 1 cP=10^{-3}Pa·s

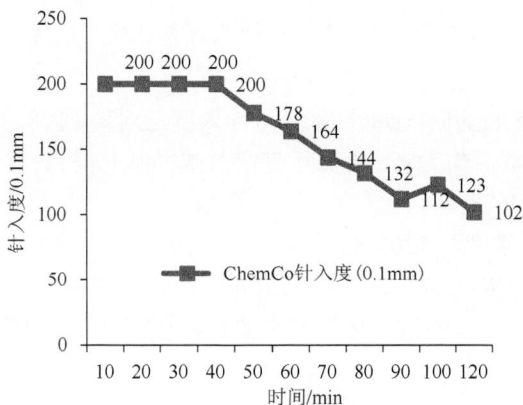

图 8.11　本次试验 ChemCo 环氧沥青 120℃针入度变化图

根据针入度-黏度指数，有[175]

$$\text{PVN}_{25-135} = \frac{\lg L - \lg B}{\lg L - \lg M} \times (-1.5) \tag{8.3}$$

其中，$\lg L = 4.25800 - 0.79674 \lg P_{25}$；$\lg M = 3.4289 - 0.61094 P_{25}$。可以推出

$$\lg B = 4.258 + 0.53\text{PVN} - 0.53116 \lg P_{25} \times \text{PVN} - 0.40729 P_{25} \times \text{PVN} - 0.79674 \lg P_{25} \tag{8.4}$$

设 B' 为 120℃黏度（单位：MPa·s），$T_2 = 25$，$T_1 = 120$（单位℃），又根据黏温曲线有

$$\text{VTI}_1 = \frac{\lg B - \lg B'}{T_2 - T_1} \tag{8.5}$$

可得

$$\lg B' = 4.258 + 0.53\text{PVN} - 0.53116 \lg P_{25} \times \text{PVN} - 0.40729 P_{25} \times \text{PVN}$$
$$- 0.79674 \lg P_{25} - 15\text{VTI}_1 \tag{8.6}$$

根据针入度指数的公式：

$$\lg P = AT + B \tag{8.7}$$

有

$$\text{PI} = \frac{\lg P_{25} - \lg P_{25}}{120 - 25} \tag{8.8}$$

$$\lg P_{25} = \lg P_{120} - 95\text{PI} \tag{8.9}$$

$$P_{25} = e^{\lg P_{120} - 95\text{PI}} \tag{8.10}$$

将式（8.7）、式（8.8）代入式（8.4）有

$$\lg B' = (4.258 + 0.53\text{PVN} - 15\text{VTI}_1 - 0.5311\text{PVN} \times 95\text{PI} - 0.79674 \times 95\text{PI})$$
$$- (0.53116\text{PVN} + 0.79674) \lg P_{120} - 0.40729\text{PVN} \times e^{\lg P_{120} - 95\text{PI}} \tag{8.11}$$

用 a、b、c、d 取代式（8.11）的常数部分，得到

$$\lg B' = a - b \lg P_{120} - c \, e^{\lg P_{120}} \tag{8.12}$$

令 $\lg B'=y$，$\lg P_{120}=x$，可以得到 120℃针入度与 120℃黏度的双对数方程为

$$y = a - bx - ce^x \tag{8.13}$$

从图 8.10 和图 8.11 相同时间的黏度与针入度三对值（178，300）、（144，590）、（132，790）分别取对数后作为 y、x 的实际值代入式，回归分析计算得到 a=12.78777，b=5.791225，c=-0.28678；

最终得到 120℃黏度与 120℃针入度的关系为

$$\lg B'=12.78777-5.791225\lg P_{120}+0.28678\,e^{\lg P_{120}} \tag{8.14}$$

图 8.12 列出了本次试验泡沫环氧沥青的针入度变化，其中保温温度为 100℃。

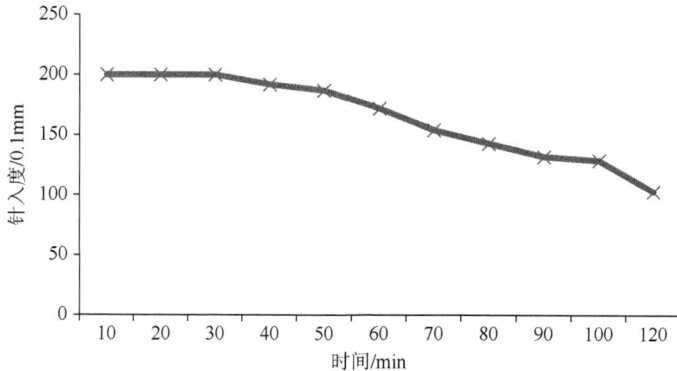

图 8.12　泡沫环氧沥青针入度变化图

根据试验规程[9]，当使用石油沥青时，宜以黏度为（0.17±0.02）Pa·s 时的温度作为拌和温度范围；以（0.28±0.03）Pa·s 时的温度作为压实成型温度范围。

图 8.12 中的 200（0.1mm）针入度是为了绘图方便假设的，但并不是真正的 200，三条线的针入度测试值基本上都是 20min 之后的才有效。

由图 8.12 可以看出，泡沫环氧沥青的针入度没有发生突变，一直相对平稳而且针入度很高。根据钢桥面铺装施工的经验与一些技术规范——黏度增至 1Pa·s（121℃）的时间≥50min，从式（8.12）可以计算得出，B'=1000 时的针入度 P_{120}=115.4，由于针入度测量的误差性的存在，黏度为 1000cP 时，真正的针入度在 115.4±15 都是可取的范围。故泡沫环氧沥青的固化温度不仅较低，而且施工可操作时间也比较宽松，但它不适合桥面铺装，适用于其他用途。

8.7.4　固化剂与添加剂配比的黏度评价

本节讨论与计算固化剂与添加剂在 B 组分中的用量。本书的设想根据其流动性对加入沥青中后对整体黏度的变化来决定其用量。

采用的三种固化剂的最佳固化温度分别为 120℃与 80℃，故 B 组分与 A 组分拌和时的温度也应为 120℃与 80℃，根据我国规范要求的施工要求拌和黏度

为 0.28Pa·s[9]，因此通过固化体系掺量的调整使其在最佳固化温度时达到最佳拌和黏度。

常温下试验采用的添加剂酸酐为固态，先将其与基质沥青进行拌和，水性环氧树脂固化剂均是液态，已通过添加 1∶1 计量的水使之常温黏度保持在 5～50MPa·s，根据交通部公路工程沥青及沥青混合料试验规程（JTG E20—2011）中T0722—2000 要求的施工要求拌和黏度为 0.29Pa·s。因此通过调整固化剂掺量使其在最佳固化温度时达到最佳拌和黏度。原料为 70#基质沥青与酸酐。表 8.16 所示为试验数据。

表 8.16　固化剂掺量与 B 组分黏度变化

固化剂占 B 组分的比例/%	H 120℃viscosity/（MPa·s）
8	823
10	768
12	633
14	547
16	519
18	428
20	332
22	294
24	—

由表 8.16 可知，根据黏度判断，固化剂掺量为 22%。

8.8　泡沫环氧的应用

8.8.1　配合比设计

按常见的温拌沥青技术，采用马歇尔设计方法，本设计也不例外。根据JTG F40—2004 规范要求取 AC13，采用较细的级配[9]，表 8.17 为本书选取一种AC13 的级配。

表 8.17　AC13 混合料配合比

粒径/mm	16	13.2	9.5	4.75	2.36	1.18	0.6	0.3	0.15	0.075
通过率/%	100	92	71	50	33	20	14	9	7	5

根据泡沫环氧沥青和黏度变化的特点，拌和时石料与矿粉温度为 115℃，泡沫沥青温度为 100℃，环氧树脂不用加温在条件允许下稍微加温。

目标空隙率为 4%。现选取三种油石比为 6.0%、6.5%、7.0%，然后用马歇尔击实成型，空隙率计算结果如表 8.18 所示。

表 8.18　油石比确定

沥青用量/%	干重/g	水中重/g	表干重/g	毛体积密度 /（g/cm³）	最大理论密度 /（g/cm³）	空隙率/%
6.0	1203.6	732.3	1207.8	2.531	2.648	4.3
	1204.9	733.9	1208.7	2.538	2.648	
	1201.8	730.5	1205.0	2.533	2.648	
			均值	2.534		
6.5	1208.5	736.6	1211.1	2.547	2.644	3.6
	1209.5	736.8	1211.3	2.549	2.644	
	1208.9	737.0	1211.5	2.548	2.644	
			均值	2.548		
7.0	1215.6	743.9	1218.6	2.561	2.640	2.9
	1218.2	746.4	1221.3	2.565	2.640	
	1215.4	745.1	1219.1	2.564	2.640	
			均值	2.563		

试验最终选取 6.2%为最佳油石比。

8.8.2　泡沫环氧沥青的疲劳性能检测

试验根据之前的马歇尔设计方法确定的级配与油石比，成型了 12 个泡沫混合料的马歇尔试件，下面是本次试验泡沫混合料的马歇尔试验结果，如表 8.19 所示。

表 8.19　泡沫混合料马歇尔试验值

放置时间/h	试件个数	平均稳定度/kN	变异系数	流值/0.1mm	变异系数
12	12	10.22	4.72	20.53	4.13
24	12	17.26	3.25	19.4	3.51
48	12	26.18	3.71	17.1	3.11

从表 8.19 可以看出，随着时间的增加，泡沫环氧沥青混合料马歇尔试件的强度在增加。而当固化时间不够时，其稳定度与流值数据的变异性均较大，说明在沥青形成强度后，不同固化程度下的试件马歇尔强度体现得不稳定，泡沫环氧沥青在 12h 即能达到 10.22kN 的稳定度，实际在此时间下已经达到普通沥青的水平，

若在通车条件严苛的情况下，可适当放行车辆，在有条件的地区，可继续交通管制直至固化完成。

据固化体系固化条件要求，此类改性胺的完全固化时间长达数周，且作为添加剂的酸酐类的固化时间更长，由于时间有限，这里测得的马歇尔强度以及下面的检测结果都是在室温下固化了 12～48h 的效果，但都是满足 JTG F40—2004 的要求，故未测其完全固化后的强度。待下一步的测试可以检测其完全固化后的效果。

泡沫环氧沥青用油量小，再者泡沫环氧沥青混合料由于温度较低，沥青的裹附性能没有热拌沥青混合料体现那样完全，因此就有必要检测其抗水损害性能。本次研究采用冻融劈裂试验作为水稳定性检测试验。

冻融劈裂试验方法与前面几章相同，这里不再赘述，表 8.20 所示为试验结果。

表 8.20　泡沫混合料冻融劈裂值

未冻融循环/kN	均值/kN	冻融循环/kN	均值/kN	TSR/%
11.20		10.55		
12.37	12.11	11.29	11.13	91.9
12.15		11.31		
12.72		11.40		

91.9%的 TSR 说明泡沫环氧沥青混合料具有很好的抗水损害性能。

由于泡沫环氧沥青混合料用做大面积铺面应用，与普通热拌沥青混合料同样会面临高温车辙问题[175]，温拌沥青由于其黏度较低，随着温度的升高，沥青黏度会降低，就应该更加注意路面高温稳定性。表 8.21 和表 8.22 所示分别为车辙试验数据和力学强度数据。

表 8.21　泡沫混合料车辙试验结果

动稳定度/(次/mm)	永久变形/mm	相对变形/%
7843	2.432	5.15

从试验结果可以看出，泡沫环氧沥青混合料马歇尔稳定度、冻融劈裂强度以及车辙动稳定度均远远超过 JTG F40—2004 的要求。

表 8.22　各种环氧沥青混合料力学强度

混合料类型	最大压力 P_B/kN	抗弯拉应力/MPa
泡沫环氧沥青	0.83	1.994

表 8.23 展示了应力控制疲劳试验结果。可见泡沫环氧沥青混合料已可以应对常规应力比情况下的疲劳破坏，在高应力比下的疲劳性能还有待提高。

表 8.23 泡沫环氧沥青混合料疲劳试验结果

混合料类型	应力水平	弯拉应力/MPa	疲劳寿命/次	有效试件个数	平均疲劳寿命/次	变异系数/%
泡沫环氧沥青	0.9	1.895	61	4	60.8	3.65
			68			
			70			
			59			
	0.8	1.765	348	4	395.6	3.84
			378			
			421			
			392			
	0.7	1.496	2017	4	1926.8	5.57
			2042			
			1923			
			1805			
	0.6	1.396	4636	4	4440.8	5.16
			4452			
			4812			
			4652			

将试验结果通过散点图表示为图 8.13。

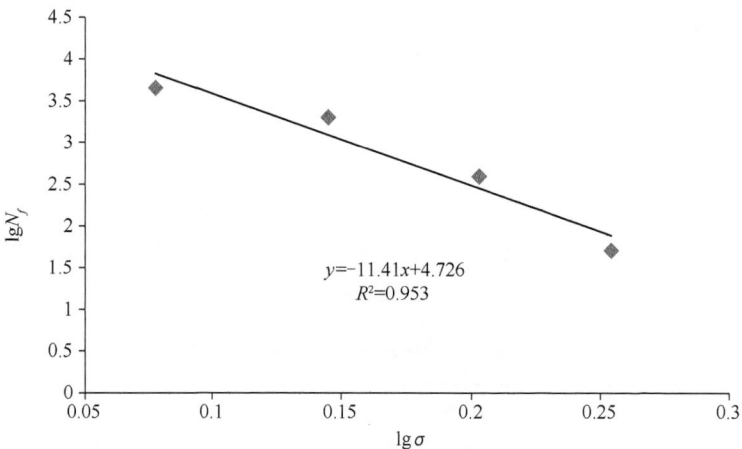

$$y = -11.41x + 4.726$$
$$R^2 = 0.953$$

图 8.13 泡沫环氧沥青混合料双对数疲劳曲线

从数据拟合的情况可以看出，泡沫环氧沥青混合料的疲劳寿命与每个应力水平在双对数坐标下满足良好的线性关系。截距 a 即疲劳次数对数的理论最大值为 0.411，荷载敏感性系数 b 的绝对值为 0.085。

8.8.3　关于泡沫施工建议

建议施工泡沫环氧沥青混合料生产应严格控制出料温度在最佳拌和温度范围内。最佳拌和温度为 95～110℃。这样能使泡沫沥青的发泡效果更佳，在拌和时更加均匀，发泡效果越好，用油量越低。

在施工过程中在最佳现场运输的保温方式下，泡沫环氧沥青混合料最低摊铺温度为 56℃，在有油毡布保温的情况下，可供摊铺等待的时间总计为 6h。

作为一种高强度的温拌材料，由于时间关系泡沫环氧沥青尚有许多未考虑周全的方面，如后期强度、耐候性能、铺面的抗滑性能以及与其他级配的适用性等还有待深入研究。

8.9　本 章 小 结

本章主要阐述和研究了两类环氧沥青混合料的疲劳性能：一类为市面上常见的美国 ChemCo 公司产环氧沥青混合料；另一类为自行研发的可发泡的泡沫环氧沥青，这两类环氧沥青性质、用途、施工工艺不一样，为此本章分别进行了研究。结果表明，对于 ChemCo 公司产环氧沥青混合料，应变控制小梁疲劳试验的进程和结果都无法控制，数据离散，不适合评价环氧沥青混合料；以下结论均根据应变控制试验得来，疲劳寿命与上述三个影响因素的关系分别为：随应力比增大而减小，随沥青用量的增大而增大，越过某个特定的时间点之后随摊铺等待时间的增大而减小，疲劳寿命以 10 为底的对数分别与三个因素呈幂函数、指数和指数关系；多维拟合后的疲劳行为预估方程为 $N_f=2.412\times10^{2.442}\times e^{0.144AC-0.007T_1}\times(\sigma_t/\sigma)^{-2.044}$；并经过验证，此方程的适用范围限于应力比在 0.3～0.7，沥青用量在 5%～8%，以及摊铺等待时间在 0～120min。

（1）环氧沥青混合料具有很高的劲度模量，经过初步试验亦验证了应变控制疲劳试验是不可取的。

（2）环氧沥青混合料小梁的力学性质方面，抗弯拉应力与沥青用量的变化的关系并不是很明显，劲度模量 S_B 与沥青用量有着很好的线性关系。

（3）提出了三个影响疲劳性能的因素，即疲劳寿命与应力比、沥青用量以及摊铺等待时间，它们与疲劳性能的关系分别为：随应力比增大而减小，随沥青用量的增大而增大，越过某个特定的时间点 t_X 之后随摊铺等待时间的增大而减小。

（4）多维拟合后的疲劳行为方程为 $N_f=2.412\times10^{2.442}\times e^{0.144AC-0.007T_1}\times(\sigma_t/\sigma)^{-2.044}$，并经过验证，此方程的适用范围限于应力比在 0.3～0.7，沥青用量在 5%～8%，以及摊铺等待时间在 0～120min。

（5）泡沫环氧沥青混合料有较好的施工可操作性且其性能优异，其混合料的疲劳性能在常规应力比下可满足日常要求。

第9章 混合料设计中的自愈合补偿问题

沥青材料有自愈合的能力,在欧美等发达国家已成为多年的热门话题。最早发现愈合现象的 Bazin 等[78]认为,沥青材料的自愈合即为劲度和强度的一个复杂的自我修复过程,它发生在损害过程中、停歇状态下或高温期间。截至目前,多方研究已经确定这一现象的存在[176,177],也已确定一些影响因素与之相关[178,179]。但这些研究大多基于基质沥青层面。此前的疲劳研究中但大多没有考虑其自我愈合性能,不同程度地忽视了其优异的疲劳性能,由于偏于保守给材料与结构设计带来了一定的浪费,因此有必要对其自愈合能力进行系统研究,并考虑愈合补偿后的疲劳性能。

9.1 自愈合现象

沥青是一种黏弹性材料,它会随着往复应力的加载而发生形变,自愈合无时无刻不在发生[180]。在试验加载过程中会有自愈合产生,下面称即时自愈合,在试件静止放置的过程中也会有自愈合产生,下面称后期自愈合,本章将通过改变加载频率来研究即时自愈合,用存储的方式来研究后期自愈合。

9.1.1 即时自愈合

本书将准备 18 组小梁试件,完成 3 个频率下的疲劳试验。分别为基质沥青、SBS 改性沥青和 Terminal Blend 胶粉改性沥青。严格选取 AC13 中值级配,5%沥青用量,采用 $1000\mu\varepsilon$,试验温度为 15℃,SBS 掺量为 4.5%,Terminal Blend 胶粉掺量为 $2x$。表 9.1 所示为即时自愈合疲劳试验结果。

表 9.1 即时自愈合疲劳试验结果

编号	混合料类型	加载频率/Hz	初始劲度模量/MPa	N_{f50}	N_{fNM}
1	基质沥青 AC13	5	2234	11035	35120
2			2839	13875	44345
3		10	3349	10120	20450
4			3852	8230	16870
5		20	5768	7370	19890
6			6330	9020	11260

续表

编号	混合料类型	加载频率/Hz	初始劲度模量/MPa	N_{f50}	N_{fNM}
7		5	3421	57235	336440
8			2993	68575	373185
9	SBS-AC13	10	3792	57470	292340
10			4252	45560	212970
11		20	6268	49890	221230
12			6841	50440	204820
13		5	1334	31445	138135
14			1139	26875	165270
15	TB-AC13	10	2349	24440	76810
16			3252	24320	67430
17		20	4768	19350	59870
18			5030	17890	51890

将表 9.1 中数据进行加载频率随劲度模量、疲劳次数变化的分析，如图 9.1 和图 9.2 所示。根据前面的研究结果，基质沥青 AC13 的疲劳次数选用 N_{f50}，SBS-AC13 和 TB-AC13 选用 N_{fNM}。

另外，在第 2 章中认为，N_{fNM} 与 N_{f50} 存在一定的联系，这种关联就是即时自愈合的影响，材料达到 N_{f50} 疲劳次数后会经历一个较长的平稳期才会达到 N_{fNM}，这个平稳期即微裂缝产生的阶段。根据 Rowe 和 Bouldin 的四阶段理论，整个疲劳加载阶段，微裂缝产生阶段也不例外，材料内部温度增加，这说明其间有能量释放，而温度的升高和能量的释放都有助于沥青材料增强其活力和黏附能力，即这种自愈合是自发的，但当劲度模量衰减到 50%时即达到 N_{f50}，当微裂缝变成裂缝时即达到 N_{fNM}，两者中间的自愈合贯穿始末，故有理由认为，自愈合的作用减缓了 N_{fNM} 的到来，自愈合能力较强的材料会在出现 N_{f50} 较久后才会出现 N_{fNM}，反之亦然。将表 9.1 中 N_{fNM} 与 N_{f50} 的比值作随加载频率的变化图，如图 9.3 所示。

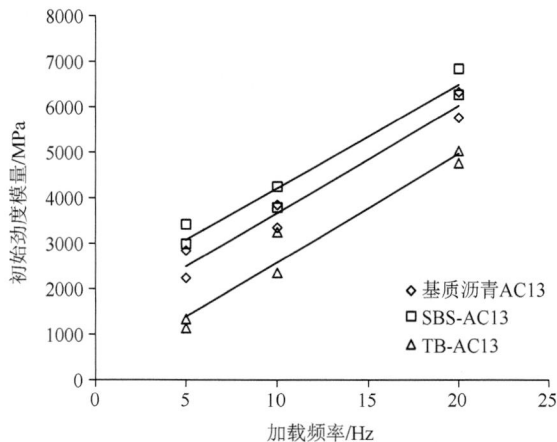

图 9.1　劲度模量随加载频率的变化

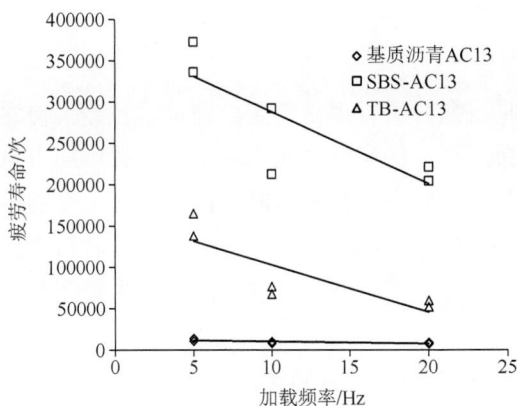

图 9.2　疲劳次数随加载频率的变化

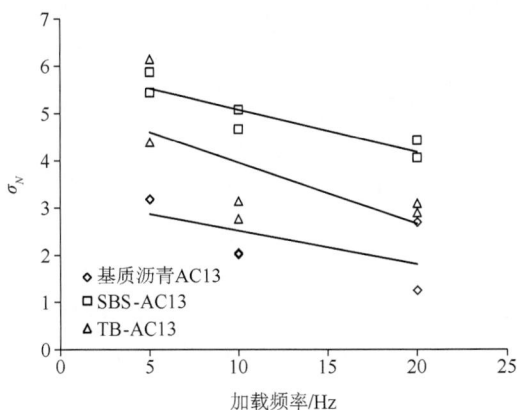

图 9.3　N_{fNM} 与 N_{f50} 的比值随加载频率的变化

　　从图 9.1 和图 9.2 中可以清楚地看到，随着加载频率的增加，劲度模量在增大，基质沥青 AC13 的疲劳寿命降低不明显，改性沥青 AC13 的疲劳寿命降低十分显著。这与在固定频率情况下，劲度模量的增大导致疲劳寿命的减少有相同的趋势。N_{fNM} 与 N_{f50} 的比值 σ_N 某种程度上意味着即时自愈合的效果，从图 9.3 中的 N_{fNM} 与 N_{f50} 的比值可以看出，SBS-AC13 具有较高的自愈合效果，其次是 TB-AC13，基质沥青 AC13 的自愈合效果最弱。

　　综合上述分析，本书认为即时自愈合确实存在，不同沥青混合料有不同的自愈合效果，此类自愈合的程度可通过 N_{fNM} 与 N_{f50} 的比值 σ_N 来表征。即时自愈合无时无刻不在发生，在每一次的疲劳试验中，即时自愈合对疲劳寿命的贡献已经计算入沥青混合料的疲劳寿命，故其无法单独对即时自愈合进行定量的计算。

9.1.2　后期自愈合

由于无法对即时自愈合进行单独的定量评价，且即时自愈合本身已被完全考虑进最终的疲劳寿命，孤立的研究并无实际意义。故后期自愈合显得更为重要，即通过一定的条件使其进行自我恢复后的性能。在接下来的研究中，将已经达到 N_{f50} 的基质沥青混合料小梁和达到 N_{fNM} 的改性沥青混合料小梁进行长时间各种方式的放置，再次对其进行疲劳试验。在以下的研究中提到的自愈合除无特殊说明均特指的是后期自愈合。

设置条件：试验温度 15℃，试验频率 10Hz，波形为半正弦波，疲劳判断标准选取 N_{fNM} 法。疲劳试验前将小梁试件按以下六种方式处理。

条件 A：室温 15℃放置 4 个月。

条件 B：室温 15℃放置 7 个月。

条件 C：室温 15℃放置 11 个月。

条件 D：70℃恒温烘箱保温 1 天。

条件 E：70℃恒温烘箱保温 1 天，静载。

条件 F：70℃恒温烘箱保温 2 天，静载。

加静载的方式采取将小梁上加上另外一根不做试验的小梁将其压住，将 12.51kg 的荷载放置在旧梁的表面。为了放置小梁在高温下变形，均放置在平整的木板上，并加上特制的钢板作为侧限，如图 9.4 所示，将其置入 60℃烘箱保温 24h。进行第二次疲劳试验前，将此旧梁试件在室温冷却 24h。自愈合疲劳试验数据见表 9.2。

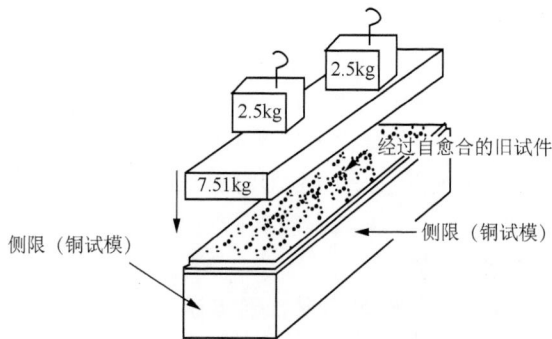

图 9.4　自愈合加载旧梁的夹具

表9.2　自愈合疲劳试验数据

编号	改性剂掺量	沥青用量	应变大小	劲度模量	N_{fNM}	自愈合条件	自愈合后初始劲度模量	自愈合后N_{fNM}	劲度模量恢复率	N_{fNM}恢复率
1				3923.05	233920	A	2122	62450	0.541	0.267
2		7.5%	1250	3813.68	252210	D	2782	86320	0.730	0.342
3				3887.55	322830	E	2523	133230	0.649	0.413
4				3134.54	301280	A	1641	95610	0.524	0.317
5				3280.52	307420	B	2243	97970	0.684	0.319
6	SBS		1250	3283.41	273890	C	2022	145320	0.616	0.531
7	4.5%			3551.2	260880	D	2278	149380	0.642	0.573
8		10%		3582.54	362430	E	2736	160280	0.764	0.442
9				3300.43	324860	F	2372	152930	0.719	0.471
10				3172.42	112380	B	1656	45230	0.522	0.402
11			1500	3230.2	93840	D	2455	65750	0.76	0.701
12				3255.6	128100	F	2532	87320	0.778	0.682
13				3781.23	368270	C	2752	213720	0.728	0.580
14		7%	1250	3243.45	300240	D	2023	169760	0.624	0.565
15				3475.71	354630	E	2401	218910	0.691	0.617
16			1500	3423.21	132240	E	2372	80430	0.693	0.608
17				3173.82	402930	C	2067	174800	0.651	0.434
18				3400.23	423820	D	2192	204820	0.645	0.483
19	橡胶沥青	9%	1250	3352.45	354220	E	2307	218830	0.688	0.618
20	20%			2874.43	341280	E	2221	225640	0.773	0.670
21				3274.54	340140	F	2444	234390	0.746	0.689
22			1500	3142.05	173490	D	2212	103290	0.704	0.595
23				2532.24	$>10^6$	A	1622	662720	0.641	—
24		11%	1500	2311.2	$>10^6$	B	1688	517380	0.650	—
25				2323.44	$>10^6$	D	1793	474590	0.772	—
26				2282.15	$>10^6$	E	1909	602390	0.837	—

下面将以上试验数据按变量分类进行处理。分别见表9.3～表9.6。

1. 按自愈合条件

表9.3　SBS沥青混合料随自愈合条件变化的疲劳恢复情况

自愈合条件	劲度模量恢复率	N_{fNM}恢复率
A	0.541	0.267
	0.524	0.317

自愈合条件	劲度模量恢复率	N_{fNM}恢复率
B	0.684	0.319
	0.522	0.402
C	0.616	0.531
	0.730	0.342
D	0.642	0.573
	0.760	0.701
E	0.649	0.413
F	0.719	0.471
	0.778	0.682

表 9.4　橡胶沥青混合料随自愈合条件变化的疲劳恢复情况

自愈合条件	劲度模量恢复率	N_{fNM}恢复率
A	0.641	—
B	0.650	—
C	0.728	0.580
	0.645	0.483
D	0.704	0.595
	0.772	—
	0.691	0.617
	0.693	0.608
E	0.688	0.618
	0.837	—
F	0.746	0.571

从条件 A 至条件 F，自愈合时间在加大，温度在升高，静载在加大；若综合考虑这几个因素，下面以条件 A 至条件 F 为横坐标，以模量恢复率和疲劳寿命恢复率为纵坐标，对比 SBS 沥青和橡胶沥青混合料的疲劳恢复情况，如图 9.5 所示。

从图 9.5 中可以看出，试验中的两种沥青混合料，经过在不同情况下进行了自愈合后，劲度模量和疲劳寿命都有较大的恢复，劲度模量恢复的程度较大于疲劳寿命的恢复；试验中的橡胶沥青混合料的自愈合情况，包括劲度模量和疲劳寿命的恢复都较优于 SBS 沥青混合料，且其趋势曲线较为平缓，说明其对自愈合的条件的依赖也较小。

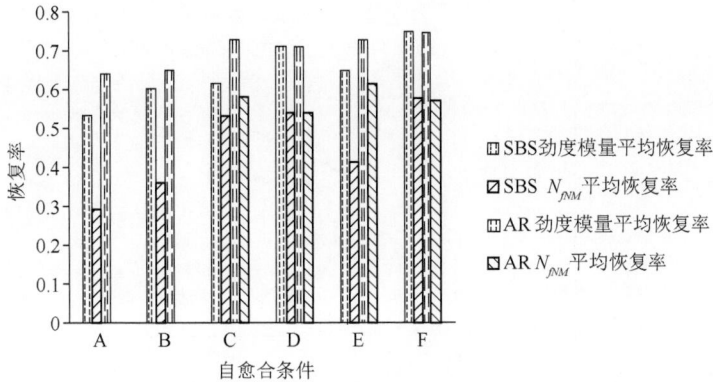

图 9.5 两种沥青混合料的自愈合疲劳恢复情况与自愈合条件的关系

2. 按沥青用量（表 9.5 和表 9.6）

表 9.5 SBS 改性沥青混合料以沥青用量为变量的疲劳恢复情况

沥青用量/%	平均劲度模量恢复率	平均 N_{fNM} 恢复率
7.5	0.64	0.341
10	0.656	0.499

表 9.6 橡胶沥青混合料以沥青用量为变量的疲劳恢复情况

沥青用量/%	平均劲度模量恢复率	平均 N_{fNM} 恢复率
7	0.704	0.602
9	0.687	0.633
11	0.725	—

　　沥青用量的大小直接影响着疲劳寿命，也影响着沥青混合料的弯曲模量，但对其疲劳恢复，尚未有过系统的研究。本次研究还对比了这两种沥青混合料的沥青用量对疲劳恢复的影响。将表 9.2 的 26 组数据按照不同沥青和不同种类的恢复率绘图，如图 9.6 所示。

　　由图 9.6 可见，随着沥青用量的提高，自愈合的效果越好，随着沥青用量的增大，两种沥青混合料的疲劳恢复情况都在变优，模量的恢复程度都高于疲劳寿命的恢复程度，橡胶沥青混合料的恢复程度高于 SBS 沥青混合料恢复程度。SBS 沥青混合料每调高 1%的用油量可以恢复 4%左右的模量恢复率和 0.2%左右的疲劳寿命恢复率，橡胶沥青每提高 1%的用油量可以恢复 2.4%左右的模量恢复率和 1.4%左右的疲劳寿命恢复率。但由于试验数据有限，图中的趋势线不能完全反映这两种沥青混合料的疲劳恢复情况。例如，9%中自愈合条件较苛刻，恢复率较低，橡胶沥青混合料的平均 N_{fNM} 恢复率趋势线呈现了向下的趋势。

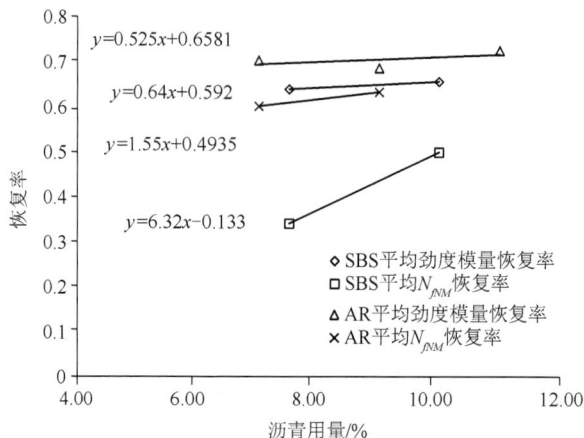

图 9.6　两种沥青混合料的自愈合疲劳恢复情况与沥青用量的关系

9.1.3　不同时机的自愈合效果

将第 8 章提到的 Rowe 和 Bouldin 疲劳开裂四阶段理论应用到疲劳试验的模量衰减图中，第一阶段内部加热阶段即对应模量迅速衰减阶段，第二阶段微裂缝产生阶段对应平稳阶段，第三阶段裂缝形成和第四阶段完全破坏阶段对应劲度模量再次剧烈衰减阶段。这三个阶段对应着不同的材料力学特征，后期自愈合效果也不尽相同，本节的研究将集中分析达到不同阶段时，后期自愈合对材料疲劳性能的恢复情况。

将预备好的 SBS 改性沥青 AC13 混合料和 TB-AC13 混合料分别进行疲劳试验，设置不同的结束条件，第一次共完成 8 组疲劳试验，进行 50℃ 恒温烘箱保温 4h+室温保存 1 天的处理后进行第二次疲劳试验，设置与第一次同样的结束条件，再次进行同样的处理后进行第三次疲劳试验，第三次疲劳试验仅进行至 50 次循环测其初始劲度模量即结束。由于无法得到全部试验的 N_{f50} 或 N_{fNM}，本次试验以初始劲度模量的恢复率（即第 n 次试验与第 $n-1$ 次试验劲度模量的百分比）作为疲劳自愈合程度的判断标准，试验结果如表 9.7 所示。

表 9.7　分阶段自愈合效果疲劳试验

编号	混合料类型	初始劲度模量-1/MPa	$N_{f50\text{-}1}$	结束模量比/%	$N_{fNM\text{-}1}$	初始劲度模量-2/MPa	恢复率-1/%	初始劲度模量-3/MPa	恢复率-2/%
1	SBS-AC13	5123.4	17390	5	164450	1212	23.66	—	0
2		4829.3	22030	20	—	2577	53.36	342.2	13.28
3		4721.3	18930	50	—	4029	85.35	2402.2	59.62
4		4829.1	—	80	—	4675	96.81	4161.3	89.01
5	TB-AC13	3234.1	7810	5	81530	738	22.83	—	0
6		3521.5	10230	20	—	1883	53.49	523.7	27.80
7		3224.3	8820	50	—	2740	84.99	2520.3	91.97
8		3512.0	—	80	—	3358	95.63	3166.8	94.29

从试验过程可以发现，进行到 5%劲度模量才结束的小梁有较明显的裂纹，SBS-AC13 比 TB-AC13 更为明显，由于已经越过了 N_{fNM} 疲劳次数，仅余 5%劲度模量表明材料已经进入第三或第四阶段（即裂缝形成或完全破坏阶段）；余 20%和 50%尚处于平稳阶段，余 80%的情况尚处于内部加热阶段。将数据作直观图，如图 9.7 所示。

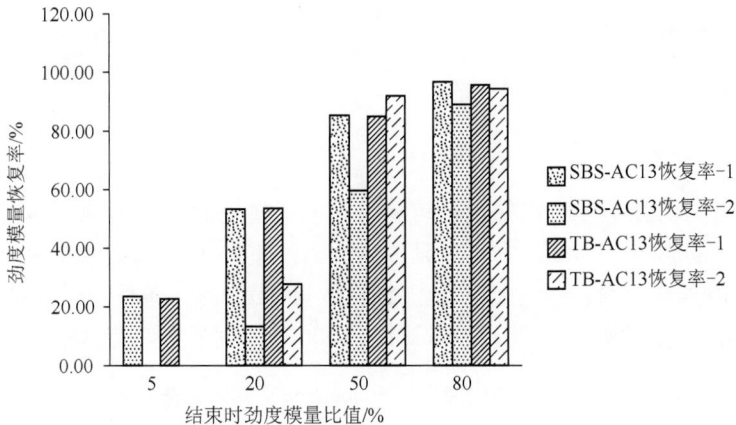

图 9.7　两种沥青混合料的自愈合疲劳恢复情况与微应变大小的关系

从图 9.7 可以清晰地看出，上一次疲劳试验结束时剩余的劲度模量对自愈合的影响十分明显，疲劳试验进入阶段越深入，自愈合恢复越困难，这也说明了定期为道路路面做养护的意义重大，在使用前期进行养护，成本低、效果好，当疲劳破坏已经较明显时再进行养护，尚无论成本如何，效果亦不明显。另外纵观四种结束时劲度模量比值下的疲劳试验，Terminal Blend 胶粉改性沥青的自愈合效果略优于 SBS 改性沥青。

9.2　考虑自愈合的 SBS 改性沥青和橡胶沥青混合料疲劳性能

9.2.1　试验材料与试验方法

研究发现，改性沥青混合料具有很好的自愈合能力，那么实际路用情况下，此类沥青路面的疲劳寿命的计算不应仅计算一次疲劳试验的疲劳次数，而应将自愈合之后的疲劳寿命进行叠加。在工程实践中，如 SBS 改性沥青、橡胶沥青等路面往往表现出超越实验室评价的优异性能，这与它们有着优异的自愈合性能是分不开的。

我国在改性沥青的施工应用方面，SBS 改性沥青应用较为成熟，橡胶沥青的应用也在日益深入，这两类改性沥青是我国目前用量最大、覆盖面最广的两类改性沥青。本书将以 SBS 改性沥青和橡胶沥青为例，对疲劳试验中的后期自愈合进行详细的影响相关性研究，提出切合实际且方便操作的标准自愈合环境（条件），并对疲劳行为方程提出修正，使得行为方程在设计运用时更为切合工程实际。

本节将选取四个外因进行研究，通过实际路面和数据的稳定性进行标准自愈合环境（条件）的选取；而后在四个内因的作用下进行影响自愈合效果的因素进行研究，最后将按照式（4.1）进行回归，将进行完后期自愈合后的疲劳寿命叠加到第一次的疲劳寿命。

9.2.2　外因——环境（条件）的影响

1. 自愈合时间

从此前的研究综述可以知道，自愈合时间长短对普通沥青混合料疲劳性能的恢复有明显的影响。为此，本研究设置条件 A：室温 15℃放置 4 个月；条件 B：室温 15℃放置 7 个月；条件 C：室温 15℃放置 11 个月；条件 D：室温 15℃放置 15 个月，每种条件做平行试验 2 次，均在 $1000\mu\varepsilon$ 下进行。疲劳试验结果见表 9.8。

表 9.8　不同自愈合时间下的两种沥青混合料的疲劳自愈合情况

沥青类型	放置时间/月	改性剂掺量/%	沥青用量/%	劲度模量/MPa	N_{fNM}/次	劲度模量-2/MPa	N_{fNM2}/次	劲度模量恢复率/%	N_{fNM}恢复率/%
SBS改性沥青	4	4.5	5.5	4133	222210	1533	130220	37.1	58.6
	4			4538	267300	1773	104460	39.1	39.1
	7			4270	278300	1823	147280	42.7	52.9
	7			4125	223840	1829	175510	44.3	78.4
	11			4918	300570	1979	182300	40.2	60.7
	11			4120	273820	2203	167490	53.5	61.2
	15			4313	232390	2933	229270	68.0	98.7
	15			4452	245260	3130	203480	70.3	83.0
橡胶沥青	4	20	8.4	3138	322210	1931	180220	61.5	55.9
	4			3372	288390	1882	167720	55.8	58.2
	7			3291	278300	2123	177280	64.5	63.7
	7			3172	319200	2051	188200	64.7	59.0
	11			2988	300570	1979	212300	66.2	70.6
	11			3256	266370	2332	200300	71.6	75.2
	15			3310	252390	2433	199270	73.5	79.0
	15			3621	300200	2561	188290	70.7	62.7

从表 9.8 中可以看出，疲劳恢复的效率与自愈合时间呈正比关系，室内试验结果与工程实际情况相吻合。然而在实验室内无法提供如此长时间的自愈合环境的大量疲劳试验，下面需对其环境温度的提高对自愈合的影响进行研究。

2. 自愈合温度

沥青是温度敏感性材料，不同的温度下检测得到的沥青混合料的疲劳寿命是有差异的[177]，瑞士的 Álvaro García 采用了 CT 观测证明了在较高温度下沥青混凝土会出现明显的裂缝愈合过程，如图 9.8 所示。

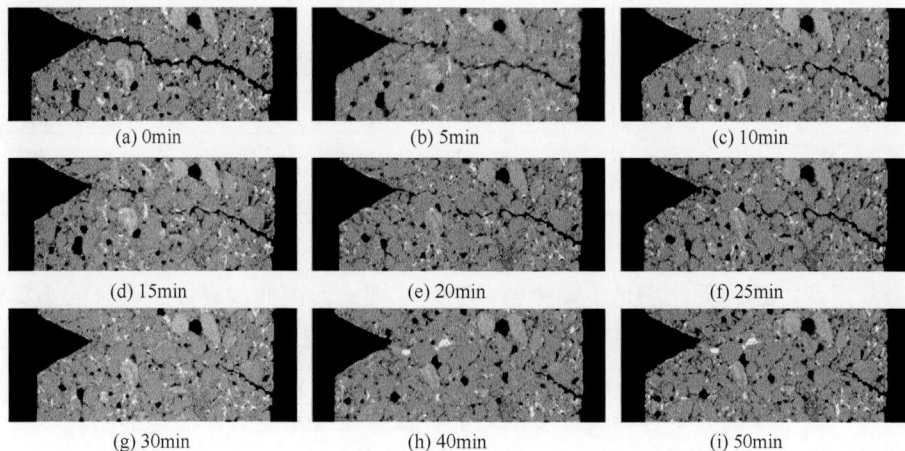

(a) 0min	(b) 5min	(c) 10min
(d) 15min	(e) 20min	(f) 25min
(g) 30min	(h) 40min	(i) 50min

图 9.8　200 μm 的裂缝在 50℃的环境下愈合的 CT 扫描图像

但目前尚未有专门的研究针对不同温度下沥青材料是否有不同的自愈合程度。本书特设定条件 E：50℃恒温烘箱保温 5h+常温放置 24h；条件 F：50℃恒温烘箱保温 5h+常温放置 24h；条件 G：60℃恒温烘箱保温 5h+常温放置 24h；条件 H：70℃恒温烘箱保温 5h+常温放置 24h，每组进行平行试验 2 次。试验均在 $1000\mu\varepsilon$ 下进行，自愈合疲劳试验结果见表 9.9。

表 9.9　不同自愈合温度下的两种混合料的疲劳自愈合情况

沥青类型	保温温度/℃	改性剂掺量/%	沥青用量/%	劲度模量/MPa	N_{fNM}/次	劲度模量-2/PMa	N_{fNM2}/次	劲度模量恢复率/%	N_{fNM}恢复率/%
SBS 改性沥青	40	4.5	5.5	4622	225360	2537	48390	54.9	21.5
	40			4387	273830	2744	37380	62.5	13.7
	50			4450	223820	2592	134820	58.2	60.2
	50			4040	249300	2873	122930	71.1	49.3
	60			4357	224500	2313	116130	53.1	51.7
	60			4357	227830	2883	102930	66.2	45.2
	70			4350	254220	2087	—	48.0	—
	70			4673	210390	2103	—	45.0	—

续表

沥青类型	保温温度/℃	改性剂掺量/%	沥青用量/%	劲度模量/MPa	N_{fNM}/次	劲度模量-2/PMa	N_{fNM2}/次	劲度模量恢复率/%	N_{fNM}恢复率/%
橡胶沥青	40	20	8.4	3283	354520	2036	173890	62.0	49.0
	40			3562	402300	2273	143210	63.8	35.6
	50			3400	323820	2192	204820	64.5	63.3
	50			3620	378400	2453	244050	67.8	64.5
	60			3153	427380	2313	316130	73.4	74.0
	60			3238	388390	2038	203490	62.9	52.4
	70			3352	354220	2007	210230	59.9	59.4
	70			3627	388920	2129	153680	58.7	39.5

试验结果显示，在 70℃时，SBS 改性沥青混合料小梁已经发生肉眼可见的不可恢复形变，已经无法满足小梁疲劳试验尺寸要求，因此放弃。从剩余的小梁试验结果可以看出，当保温温度为 50℃时，SBS 改性混合料的疲劳恢复效率最佳，这说明在实际路用情况下，亦存在一个温度使得 SBS 改性沥青路面自愈合效果达到最佳。其中原因如下：随着温度的增加，沥青会逐渐变软，固态的沥青会变为一种固-液的二相胶体材料，胶体中的液态部分的结合性能比固体材料要强很多，因此温度的升高会有利于沥青混合料的自愈合，但沥青在过高的温度下会产生老化，轻质组分变少，沥青质增加，会导致沥青变硬，延展度变差，疲劳性能则会相应地有所下降。值得说明的是，这种现象不仅是 SBS 改性沥青所特有。而橡胶沥青混合料最佳保温温度是在 50℃与 60℃大致相同，最佳保温温度略高于 SBS 改性沥青混合料，这与橡胶沥青本身的黏度较高、胶粉颗粒吸收热能有关。但为了改性沥青标准的统一，在接下来的试验中均统一采用 50℃为自愈合最佳保温温度。

结合表 9.8 的试验结果可以发现，无论 SBS 改性沥青还是橡胶沥青混合料，在 50℃4h+常温 24h 的自愈合条件可与 15℃下 11 个月的自愈合效果几乎是等效的，这说明在沥青材料的自愈合方面，时温等效性依然存在。

3. 荷载强度

美国亚利桑那州的工程实践发现[7]，橡胶沥青路面出现裂缝往往出在路肩或停车带上，行车带上的裂缝较少或较细，这说明适当的行车荷载对于橡胶沥青路面的疲劳有一定的帮助[134]。虽然这仅仅是基于橡胶沥青路面的发现，但这种在一定荷载强度下产生的自愈合现象是否在 SBS 改性沥青混合料上也存在仍值得进行探讨。设置试验条件为：50℃恒温烘箱保温 5h，其间分别施加 4kPa、5kPa、6kPa、7kPa 和 8kPa 静荷载+常温放置 24h，因为温度较高，为使小梁不发生形变，另外在旧梁周围加上木质模具作为侧向限制。自愈合疲劳试验结果见表 9.10。

表 9.10　不同荷载强度下的两种混合料的疲劳自愈合情况

沥青种类	荷载/kPa	改性剂掺量/%	沥青用量/%	应变量/με	劲度模量/MPa	N_{fNM}/次	劲度模量-2/MPa	N_{fNM2}/次	劲度模量恢复率/%	N_{fNM}恢复率/%
SBS 改性沥青	4	4.5	5.5	1000	4510	223820	2192	76270	48.6	34.1
	4				4452	243890	2394	61880	53.8	25.4
	5				4214	273400	2632	106210	62.5	38.8
	5				4523	223940	2454	117730	54.3	52.6
	6				4252	254220	1807	110830	42.5	43.6
	6				4023	262700	1644	93150	40.9	35.5
	7				4474	241280	1251	85730	28.0	35.5
	7				4332	273820	1483	78550	34.2	28.7
	8				4538	229480	1202	66280	26.5	28.9
	8				4273	246790	1433	61720	33.5	25.0
橡胶沥青	4	20	8.4		3310	413820	2192	174820	66.2	42.2
	4				3512	389400	2341	157670	66.7	40.5
	5				3212	373400	2632	243280	81.9	65.2
	5				3200	384800	2783	213840	87.0	55.6
	6				3252	394220	1807	218830	55.6	55.5
	6				3394	402930	2020	177290	59.5	44.0
	7				3174	361280	1493	205640	47.0	56.9
	7				3347	412940	1647	213790	49.2	51.8
	8				3138	387780	1202	86920	38.3	22.4
	8				3452	410240	1320	81200	38.2	19.8

从表 9.10 中可以看出，当静荷载强度达到 5kPa 时，两种混合料的疲劳恢复率（劲度模量与 N_{fNM} 的恢复率）达到最佳。而当荷载过大时，尽管有侧限的存在，混合料仍被压出了波浪和包块，其内部空隙率和结构发生了变化，导致其疲劳恢复效率下降。另外，加入一定量的荷载对橡胶沥青混合料的疲劳恢复是有帮助的，只是荷载不能超过某个特定值。研究中的数值虽未直接反映实际车载大小，但也说明了橡胶沥青路面在实际使用过程中，其疲劳寿命的恢复与车辆荷载有关，并存在一个最佳荷载值。

4. 应变大小

应变大小是单次荷载所带来的弯拉应变的大小，此因素影响着疲劳寿命的变化，在以往的许多基于应变控制的疲劳试验研究中，它与疲劳次数的对数有着很好的线性关系，即 $\varepsilon=a\ln N_f+b$[36]，经推算有 $N_f{}'=e^{\varepsilon}$，说明疲劳寿命的变化与应变量的大小也存在一定的关系。考虑到沥青用量较高和节省试验时间，本书选取了 $500\mu\varepsilon$、$1000\mu\varepsilon$ 和 $1500\mu\varepsilon$ 三个水平的应变进行研究，每个水平下作两个平行试件。试验结果见表 9.11。

表 9.11　不同应变大小下的两种混合料的疲劳自愈合情况

沥青类别	应变量/$\mu\varepsilon$	SBS/%	沥青用量/%	结束条件	劲度模量-1/MPa	N_{fNM1}/次	劲度模量-2/MPa	N_{fNM2}/次	劲度模量恢复率/%	N_{fNM}恢复率/%
SBS	500	4.5	5.5	20%	4364	830390	3546	663640	81.3	79.9
	500				4728	767320	3501	714800	74.0	93.2
	1000				4373	249840	2882	135220	65.9	54.1
	1000				4412	223840	2723	167280	61.7	74.7
	1500				4484	100480	2014	22300	44.9	22.2
	1500				4375	112390	1933	35270	44.2	31.4
橡胶沥青	500	20	8.40		3173	552210	2782	435220	87.7	78.8
	500				3364	619280	2888	456280	85.9	73.7
	1000				3218	372830	2523	267280	78.4	71.7
	1000				3340	388290	2172	219200	65.0	56.5
	1500				3487	220570	2149	72300	61.6	32.3
	1500				3276.27	132390	1433	45270	43.7	34.2

　　从表 9.11 中可以看到，疲劳恢复的效率与应变大小成反比，情况与疲劳寿命和应变大小的变化规律是大致相同的，无论从试验角度还是从理论角度，选取何种水平的应变并不影响材料考虑自愈合的疲劳性能之间的对比，对于改性沥青，但较低的应变（<1000$\mu\varepsilon$）试验时间较长，而过高的应变（>1500$\mu\varepsilon$）会导致数据变异性过大而使检测结果不准确，故可在适当的情况下选择较高的应变进行试验，本书认为，1000$\mu\varepsilon$ 或 1500$\mu\varepsilon$ 均是适合的，具体可视沥青用量的大小而定，本书推荐以 7%沥青用量为界，由于橡胶沥青沥青用量较高，目标空隙率较高，宜以 9%沥青用量为界。

　　5. 标准自愈合环境（条件）

　　根据上述四种外因的影响分析，虽然不同的程度会对 SBS 和橡胶沥青混合料产生不同的自愈合影响，但影响的规律和趋势是一致的。荷载强度的试验没有精确的侧限和重量控制，尚有待进一步研究，其他三个外部影响因素均可明确进行定量控制。

　　根据研究[181]的路面调查数据显示，夏季的中午，温度达到 48℃的时间达 4.5～5.5h，可以认为，这段时间是自愈合的最佳时机，再参照 9.2.3 节的研究结果提出适合本次研究的标准自愈合环境（条件）以进行余下所有改性沥青混合料的疲劳性能检测，见表 9.12。

表 9.12　本书推荐的标准自愈合环境（条件）

项目	指标	备注
自愈合温度/℃	50	15℃，24h 静置
自愈合时间/h	4	
应变大小/$\mu\varepsilon$	1000	沥青用量≤7%*
	1500	沥青用量>7%*

*橡胶沥青混合料此处数值为 9%。

9.2.3　内因的影响

1.　沥青用量

沥青用量的大小直接影响着疲劳寿命，也影响着沥青混合料的弯曲模量，但对自愈合的影响，尚未有系统的研究。本次试验设计了 5.0%～10.0% 的六个沥青用量下的疲劳试验以及寿命恢复情况。本书将第一次进行疲劳试验的小梁称为新梁，对此梁再次进行疲劳试验时称为旧梁。此次试验旧梁是经过 60℃ 恒温烘箱保温 24h+常温放置 24h 之后的梁，若不作解释，下同。试验均在 1000$\mu\varepsilon$ 的应变量下进行，结果见表 9.13。

表 9.13　不同沥青用量下两种混合料的疲劳自愈合情况

混合料	沥青用量/%	劲度模量-1/MPa	N_{fNM1}/次	劲度模量-2/MPa	N_{fNM2}/次	劲度模量恢复率/%	N_{fNM}恢复率/%
SBS	5	4523	10420	1410	1750	31.2	16.8
		4646	9140	1965	2320	42.3	25.4
	6	4487	27250	2242	4580	50.0	16.8
		4421	36610	2680	6680	60.6	18.2
	7	4013	82210	2511	20890	62.6	25.4
		3888	107400	2487	27800	64.0	25.9
	8	3433	182030	3010	108890	87.7	56.8
		3149	377300	2620	210300	83.2	55.7
	9	2929	623730	2023	293230	69.1	47.0
		2810	572830	2152	412900	76.6	72.1
	10	2529	10^{6*}	2042	692930	80.7	69.3
		2688	10^{6*}	1983	782900	73.8	78.3
橡胶沥青	5	4023	3980	1322	370	32.9	9.3
		3846	6720	1722	480	44.8	7.1

混合料	沥青用量/%	劲度模量-1/MPa	N_{fNM1}/次	劲度模量-2/MPa	N_{fNM2}/次	劲度模量恢复率/%	N_{fNM} 恢复率/%
橡胶沥青	6	3887	25250	1238	4580	31.8	16.3
		3721	26620	1621	6720	43.6	25.2
	7	3513	82210	1582	20420	45.0	24.8
		3488	77400	1434	30930	41.1	40.0
	8	3133	252030	2009	142390	64.1	56.5
		3249	277300	2120	209300	65.3	75.5
	9	2529	623730	2023	293230	80.0	47.0
		2410	772830	2152	359390	89.3	46.5
	10	2129	10^{6*}	2042	672930	95.9	67.3
		2088	10^{6*}	1983	565370	95.0	56.5

注：劲度模量-1 为新梁疲劳试验中第 50 次加载时初始劲度模量；劲度模量-2 为旧梁疲劳试验中第 50 次加载时初始劲度模量；N_{fNM1} 为新梁的疲劳寿命；N_{fNM2} 为旧梁的疲劳寿命；劲度模量恢复率为（劲度模量-2/劲度模量-1）×100%；N_{fNM} 恢复率为（N_{fNM2}/N_{fNM1}）×100%，结束条件指在试验过程中当劲度模量剩余到初始模量设定的百分率时试验立即停止的条件，下同；*表示超越了 BFA 试验机最高限制，以 10^{6} 计。

从旧梁试验前即可看出低沥青用量（5.0%、6.0%和 7.0%）小梁试件已经出现明显的裂纹，图 9.9 展示了 6.0%沥青用量下的旧梁的裂纹情况，它代表了低沥青用量的大致情况；图 9.10 展示了 9.0%沥青用量下的旧梁的裂纹情况，它代表了低沥青用量的大致情况；限于篇幅其他旧梁的情况省略。可以看到高沥青用量（8.0%、9.0%和 10.0%）小梁试件没有明显裂纹，且从试验结果可以看出，低沥青用量的小梁试件的劲度模量和 N_{fNM} 恢复率（劲度模量恢复率和 N_{fNM} 恢复率本书统称为疲劳恢复效率，疲劳恢复效率中，主要看 N_{fNM} 的恢复率，仅当 N_{fNM} 恢复率规律不是很明显时，以劲度模量恢复作为判断指标，下同）都很低，高沥青用量则相反。

图 9.9　6.0%沥青用量下的旧梁

图 9.10　9.0%沥青用量下的旧梁

虽然存在一定的波动和误差，但总体而言，无论 SBS 改性沥青还是橡胶沥青混合料，它们的自愈合能力都随着沥青用量的增加而增长。

2. 破坏程度

Zhang 等通过间接拉伸试验，指出对沥青混凝土，存在一个损伤临界点，在该临界点之前为微观损伤，损伤可愈合；而在该临界点之后为宏观损伤，其不可愈合[176]，本书在此基础上将此观点应用到橡胶沥青混合料，本书再通过设定四点弯曲疲劳不同结束条件以达到不同破坏程度，选取 SBS 改性沥青用量为 5.5%，橡胶沥青用量为 8.4%，下同。试验结果见表 9.14。

表 9.14　不同破坏程度后橡胶沥青混合料的疲劳自愈合情况

混合料	沥青用量/%	劲度模量-1/MPa	结束条件/%	结束时次数	N_{fNM1}/次	劲度模量-2/MPa	N_{fNM2}/次	劲度模量恢复率/%	N_{fNM}恢复率/%
SBS 改性沥青	5.5	4153.75	5	435350	218618	722	369	17.4	0.2
		4281.25		356360	193658	482	—	11.3	—
		4263.75	10	270130	180835	1845	2280	40.5	1.3
		4407.5		218060	213583	2082	4264	45.0	2.0
		4088.242	20	169240	198347	2882	144582	68.0	72.9
		4896.45		193390	210210	3110	104460	43.1	52.2
		5341.8	30	138270	200290*	3602	187280	62.5	93.5
		5150.4		111490	200290*	3473	166493	59.7	83.1
		4842.45	40	119530	200290*	3623	191249	68.6	95.5
		4163.805		124030	200290*	3411	179441	74.7	89.6
		4322.71	50	98190	200290*	3639	215603	72.6	107.6
		4536.05		85140	200290*	3234	202040	71.3	100.9
橡胶沥青	8.4	3323	5	572830	283920	415	1020	21.7	—
		3425		497720	266380	640	—	14.1	—
		3411	10	372090	252210	1727	2780	50.6	1.1
		3526		330400	277380	1982	5200	56.2	1.9
		3313	20	293820	272830	2782	176320	84.0	64.6
		3627		266380	265390*	2112	127390	58.2	48.0
		3684	30	182900	265390*	3339	228390	90.6	86.1
		3552		155720	265390*	3073	203040	86.5	76.5
		3587	40	157280	265390*	3323	233230	92.6	87.9
		3427		166270	265390*	3111	218830	90.8	82.5
		3338	50	129200	265390*	3139	262930	94.0	99.1
		3530		112030	265390*	3234	246390	91.6	92.8

*表示此时的 N_{fNM} 没有出现，由于本小节中梁的性质完全一样，新小梁的疲劳寿命不会因结束条件的变化而变化，此处的 269600 是选取了 5%、10% 和 20% 结束条件时的 N_{fNM} 的平均值作为 N_{fNM} 的估计值，相应的 N_{fNM} 恢复率亦为估计值。

以橡胶沥青为例，图 9.11 展示了本试验六种破坏程度的小梁实拍照片。

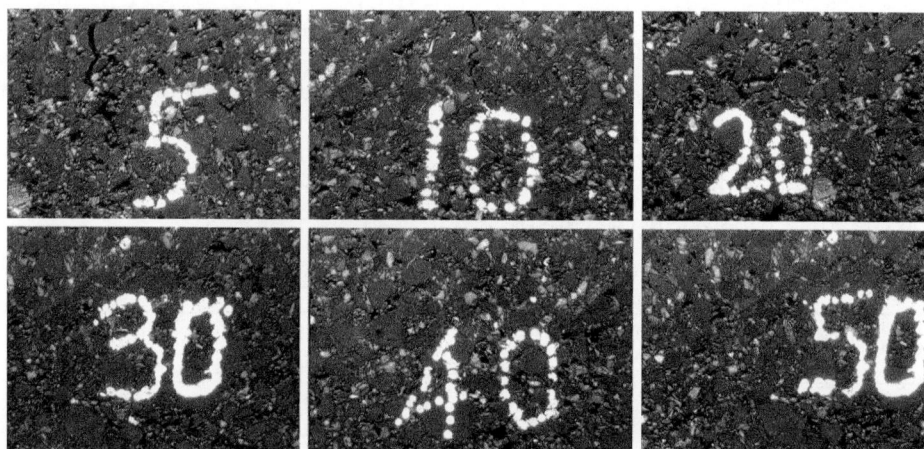

图 9.11　不同破坏程度后混合料小梁照片

从图 9.11 可以看出，疲劳试验结束较早的小梁基本无裂缝产生，结束较晚的会有裂缝；从表 9.14 可知，在 30%、40% 和 50% 的结束条件下，亦是由于试验结束太早，小梁不能达到 N_{fNM} 疲劳寿命，且这三个条件下的小梁的劲度模量恢复率和 N_{fNM} 恢复率很高，这说明在即使衰变至 30% 初始劲度模量的情况下旧梁的疲劳性能仍然能够恢复得很好；而在 5% 和 10% 的条件下，小梁的劲度模量恢复率和 N_{fNM} 恢复率很低，这说明小梁破坏已经十分严重，自愈合已无法实现。

试验表明，无论 SBS 改性沥青还是橡胶沥青混合料，它们的自愈合能力都随着第一次破坏程度的增加减弱。破坏程度达到初始劲度模量的 20% 以下后，SBS 改性沥青和橡胶沥青混合料的自愈合能力都会发生剧烈下降。本书建议在路面做保养时要及时进行，尽可能将保养工作放在路面劲度模量降低到 20% 之前完成。

3. 改性剂掺量

SBS 的加入会改变沥青的加筋结构，SBS 在使得沥青获得高黏度的同时势必会对沥青的刚度和韧性造成影响；同时，掺入胶粉的情况下，胶粉与基质沥青在高温状态下（190℃）通过物理反应（融胀），在颗粒表面将形成沥青质含量很高的凝胶膜，融胀后橡胶粉体积达到胶结料的 40% 左右[105]。因此改性沥青的基本性能随着改性剂掺量的变化而发生十分明显的变化，因此，考察 SBS 与胶粉掺量的变化与混合料的疲劳性能自愈合的关系将十分有必要。根据经验[182]，本书选取 3%～7.5% 四个掺量进行自愈合影响的试验，胶粉的掺量一般在内掺（即胶粉占总质量的质量分数）19%～22% 才能使橡胶沥青黏度维持在 1.5～4Pa·s，故研究选取了 19%、20%、21% 和 22% 四个掺量。试验均在 1000με 应变量下完成，结果如表 9.15 和表 9.16 所示。

表 9.15　不同 SBS 掺量的橡胶沥青混合料的疲劳自愈合情况

SBS 掺量	135℃黏度/(Pa·s)	沥青用量/%	劲度模量-1/MPa	N_{fNM1}/次	劲度模量-2/MPa	N_{fNM2}/次	劲度模量恢复率/%	N_{fNM}恢复率/%
3	1.13	5.5	4323	280420	3222	149230	81.9	58.0
3			4289	284360	3223	138930	83.9	60.2
4.5	2.57		4487	330570	3249	202310	87.3	67.6
4.5			4127	340200	3288	181500	86.1	69.2
6	3.02		3713	292210	3182	156320	84.3	71.8
6			3789	304780	3183	178290	85.2	70.5
7.5	3.74		3433	292030	3039	102390	84.6	41.6
7.5			3647	312030	3036	118000	78.2	40.1

表 9.16　不同胶粉掺量的橡胶沥青混合料的疲劳自愈合情况

胶粉掺量	177℃黏度/(Pa·s)	弹性恢复/%	沥青用量/%	劲度模量-1/MPa	N_{fNM1}/次	劲度模量-2/MPa	N_{fNM2}/次	劲度模量恢复率/%	N_{fNM}恢复率/%
19	2.31	25.5	8.4	3323	292420	2942	192930	85.4	66.0
19				3527	253460	2890	174850	82.3	67.4
20	2.57	26.4		3487	300570	3149	212300	90.3	70.3
20				3342	245500	2910	203400	87.2	71.4
21	3.02	28.2		3713	272210	2982	176320	82.3	64.8
21				3647	265780	3020	189920	82.1	60.2
22	3.74	31.6		3433	252030	2939	112390	80.6	44.0
22				3329	224500	3220	100230	77.2	48.2

从表 9.15 和表 9.16 可以看出，SBS 掺量在 4.5%时劲度模量恢复率达到最大，在 6%时 N_{fNM} 恢复率达到最佳。橡胶沥青试验中，随着胶粉掺量的增加，沥青的黏度和弹性恢复能力在逐渐增大，但它们与疲劳恢复效率没有直接关系。从本次试验的结果可以看出，只有在 20%的掺量下能获得最大的疲劳恢复效率。

4. 空隙率

空隙率是混合料的设计目标，影响着混合料诸多方面的性能。在 SHRP-A-404 研究报告中研究人员通过验证分析[26]，认为空隙率与疲劳寿命自然对数呈负相关关系，即空隙率增加会导致疲劳寿命的迅速减小，这种对数的关系经过微分处理仍呈对数关系，从数学角度说明空隙率对疲劳寿命的变化速率亦有影响。本书将空隙率对疲劳寿命的影响推而广之，为验证空隙率对疲劳寿命恢复情况的影响，特设计在 8.4%沥青用量情况下，通过改变压路机的压实和振动次数以得到不同空隙率的混合料试件。试验均在 $1000\mu\varepsilon$ 应变量下完成，结果如表 9.17 所示。

表 9.17　不同空隙率的两种混合料的疲劳自愈合情况

混合料	空隙率/%	劲度模量-1/MPa	N_{fNM1}/次	劲度模量-2/MPa	N_{fNM2}/次	劲度模量恢复率/%	N_{fNM}恢复率/%
SBS 改性沥青	2.3	4441	673980	2322	318240	52.3	47.2
		4123	658390	2167	308900	52.6	46.9
	3.1	3821	622250	2238	318330	58.6	51.2
		3933	518340	2482	285490	63.1	55.1
	4.1	3713	482210	2382	256220	64.2	53.1
		3679	472930	2049	239300	55.7	50.6
	5	3665	452030	1269	112690	34.6	24.9
		3551	419400	1439	81800	40.5	19.5
	6	3124	273730	1023	44860	32.7	16.4
		3056	238820	1063	47740	34.8	20.0
橡胶沥青	2.1	3123	727898	1778	401530	56.9	43.7
		3363	711060	1833	394120	54.5	43.4
	3.2	3172	672030	1534	331900	48.4	47.4
		3362	611640	1681	267600	50.0	46.7
	4.2	3192	520780	1781	247170	55.8	49.2
		3273	510760	1445	251500	44.1	46.9
	5.2	3065	488190	1360	212690	44.4	43.6
		2945	469720	1030	151800	35.0	32.3
	6.3	2724	295620	1026	94860	37.7	32.1
		2354	265090	865	107740	36.7	40.6

从试验结果可以清晰地看出，无论劲度模量恢复率还是 N_{fNM} 恢复率，都与混合料的空隙率成反比，这与疲劳寿命研究中的规律有类似之处。橡胶沥青随空隙率的增大对自愈合的影响较小与 SBS 改性沥青。这与橡胶沥青混合料的设计空隙率通常较其他混合料偏大有关，橡胶沥青混合料有进一步被压实的空间，故在实际轮碾过程中，橡胶沥青混合料路面有一个空隙率减小的过程，而四点弯曲疲劳试验没有这个过程，这也是通常橡胶沥青路面往往表现出超越实验室评价的优异性能的原因之一。

9.2.4　考虑自愈合补偿下的疲劳行为方程

鉴于 SBS 改性沥青和橡胶沥青混合料具有上述自愈合性，它们的疲劳性能就不能只考虑后期自愈合前的部分，本节将试验中 N_{fNM1} 与 N_{fNM2} 相加得到最终的 N_{fNM}。

　　将与沥青用量、空隙率和应变大小有关的数据整合，列出 N_{fNM} 与沥青用量、空隙率和应变大小的关系，与三种单因素整合到一个公式中进行多维拟合，经过 1stOpt 软件编程拟合，通过麦夸特法和通用全局优化算法计算得到各个参数，SBS 改性沥青和橡胶沥青混合料疲劳性能回归方程分别如式（9.1）和式（9.2）所示：

$$N_{fNM} = 4.5442 \times 10^{8.236} \varepsilon_t^{-0.526} e^{0.458AC-0.267AV}, \qquad R^2=0.779 \qquad (9.1)$$

$$N_{fNM} = 1.9475 \times 10^{10.884} \varepsilon_t^{-1.577} e^{0.828AC-0.41AV}, \qquad R^2=0.782 \qquad (9.2)$$

其中，N_{fNM} 为疲劳寿命；ε_t 为应变（1000με =0.001）；AC 为沥青用量；AV 为空隙率；e 为自然对数的底。可见考虑自愈合补偿后的橡胶沥青混合料疲劳寿命与应变水平、空隙率和沥青用量亦存在较好的相关性，即应变水平越小，沥青用量越大，空隙率越小，则疲劳寿命越长。相对于未考虑自愈合情况下的第一次疲劳试验，考虑自愈合后的疲劳方程的因素相关性有一定的降低，经分析原因或是两次试验间有间隔，环境与条件的不完全相同，无法完全精确控制，且第二次试验的疲劳小梁，在某些肉眼无法观察到的微裂缝处仍会存在较大的应力集中，增大了试验的偶然性。

9.3　本　章　小　结

　　本书针对沥青混合料的疲劳自愈合效率进行了系统研究，并对影响橡胶沥青混合料疲劳自愈合的因素进行了分析，回归出了考虑自愈合补偿下的疲劳行为方程，得到如下结论。

　　（1）自愈合现象分为即时自愈合和后期自愈合。即时自愈合是在试验（加载）过程中发生的自愈合，它本身被计入疲劳寿命，是无法定量计算的；后期自愈合是加载结束后在特定条件下的自我恢复。

　　（2）经过试验验证，橡胶沥青混合料的自愈合情况，优于 SBS 沥青混合料，对自愈合的条件的依赖也较小；SBS 沥青混合料每调高 1%的用油量可以恢复 4%左右的模量恢复率和 0.2%左右的疲劳寿命恢复率，橡胶沥青每提高 1%的用油量可以恢复 2.4%左右的模量恢复率和 1.4%左右的疲劳寿命恢复率。

　　（3）影响 SBS 改性沥青混合料和橡胶沥青混合料疲劳寿命自愈合的内因方面，橡胶沥青混合料的疲劳自愈合效率与沥青用量成正比，与破坏程度和空隙率成反比，SBS 掺量在 4.5%时劲度模量恢复率达到最大，在 6%时 N_{fNM} 恢复率达到最佳，与胶粉掺量的关系是当胶粉掺量在 20%时劲度模量和疲劳次数同时达到最佳。

　　（4）外因方面，SBS 改性沥青混合料和橡胶沥青混合料的疲劳自愈合效率均与自愈合时间成正比，与应变大小成反比，与自愈合温度和荷载强度的关系是当自愈合温度和荷载强度分别为 50℃和 5kPa 时最佳。

（5）愈合补偿后的 SBS 改性沥青和橡胶沥青混合料疲劳寿命与应变水平、空隙率和沥青用量亦存在较好的相关性，其行为方程分别为 $N_{fNM} = 4.5442 \times 10^{8.236} \times \varepsilon_t^{-0.526} e^{0.458AC-0.267AV}$ ， $N_{fNM} = 1.9475 \times 10^{10.884} \varepsilon_t^{-1.577} e^{0.828AC-0.41AV}$ ，其中相关性系数分别为 0.779 和 0.782。

第10章 考虑自愈合补偿的疲劳性能全面对比与混合料设计分析

本章在之前研究的基础上，完成经过愈合后的小梁疲劳试验，而后进行两次疲劳寿命加和之后的对比，分析基质沥青和多种改性沥青混合料疲劳性能的差异。并基于这种对比结果，提出混合料设计中疲劳性能指标、分级方案和提高疲劳性能的改进方案，并给出设计实例进行说明。

10.1 不同工况要求的混合料的疲劳性能对比与分级

在设计过程中，究竟选取何种沥青、沥青用量、级配和空隙率，是一个结合力学设计与实践经验综合问题。不同的沥青混合料的路用性能差异巨大，为贴合环境与交通量的需要，因地制宜地进行材料选择是混合料设计中的基础[183]。本节将对包括之前章节所研究的 11 种改性沥青混合料的考虑自愈合后的疲劳性能进行全方位的对比，对比相同设计下几种沥青的优劣，旨在将大量的疲劳试验进行归纳和概括，为未来研究和工程实践提供较为明晰的脉络。

10.1.1 相同沥青用量的疲劳性能对比

混合料的疲劳性能主要由沥青的黏结性能所贡献，而沥青用量又是决定混合料成本的关键，对比相同沥青用量下的混合料的疲劳性能，有助于最为直观地呈现不同沥青混合料的优劣。所有的混合料均采用 5%的沥青用量，其他未进行过疲劳试验的沥青混合料进行新试验，每种混合料切割成 4 根小梁试件，平行试验 3次，取变异小的 2 次作为试验最终值，1 根用于进行最大拉应变试验。自愈合后的疲劳试验是在旧梁放置于 50℃环境下保温 4h 再静置于 15℃室温下 24h 后进行。两次疲劳试验应变量均为 1000με，后续试验均同此方案。

其中所有的 Terminal Blend 胶粉改性沥青及其复合改性沥青均采用 x 的胶粉掺量，改性剂的掺量按照第 7 章进行选取；PE-AC13 采用干法工艺，PE 占混合料的 5‰，岩沥青-AC13 中岩沥青占改性沥青的 10%。值得说明的是，由于 AC25无法在 7%的沥青用量进行试验，故本次研究不将 AC25 放入其中。值得一提的是，由于 AC13、AC25 和硬沥青-AC13 是基质沥青，采用 N_{f50} 法进行评价，其余的改性沥青均采用 N_{fNM} 法进行评价，以下试验均是如此。试验结果如表 10.1所示。

表 10.1　5%沥青用量下的小梁疲劳试验数据

种类	空隙率/%	能承受最大应变量/$\mu\varepsilon$	初始劲度模量/MPa	恢复后劲度模量/MPa	N_{f1}/次	N_{f2}/次	N_f/次
AC13	3.7	8722	3219	1382	12550	4860	17410
			3327	1228	11700	2610	14310
SBS-AC13	3.7	28340	5147	2018	185920	63800	249730
			5316	2382	199170	88750	287920
ARAC-13	6.8	37233	4856	1866	110330	51810	162150
			4761	1794	106740	43610	150350
Terminal Blend-AC13	3.8	17339	3242	407	103490	35500	138990
			3349	744	88790	35760	124550
Terminal Blend+SBS	3.2	29939	4390	1504	159140	55620	214770
			4707	1750	152610	50500	203110
Terminal Blend+岩沥青	3.6	12682	5707	1623	148700	43640	192340
			5335	1404	124010	37630	161640
Terminal Blend+PE	4.1	13129	7309	1586	106940	32080	139020
			7255	1769	91460	26780	118240
PE-AC13	4.6	12120	7362	1638	22760	5160	27920
			8895	1342	20510	5040	25550
岩沥青-AC13	5.3	8211	8771	2011	38620	7970	46590
			7700	1782	51190	10700	61890
硬沥青-AC13	4.2	7252	8789	2723	6600	1170	7770
			10040	4371	13910	1560	15470

取表 10.1 中 N_{f1} 和 N_f 的均值如图 10.1 所示。

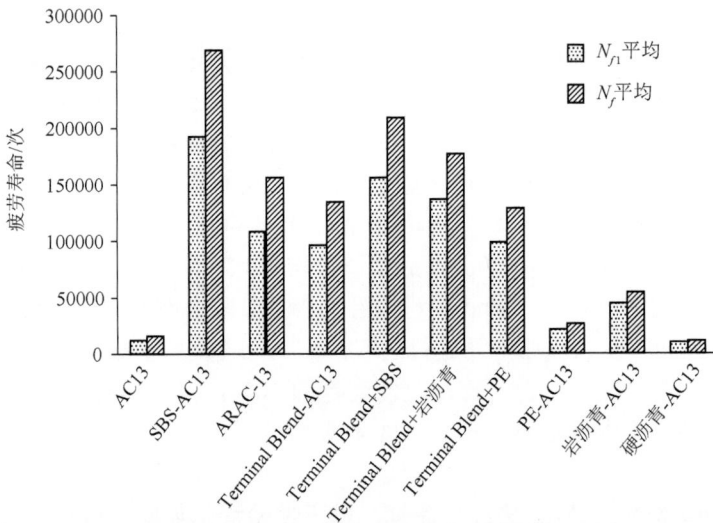

图 10.1　5%沥青用量下各种沥青混合料的疲劳次数

因此可以发现,同在 5%的沥青用量下,考虑了自愈合与不考虑自愈合的疲劳性能排序主要区别在于橡胶沥青 ARAC-13 和 TB-AC13 的变化,考虑了自愈合之后这两者均有排序上的提升,这说明胶粉改性类沥青存在着较明显的自愈合现象,在考虑此类混合料疲劳性能时需考虑其自愈合能力,否则会导致设计过于保守或沥青用量超高。在相同的 5%沥青用量下的疲劳性能排序为 SBS-AC13＞Terminal Blend+SBS＞ARAC-13＞Terminal Blend+岩沥青＞Terminal Blend-AC13＞Terminal Blend+PE＞岩沥青-AC13＞PE-AC13＞AC13＞硬沥青-AC13。

此时不考虑自愈合时的疲劳性能排序是 SBS＞Terminal Blend+SBS＞Terminal Blend+岩沥青＞ARAC＞Terminal Blend+PE＞Terminal Blend＞岩沥青＞硬沥青＞AC13＞AC20。

再将表 10.1 中的 N_{f2} 与 N_{f1} 相除作百分率处理后作为自愈合能力 H,作图可得图 10.2,将 N_f 取平均值后可得图 10.3。

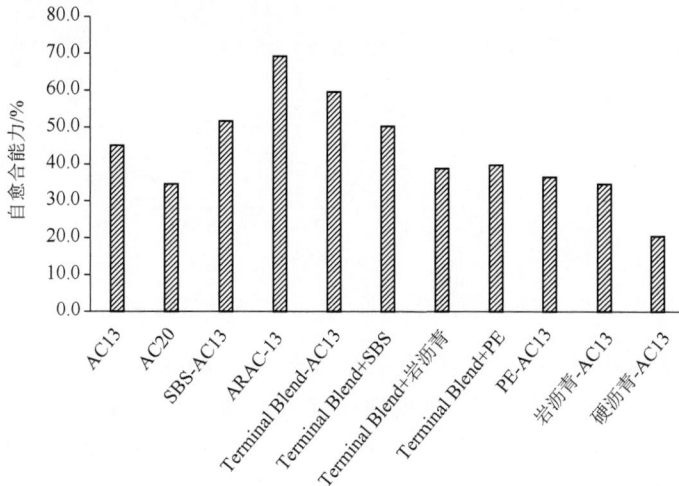

图 10.2　5%沥青用量下各种沥青混合料的疲劳自愈合能力

由试验结果可知,相同沥青用量下,ARAC-13 具有最高的自愈合能力,其次是 TB-AC13、SBS 改性沥青混合料以及 TB+SBS 复合改性沥青混合料。由图 10.2 可知,SBS-AC13 的疲劳寿命最佳,其次是 Terminal Blend+SBS、Terminal Blend+岩沥青和 ARAC-13 等;传统的 SBS 改性沥青和橡胶沥青都既有较高的疲劳性能,也有较好的自愈合性能,所有的 Terminal Blend 类的复合改性沥青亦是如此。从上述两图可以清楚地看到,相同沥青用量下,ARAC-13 具有最高的自愈合能力,其次是 TB-AC13、SBS 改性沥青混合料以及 TB+SBS 复合改性沥青混合料。SBS-AC13 的疲劳寿命最佳,接下来是 Terminal Blend+SBS、Terminal Blend+岩沥青和 ARAC-13。总体来说,传统的 SBS 改性沥青和橡胶沥青都既有较高的疲劳性能,也有较好的自愈合性能,所有的 Terminal Blend 类的复合改性亦是如此。

考虑了自愈合与不考虑自愈合的疲劳性能排序主要区别在于橡胶沥青 ARAC-13 和 TB-AC13 的变化，考虑了自愈合之后这两者均有排序上的提升，这说明，胶粉改性类沥青存在较明显的自愈合现象，在考虑此类混合料疲劳性能时切勿忽略其自愈合能力，否则会因设计过于保守而导致沥青用量超高。

　　为验证上述规律，特挑选出条件一致下的进行对比，分别取 AC13、AC20、SBS-AC13、ARAC-13 以及 Terminal Blend 胶粉改性沥青 AC1 进行对比。它们具有相同的沥青用量，为 5%，且同在 $1000\mu\varepsilon$ 下进行的疲劳试验，试验结果汇总图如图 10.3 所示。

　　为进行深入对比，现将上述 5 图汇总于一张图中，如图 10.3 所示。

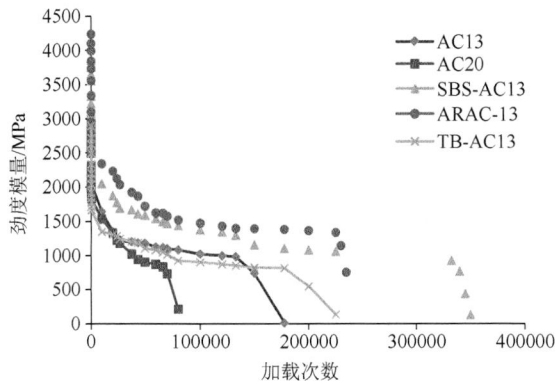

图 10.3　五种沥青混合料劲度模量与疲劳次数的关系汇总图

　　由图 10.3 可知,基质沥青 AC20 混合料与 Terminal Blend-AC13 混合料的劲度模量在整个试验阶段持续下降，出现拐点即 N_{fNM} 处较不明晰，且通过 N_{fNM} 计算公式亦可得到相同的答案，即在拐点周围的 $\Delta N \times M$ 值均不大，而 SBS-AC13 混合料和 ARAC-13 混合料的劲度模量衰减却存在明显的拐点。劲度模量曲线中微裂纹形成阶段相对较为短暂，SBS-AC13 混合料和 ARAC-13 混合料的微裂纹形成阶段较为冗长，基质沥青 AC13 混合料适中。观测劲度变化趋势图的形状和初始劲度模量值可知，Terminal Blend-AC13 与基质沥青 AC20 混合料十分类似，其次与 AC13 类似，这说明 Terminal Blend 胶粉改性沥青有着与基质沥青类似的力学性能，但它更软（即针入度更大）的性质（由第 3 章的疲劳影响因素的研究结果）会给它带来更优的疲劳性能。

　　其次仔细观察试验开始阶段的数据变化发现，在前面 100 次加载循环以内时，沥青混合料劲度模量的衰减是十分剧烈的，第 50 次前后的劲度模量波动很大，取第 50 次为初始劲度模量的方法值得商榷。

　　最后还可以看到，基质沥青与改性沥青混合料的 N_{f50} 疲劳次数相差并不大，都在 20000～50000 的范围内，但 N_{fNM} 就大有不同，这说明随着改性剂的加入，沥青性能变化很大，使用常规的 N_{f50} 法已经不再适合改性沥青混合料疲劳性能的评价。

由图 10.3 亦可知，随着加载次数的增加，五种沥青混合料的劲度模量在逐渐降低，且均在初始阶段下降剧烈，中期存在一个较长的平稳期，在经过某个点后又急剧下降。对于这种现象，Rowe、Bouldin 以及张肖宁[51,113]主张材料的疲劳破坏事实上是裂纹形成、发展、直至断裂的过程，可以称为疲劳断裂，而裂纹的形成与断裂本身属于突变性质，发展才是一个缓慢的过程。本次研究得到的这种劲度模量的变化模式可以根据这种疲劳损伤理论加以解释。根据疲劳判定标准的研究和更早的研究，Rowe 和 Bouldin 提出[51]，在疲劳试验中沥青混合料表现出四个不同阶段：

（1）内部加热阶段；

（2）微裂缝形成阶段；

（3）裂缝形成（以及发展）阶段；

（4）试样疲劳破坏阶段。

示意图如图 10.4 所示。

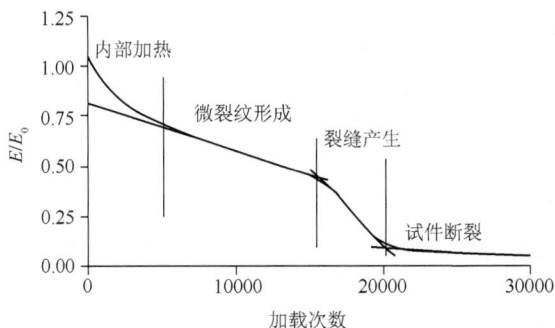

图 10.4　Rowe 和 Bouldin 的疲劳损伤观点示意图

Rowe 和 Bouldin 认为，N_{fNM} 法即源自于此疲劳损伤观点。N_{fNM} 即微裂纹形成和裂缝产生的交点，从现象学上观测，此处的劲度模量衰减存在一个拐点。

不同沥青品种在相同沥青用量和应变量下，其疲劳寿命是有明显差别的，根据第 4 章的研究，AC13 与 AC20 应采用 N_{f50} 法进行评价，它们与改性沥青是无可比性的；SBS-AC13、ARAC-13 和 Terminal Blend-AC13 均适合采用 N_{fNM} 进行评价。在相同的沥青用量下，空隙率最高为 ARAC-13（为 5.87%），最低的是基质沥青 AC13（为 2.45%），劲度模量为 SBS-AC13 最高（为 3959MPa），基质沥青 AC13 最低（为 2476MPa），疲劳性能最优的是 SBS-AC13（达 332300 次）。值得一提的是，虽然 ARAC-13 在 7%的沥青用量下疲劳寿命不及 SBS-AC13，但在此时它仍具有较高的空隙率，可以继续加大沥青用量来提高疲劳寿命，如 6.1.4 节中 11%沥青用量下的 37～42 号梁疲劳寿命已经超越 10^6，本例中 SBS-AC13 在沥青用量为 7%时的空隙率已下探到 2.46%，已经有泛油的风险，无法通过加大沥青用量来获取更高的疲劳寿命。故本书认为究竟选用何种沥青（以及相应级配）应视结构层设计和交通量决定，本书推荐在水平 2 设计时，交通荷载相对较小，有一定成本限制仅需较低沥青用量可选用 SBS 改性沥青 AC13 级配，交通荷载大裂缝高发时则需提供更高疲劳寿命的 ARAC-13。

观测劲度变化趋势图的形状和初始劲度模量值可知，Terminal Blend-AC13 与基质沥青 AC20 混合料十分类似，其次与 AC13 类似，这说明 Terminal Blend 胶粉改性沥青有着与基质沥青类似的力学性能，但它更软（即针入度更大）的性质（由第 3 章的疲劳影响因素的研究结果）会给它带来更优的疲劳性能。

另外可以看出，在前面 100 次加载循环以内时，沥青混合料劲度模量的衰减是十分剧烈的，第 50 次前后的劲度模量波动很大，取第 50 次为初始劲度模量的方法值得商榷。

此外，基质沥青与改性沥青混合料的 N_{f50} 疲劳次数相差并不大，都在 20000～50000 的范围内，但 N_{fNM} 就大有不同，这说明随着改性剂的加入，沥青性能变化很大，使用常规的 N_{f50} 法已经不再适合改性沥青混合料疲劳性能的评价。

10.1.2 不同粒径的对比

混合料设计中，除沥青之外，即集料与级配对疲劳有着很大的影响，实际工程中常将大粒径的混合料用于下面层，小粒径的混合料多用于上面层、中面层。这种做法是否符合疲劳规律？本节首先考虑各个面层对疲劳和高温性能的要求各不相同[184]，然后分析不同粒径的混合料在相同的设计的情况下的疲劳性能，最后在结构层设计与混合料设计的层面来验证这一问题。本节将对比基质沥青与Terminal Blend 胶粉改性沥青在不同粒径下疲劳性能，试验结果见表 10.2。

表 10.2　选取的小梁疲劳试验数据

小梁名称	沥青用量/%	应变量/$\mu\varepsilon$	空隙率/%	初始劲度模量/MPa	N_{f1}/次	N_{f2}/次	N_f/次
AC13			4.48	4249	3120	780	3900
				4441	3750	1040	4790
AC20			4.56	3551	2420	240	2660
				3672	2190	210	2400
AC25	4.0	1000	4.72	3078	1220	140	1360
				3412	1730	180	1910
Terminal Blend-AC13			4.33	3139	28330	11640	39970
				2884	31260	12030	43290
Terminal Blend-AC20			4.42	2920	17620	8270	25890
				2738	19940	8810	28750

　　根据疲劳试验机采集的数据，导出劲度模量随加载次数的关系图，并将其汇总于一幅图中以便直观分析，如图 10.5～图 10.10 所示。

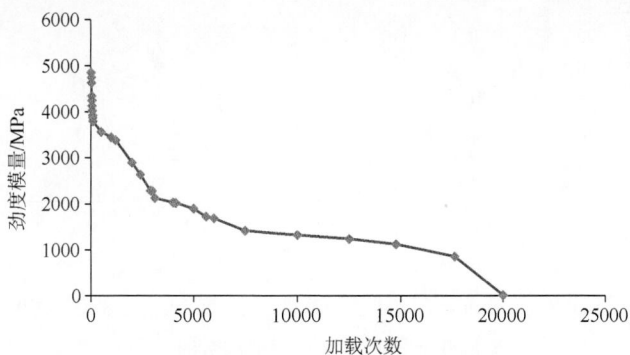

图 10.5　基质沥青 AC13 混合料在 1000με 下劲度模量与疲劳次数的关系

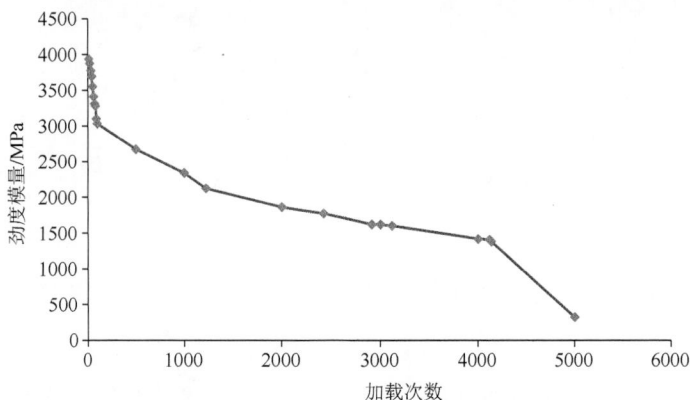

图 10.6　基质沥青 AC20 混合料在 1000με 下劲度模量与疲劳次数的关系

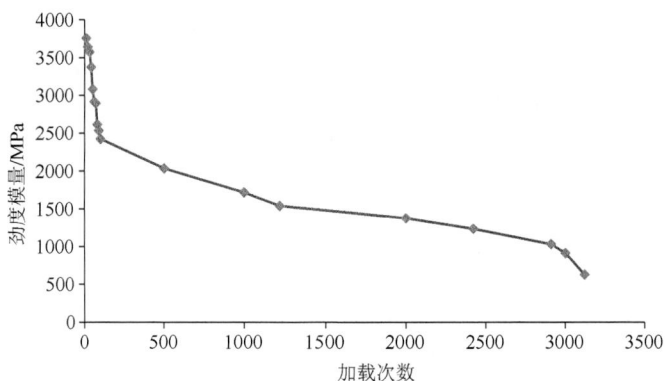

图 10.7　基质沥青 AC25 混合料在 1000με 下劲度模量与疲劳次数的关系

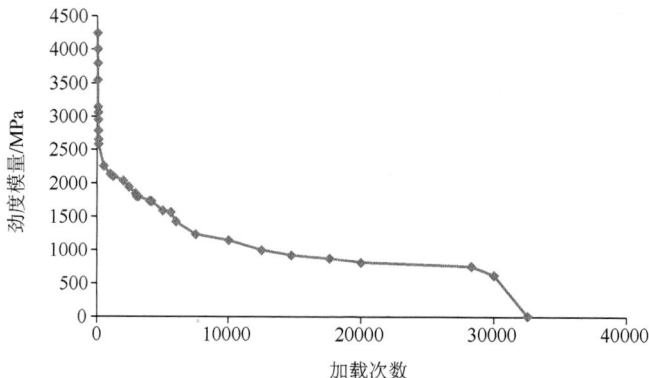

图 10.8　Terminal Blend 胶粉改性沥青 AC13 混合料在 1000
微应变下劲度模量与疲劳次数的关系

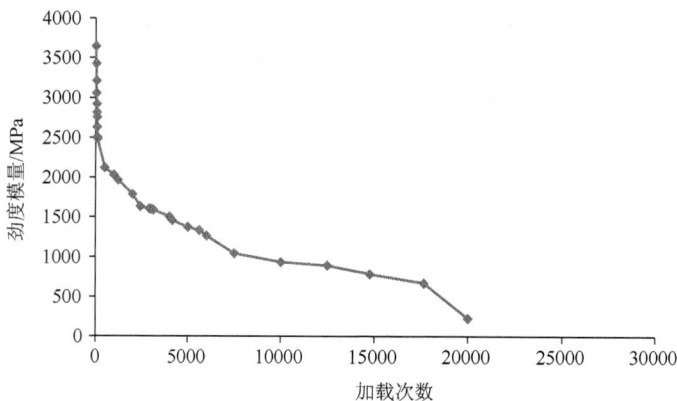

图 10.9　Terminal Blend 胶粉改性沥青 AC20 混合料在 1000
微应变下劲度模量与疲劳次数的关系

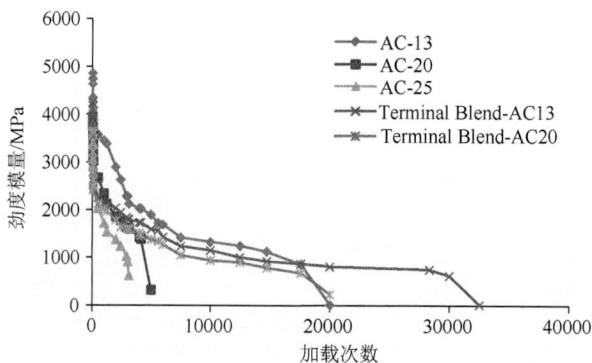

图 10.10　五种沥青混合料劲度模量与疲劳次数的关系汇总图

作出疲劳寿命与粒径大小的关系图，如图 10.11 和图 10.12 所示。

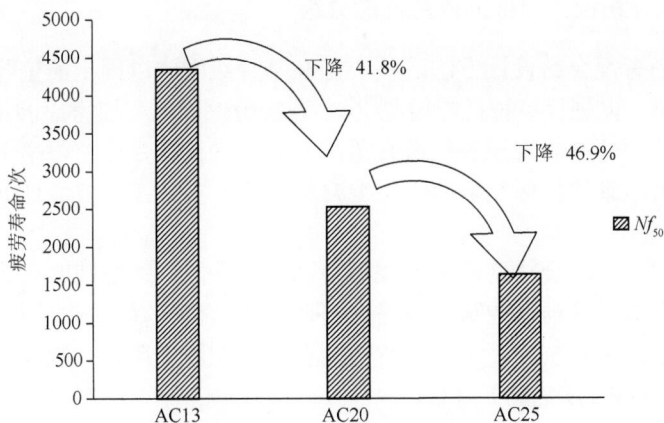

图 10.11　随着粒径增大基质沥青混合料 N_{f50} 变化图

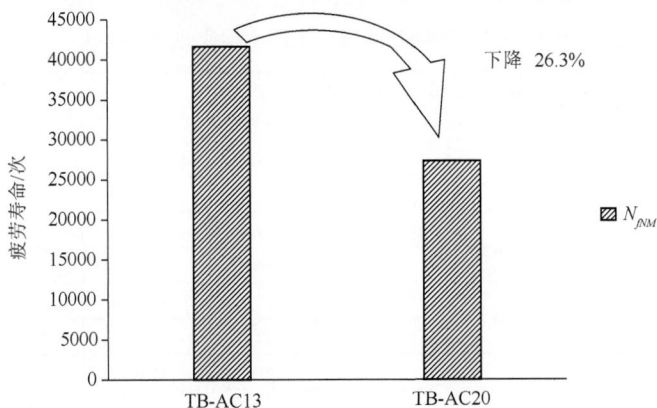

图 10.12　随着粒径增大 Terminal Blend 胶粉改性沥青混合料 N_{fNM} 变化图

从对比关系图中可以明显看到，无论基质沥青混合料或是 Terminal Blend 胶粉改性沥青混合料，它们的疲劳寿命都随混合料粒径的增大而减少，且 AC25 对比 AC20 的降幅高达 46.9%。此规律从混合料设计的角度让设计人员意识到若需提高混合料的疲劳性能，粒径大小是值得考虑的重要一项；但从结构设计角度，AC25 通常用在下面层，直接与基层接触，如此低的疲劳性能无法抵抗反射裂缝向上蔓延[128]，中面层的 AC20 与上面层 AC13 拥有较好的疲劳性能，但从高温车辙的隐患上考虑，上面层与中面层并不需要如此高的疲劳性能或者比下面层更高的疲劳性能。

如何改善与基层接触的沥青层的疲劳性能，是本书所需解决的关键问题，也是在混合料设计中考虑疲劳性能指标的缘由所在。

10.1.3　相同体积设计目标的疲劳性能分级

我国的沥青混合料设计方法的核心是在某种级配中以固定的空隙率寻找到合适的沥青用量，再进行各种性能检测[106]。若疲劳性能是需要考虑的指标之一，在设计中究竟选用何种沥青混合料最合适，有必要进行在目标空隙率下的疲劳性能检测，以各自适宜的目标空隙率进行混合料设计，对比在各自最佳沥青用量下的疲劳性能。

本节所用沥青混合料均需事先成型马歇尔试件，计算空隙率后进行试碾压，试碾压是一个重复且难以控制的过程，每种沥青混合料的碾压次数并不完全相同，试验小梁均重新专门制作，空隙率均控制在目标空隙率附近，误差在±5%以内。试验均在 $1000\mu\varepsilon$ 的应变量下进行。

值得一提的是，橡胶沥青 ARAC-13 常用目标空隙率为 5.5%，其余均采用了4.0%的常规目标空隙率进行设计。试验结果如表 10.3 所示。

表 10.3　目标空隙率设计下的小梁疲劳试验数据

小梁名称	空隙率/%	最佳沥青用量/%	初始劲度模量/MPa	恢复后劲度模量/MPa	N_{f1}/次	N_{f2}/次	N_f/次
AC13	4.0	4.7	4272	1588	4280	1400	5680
			4459	1412	5320	820	6140
AC20	4.0	4.5	4485	1140	3160	350	3510
			4889	992	3530	500	4030
SBS-AC13	4.0	4.8	4759	2320	151640	64300	215940
			5089	2738	156510	76580	233090
ARAC-13	5.5	8.1	3135	2145	528340	372730	901070
			3462	2062	468200	337390	805590
Terminal Blend-AC13	4.0	5.0	3890	468	91720	57580	149300
			3576	855	87600	69200	156800
Terminal Blend+SBS	4.0	4.9	3777	1729	475780	113840	589620
			3821	2012	531300	150300	681600
Terminal Blend+ 岩沥青	4.0	5.0	5242	1866	157400	71860	229260
			4856	1614	134130	48510	182640
Terminal Blend+PE	4.0	4.7	5512	1823	93890	21230	115120
			5581	2033	82930	15500	98430
PE-AC13	4.0	4.7	5663	1773	43920	6200	50120
			5892	1556	28820	4740	33560
岩沥青-AC13	4.0	4.4	6123	2301	53400	12340	65740
			6422	2522	77690	8430	86120
硬沥青-AC13	4.0	4.7	6761	1023	6300	450	6750
			7723	883	6730	580	7310

首先不考虑自愈合的情况，如图 10.13 所示。

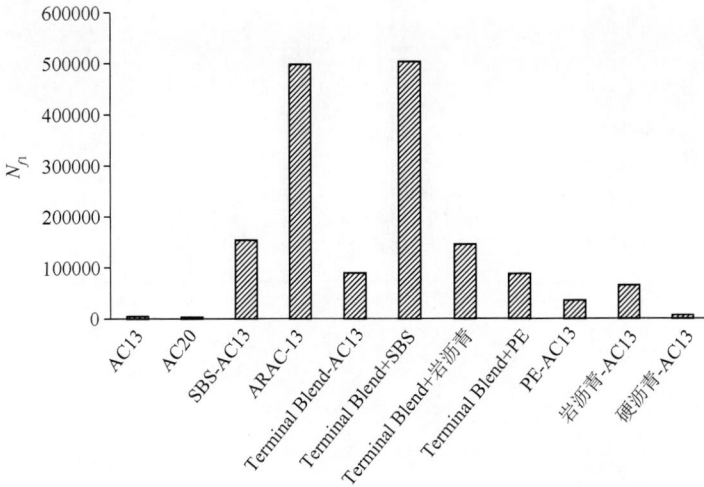

图 10.13　目标空隙率设计下各种沥青混合料的疲劳性能

疲劳性能排序为 Terminal Blend+SBS＞ARAC＞SBS＞Terminal Blend+岩沥青＞Terminal Blend＞Terminal Blend+PE＞岩沥青＞PE＞硬沥青＞AC13＞AC20。

将表 10.3 中 N_{f2} 与 N_{f1} 相除作百分率处理后作为自愈合能力 H，作图可得图 10.14，将 N_f 取平均后可得图 10.15。

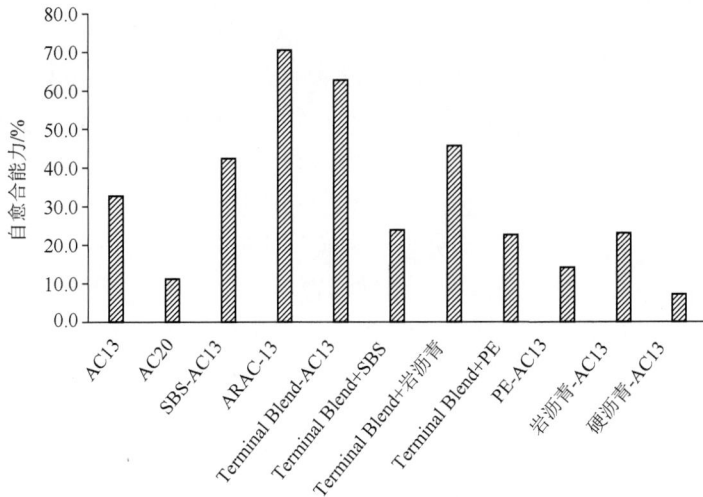

图 10.14　目标空隙率设计下各种沥青混合料的疲劳自愈合能力

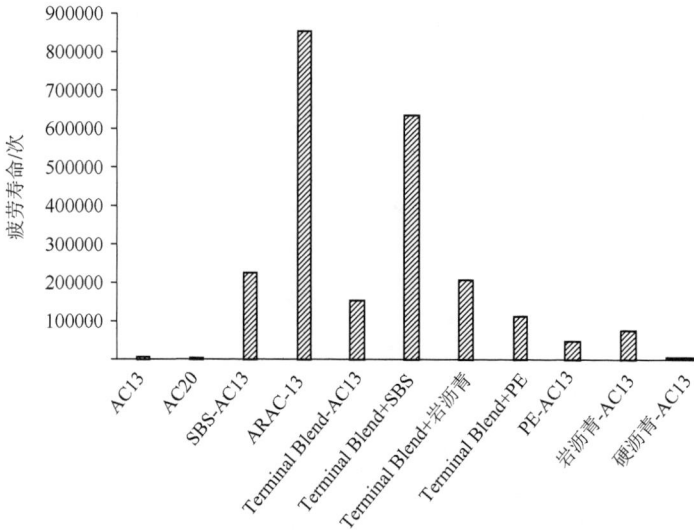

图 10.15　目标空隙率设计下各种沥青混合料的疲劳次数

从图 10.14 中可以看出，在现行的设计方法下，以 5.5%为空隙率的 ARAC-13 仍然具有最高的自愈合能力，其次是 Terminal Blend+岩沥青-AC13、SBS 改性沥青混合料以及 Terminal Blend+SBS 复合改性沥青混合料。

从图 10.15 中可以看出，ARAC-13 的疲劳寿命最佳，接下来是 Terminal Blend+SBS、SBS-AC13 和 Terminal Blend-岩沥青 AC13。然而对比不考虑自愈合的排序和考虑自愈合后的排序，橡胶沥青的排序变化最为明显，与此前描述的同样道理，胶粉改性类沥青混合料具有较高的自愈合能力，这点在设计中不容忽视。

总体来说，传统的 SBS 改性沥青和橡胶沥青都既有较高的疲劳性能，也有较好的自愈合性能，Terminal Blend 类的复合改性亦是如此。这里，ARAC-13 体现出了它的骨架密实结果的先天优势，可以容纳更多的沥青以达到更高的疲劳寿命，而且由于胶粉的存在，其自愈合能力优异，进一步加大了疲劳寿命。Terminal Blend 胶粉改性沥青混合料在不作任何处理的时候与基质沥青相差不大，仅由判断标准的不同导致 TB-AC13 的疲劳寿命较基质沥青多出许多，但进行复合改性后尤其是加入适量的 SBS 后效果将有极大的改善，这说明 Terminal Blend 胶粉改性沥青与橡胶沥青是两者截然不同的沥青，且 Terminal Blend 胶粉改性沥青不适合单独使用，需要进行复合改性。

本节以目标空隙率为设计目标的方法是我国现行混合料设计方法中的关键步骤，达到了目标空隙率，沥青用量的范围即已确定，但仅经过疲劳性能评价的对比，并不能确定此混合料适用范围，必须通过结合高温性能评价的来进行辅助。

设计与疲劳试验相同的沥青混合料，成型车辙试件，完成 60℃下的车辙试验，试验结果如表 10.4 所示。

表 10.4 相同设计目标的高温车辙试验数据

混合料名称	沥青用量/%	永久变形/mm	动稳定度/(次/mm)	动稳定度均值/(次/mm)
AC13	4.7	4.53	1246	1183
		4.62	1121	
AC20	4.5	4.33	1214	1390
		4.23	1567	
SBS-AC13	4.8	3.76	6850	7330
		3.44	7810	
ARAC-13	8.1	3.72	7563	6708
		3.98	5854	
Terminal Blend-AC13	5.0	6.88	851	784
		7.12	718	
Terminal Blend+SBS	4.9	4.11	5231	5180
		4.26	5130	
Terminal Blend+岩沥青	5.1	4.20	5083	5902
		3.94	6722	
Terminal Blend+PE	4.7	4.42	2623	2678
		4.66	2733	
PE-AC13	4.7	2.98	9735	11077
		2.55	12420	
岩沥青-AC13	4.4	2.73	11103	12475
		2.45	13847	
硬沥青-AC13	4.7	2.34	14452	11662
		3.20	8872	

将表 10.3 中 N_f 的均值和表 10.4 中动稳定度的均值分别取以 10 为底的对数，作于同轴图中，考虑到疲劳性能和高温性能在混合料设计上的矛盾特性，将图中疲劳性能取正值，高温性能取负值以便于观察，如图 10.16 所示。

将图 10.16 中的疲劳与高温对数值的绝对值相加可以得到全范围设计幅值，从评价的过程可看出，此全范围设计幅值的大小决定了混合料适用的工况范围——路面的层位、气温的高低、交通量的不同繁重程度等，也决定了混合料在设计过程中的灵活程度。幅值最大的是 ARAC-13，其次是 Terminal Blend+SBS，第三是 SBS-AC13。这说明在相同目标设计下，ARAC-13 能够适用的工况范围最广，可以在施工设计中，以此目标设计为原点最大范围的上调或下调混合料的空隙率、沥青用量以满足不同的疲劳或高温性能要求，有最强的功能性。

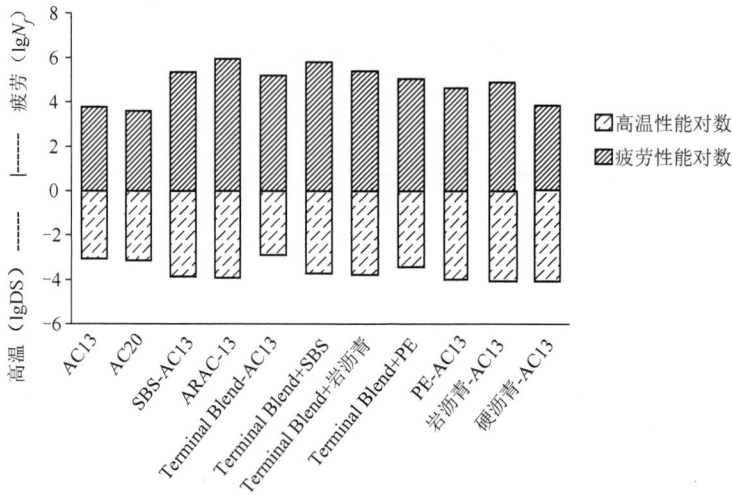

图 10.16　按相同目标设计下的不同混合料疲劳与高温性能对数图

　　根据试验结果，将上述 11 种沥青混合料进行疲劳性能分级。限制条件为：①1000με；②相同设计目标法，如表 10.5 所示。

表 10.5　相同设计目标下的不同沥青混合料疲劳性能分级

分级	$\lg N_f$ 范围	沥青混合料	平均动稳定度/（次/mm）
A	5.8～5.9	ARAC-13	6708
		Terminal Blend+SBS	5180
B	5.3～5.8	SBS-AC13	7330
		Terminal Blend+岩沥青	5902
C	5.0～5.3	Terminal Blend-AC13	784
		Terminal Blend+PE	2678
D	4.6～5.0	岩沥青 AC13	12475
		PE-AC13	11077
E	≤4.6	硬沥青 AC13	11662
		AC13	1183
		AC20	1390

10.1.4　最优设计下的疲劳性能分级

　　考虑到高温性能与疲劳性能是一对矛盾共存的特性，疲劳性能最优即在其他条件相同的情况下加大沥青用量以提高沥青混合料的疲劳性能，此时高温性能随之降低，当高温性能降低到最低限度时（改性沥青≥2800 次/mm，基质沥青≥800

次/mm，Terminal Blend 胶粉改性沥青≥1000 次/mm）的疲劳性能在本书中称为最优疲劳性能。

考虑最优疲劳性能需要首先进行车辙性能的界定，可根据高温预估方法或试验的方法确定沥青用量。在找准 Terminal Blend+SBS、Terminal Blend+岩沥青、Terminal Blend+PE、PE-AC13、岩沥青-AC13 和硬沥青 AC13 这六种沥青混合料的最高沥青用量之前，亦进行了每种沥青三组的车辙动稳定度试验以确定最高沥青用量。试验结果如表 10.6 所示，AC13、AC20、SBS-AC13、ARAC-13 和 Terminal Blend-AC13 采用了前面的研究结果，通过高温性能验证的空隙率、沥青用量与动稳定度的变化曲线图确定最高沥青用量，所有的材料的疲劳试验结果如表 10.6 所示。

表 10.6　六种改性沥青混合料的高温车辙性能

车辙试验混合料	沥青用量/%	动稳定度/（次/mm）	动稳定度均值/（次/mm）
Terminal Blend+SBS	4	8042	8646
		9251	
	4.5	6847	6983
		7000	
	5	6545	6490
		6435	
	5.5	5040	4273
		3987	
	7	2120	1831
		1542	
Terminal Blend+岩沥青	4	7645	7216
		6788	
	4.5	3000	2862
		2775	
	5	4144	4203
		4262	
	5.5	1438	2866
		4315	
	6	5575	6522
		7159	
	6.5	6702	4514
		3705	
	7	2242	2646
		3051	

车辙试验混合料	沥青用量	动稳定度/（次/mm）	动稳定度均值/（次/mm）
Terminal Blend+PE	4	7362	7017
		6672	
	5	4681	5117
		5554	
	7	220	339
		459	
PE-AC13	4	10425	11882
		12340	
	5	8042	8646
		9251	
	7	5622	5347
		5072	
岩沥青-AC13	4	5920	5595
		5270	
	5	4105	3946
		3788	
	7	2120	2281
		2442	
硬沥青-AC13	4	3820	3631
		3442	
	5	2645	2716.5
		2788	
	7	720	781
		842	

将车辙试验结果绘入散点图进行拟合，如图 10.17 所示。

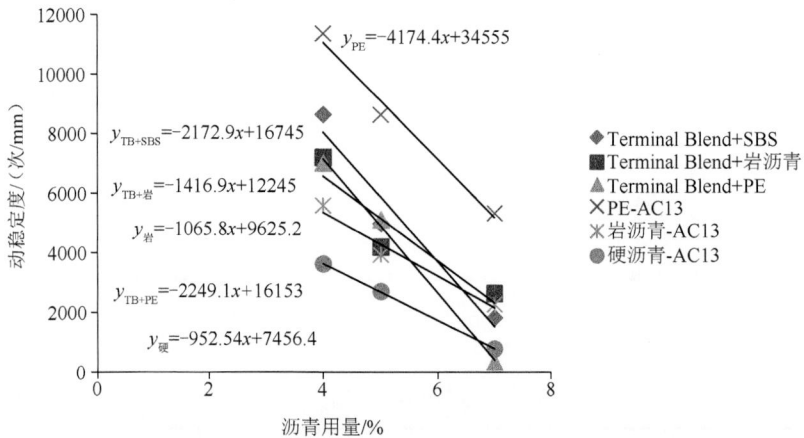

图 10.17　六种改性沥青混合料的车辙试验沥青用量的拟合

根据图 10.17 可以预估此六种沥青混合料达到动稳定度下限时的沥青用量。分别为 7.6%、6.8%、7.7%、8.3%、6.9%和 6.5%。按照此系列沥青用量成型疲劳试验小梁试件，进行 $1000\mu\varepsilon$ 的疲劳试验，AC13、AC20、SBS-AC13、ARAC-13 和 Terminal Blend-AC13 沿用了前面的研究结果，试验数据汇总如表 10.7 所示。

表 10.7　最优疲劳性能设计中的小梁疲劳试验数据

小梁名称	空隙率/%	沥青用量/%	初始劲度模量/MPa	恢复后劲度模量/MPa	N_{f1}/次	N_{f2}/次	N_f/次
AC13	3.6	5.6	3476	1588	10540	3510	14050
			2559	1412	9780	2720	12500
AC20	3.5	5.4	2659	1140	6800	1950	8750
			2589	992	8570	2560	11130
SBS-AC13	2.5	6.9	3959	2320	371850	116300	488150
			4089	2738	398340	196250	594590
ARAC-13	4.6	8.4	3735	2145	665180	371730	1036910
			3662	2062	613490	284390	897880
Terminal Blend-AC13	2.8	7.0	2494	468	209440	104580	314020
			2576	855	227380	115200	342580
Terminal Blend+SBS	2.2	7.5	3377	1729	788440	261840	1050280
			3683	2557	625380	230290	855670
Terminal Blend+岩沥青	2.5	6.8	4042	2242	416220	174160	590380
			4251	2780	467830	147210	615040
Terminal Blend+PE	2.5	7.7	4362	1823	93890	21230	115120
			4172	2033	82930	15500	98430
PE-AC13	2.1	8.3	3120	2312	415260	53220	468480
			3442	2452	366200	78110	444310
岩沥青-AC13	3.4	6.9	2645	1312	466220	100930	567150
			2788	1452	378290	77520	455810
硬沥青-AC13	3.0	6.5	3120	1312	36620	9020	45640
			3442	1452	64250	11200	75450

首先不考虑自愈合的影响，取表 10.7 中 N_{f1} 的均值作图 10.18。

此时的疲劳性能排序为 Terminal Blend+SBS＞ARAC＞Terminal Blend+岩沥青＞岩沥青＞PE＞SBS＞Terminal Blend＞Terminal Blend+PE＞硬沥青＞AC13＞AC20。

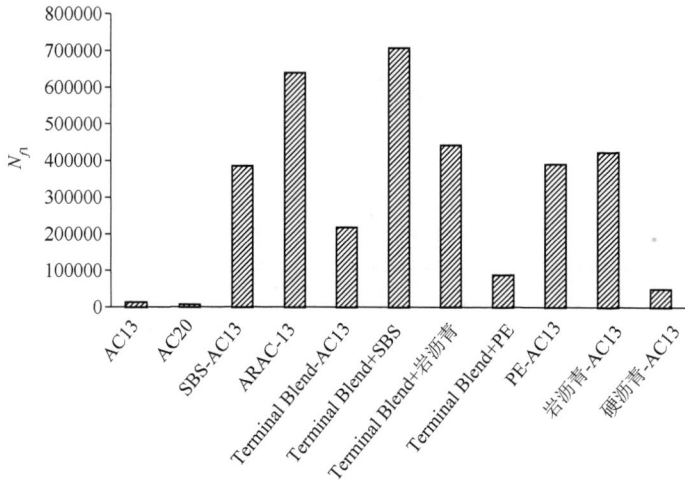

图 10.18　最佳疲劳性能下各种沥青混合料的不考虑自愈合的疲劳性能

　　由于沥青用量极高，此时的排序其实并无太大参考价值，原因在于在极高的沥青用量下，在某一特定温度条件下，高温稳定性好的沥青混合料可以将沥青用量提高，从而获得较高的疲劳性能，但由于没有考虑自愈合性能，如 PE 类的沥青混合料，它们并没有很高的自愈合能力，采用了高沥青用量而不能得到很好的愈合能力既是一种浪费，势必也会造成设计过于保守，同时也带来车辙隐患。

　　同理按照前面相同的处理方法，将表 10.7 中 N_{f2} 与 N_{f1} 相除作百分率处理后作为自愈合能力 H，作图可得图 10.19，将 N_f 取平均后作图 10.20。

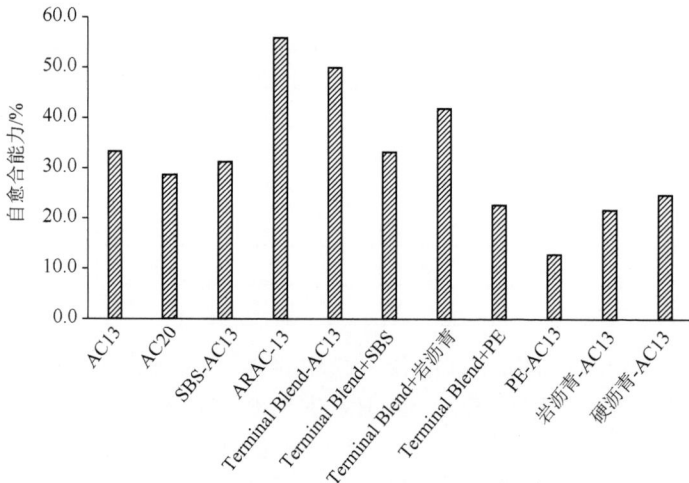

图 10.19　最佳疲劳性能下各种沥青混合料的疲劳自愈合能力

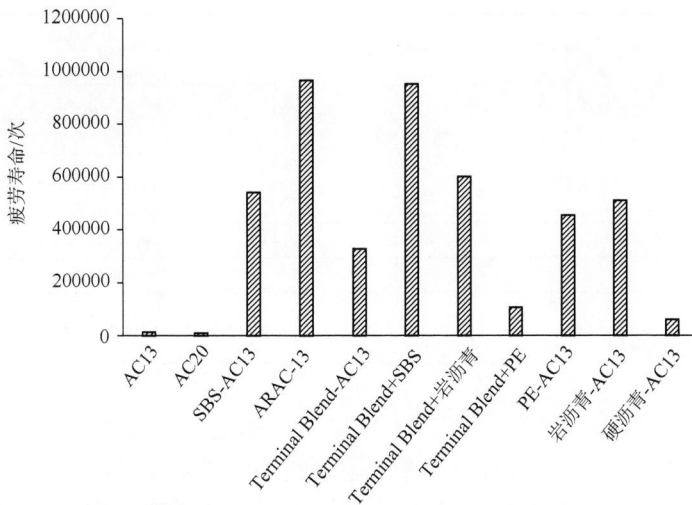

图 10.20 最佳疲劳性能下各种沥青混合料的疲劳次数

在试验过程中可以明显发现，为求达到最优疲劳寿命的设计而采用了最高沥青用量时，虽然可以满足动稳定度的下限，但大量的改性沥青混合料都产生了不同程度的离析和成型后的泛油，出现离析和泛油较大从而导致无法控制的沥青混合料有 AC13、AC20、Terminal Blend+SBS、Terminal Blend+PE、PE-AC13 和岩沥青-AC13，故此六种沥青混合料得到的疲劳寿命不具有参考价值，仅剩余 SBS-AC13、ARAC-13、Terminal Blend-AC13、Terminal Blend+岩沥青、硬沥青-AC13的试验数据较为准确可靠，将此五种改性沥青混合料在达到最优疲劳寿命的设计条件下的自愈合能力和疲劳性能进行排序对比，自愈合能力排序为 ARAC-13＞Terminal Blend-AC13＞Terminal Blend+岩沥青＞SBS-AC13＞硬沥青-AC13；疲劳寿命排序为 ARAC-13＞Terminal Blend+岩沥青＞SBS-AC13＞Terminal Blend-AC13＞硬沥青-AC13。结果说明，无论自愈合能力抑或是疲劳寿命，ARAC-13均有较大优势，在需要得到高疲劳寿命的混合料设计时，最宜选取橡胶沥青。

将表 10.7 中 N_f 数据取以 10 为底的对数，再次对这 11 种沥青混合料进行最优疲劳性能设计下的疲劳性能分级，分级结果如表 10.8 所示。

表 10.8 最优疲劳性能设计的混合料疲劳性能分级

分级	lgN_f范围	沥青混合料
A+	≥5.9	ARAC-13
		Terminal Blend +SBS
A	5.8～5.9	—

分级	lgN_f范围	沥青混合料
B	5.3～5.8	Terminal Blend +岩沥青
		SBS-AC13
		岩沥青 AC13
		PE
		Terminal Blend -AC13
C	5.0～5.3	Terminal Blend +PE
D	4.6～5.0	硬沥青 AC13
E	≤4.6	AC13
		AC20

10.1.5　相同高温性能的疲劳性能分级

考虑到 10.1.4 节中高温性能的最低限制是满足国家规范要求而取，但随着混合料种类和改性方法的增多，且不同沥青面层层位对高温动稳定度的要求不尽相同，国家规范中的动稳定度要求显得较为宽泛，为此本节将综合前面研究中的高温性能辅助研究的结果和 10.1.4 节中的车辙试验结果进行更为细致的分级，以拓宽混合料高温车辙范围并满足不同层位的动稳定度要求。

基于本书进行的高温性能辅助研究，综合所有车辙试验结果，即表 4.5、表 4.9、表 5.7、表 6.4、表 7.6、表 9.4 中的所有沥青混合料进行高温性能分级，而后进行每个高温性能级别中的混合料进行疲劳性能分级，疲劳性能分级按照表 10.8 的标准，结果如表 10.9 所示。

表 10.9　本书所涉及沥青混合料的高温性能分级

高温性能分级	动稳定度范围 /（次/mm）	沥青混合料类型及其沥青用量	疲劳寿命 N_{f1}/次	疲劳寿命 N_{f2}/次	考虑自愈合后疲劳寿命 N_f/次	lgN_f	疲劳性能分级
A+	≥10000	PEAC13-5%	**42390**	**8860**	51250	4.710	D
		PEAC13-4%	**31200**	**7520**	38720	4.588	E
A	6000～10000	TB+SBS-4%	**312930**	**80810**	390940	5.593	C
		TB+PE-4%	**65750**	**17740**	83490	4.922	D
B	2800～6000	TB+SBS-5%	316280	**207570**	523850	5.719	B
		ARAC-7%	229120	143710	372830	5.572	B
		SBSAC13-5%	172530	93810	266340	5.425	B
		TB+PE-5%	121630	**52260**	173890	5.240	C
		岩沥青 AC13-5%	**80290**	**10970**	91260	4.960	D
		SBSAC13-4%	60530	22380	82910	4.919	D
		岩沥青 AC13-4%	**50280**	**8610**	58890	4.767	D
		硬沥青 AC13-4%	**4620**	**0**	4620	3.665	E

续表

高温性能分级	动稳定度范围/（次/mm）	沥青混合料类型及其沥青用量	疲劳寿命 N_{f1}/次	疲劳寿命 N_{f2}/次	考虑自愈合后疲劳寿命 N_f/次	$\log N_f$	疲劳性能分级
C	1000～2800	ARAC-9%	>10⁶	232160	>10⁶	>6	A+
		SBSAC13-7%	312390	290440	602830	5.780	B
		TB+SBS-7%	302830	153440	456270	5.659	B
		TB+岩-5%	148780	**54960**	203740	5.309	B
		TBAC13-4.8%	**83280**	**58040**	141320	5.150	C
		TBAC13-3.3%	**27370**	**11110**	38480	4.585	E
		硬沥青 AC13-5%	**7120**	**1520**	8640	3.915	E
		AC13-4%	**1650**	0	1650	3.217	E
		AC20-4%	**980**	0	980	2.991	E
D	300～1000	ARAC-11%	>10⁶	>10⁶	>10⁶	>6	A+
		TB+PE-7%	197280	81110	278390	5.445	B
		TBAC13-6.3%	**154237**	**44603**	198840	5.299	C
		硬沥青 AC13-7%	20370	8360	28730	4.458	E
		AC13-5.5%	5124	**3696**	8820	3.945	E
		AC20-5.5%	3875	**2865**	6740	3.829	E
E	≤300	AC13-7%	145610	**100880**	246490	5.392	B
		AC20-7%	42450	**33870**	76320	4.883	D
		AC13-6%	29167	5393	34560	4.539	E
		AC20-6%	20344	7286	27630	4.441	E

注：表中加粗字体的数据为新增补试验；非加粗字体的数据均选自前期疲劳试验的均值或回归方程计算值；高温 E 级别的四种混合料均指的是在 40℃下的动稳定度。

本书为便于观察不同混合料的疲劳性能与高温性能分布，将表 10.9 中的分级进行具体取值后绘制散点图，如图 10.21 所示。

由图 10.21 可以看到，按照高温性能划分的混合料较为细致，按此法划分混合料级别之后可发现，可在同等条件下选取高温和疲劳性能同时都相对突出的混合料，或将两种性能按需要在实际工程中作出合理的取舍。在设计混合料的过程中，图 10.21 中横坐标虚线处为高温分级的动稳定度指标，由左至右分别为 300 次/mm、1000 次/mm、2800 次/mm、6000 次/mm 和 10000 次/mm，纵坐标虚线处为疲劳分级的指标，由下至上分别为 4.6、5.0、5.3、5.8 和 5.9。散点图中越接近右上区域的沥青混合料的高温和疲劳性能越突出。沥青用量可在具体的设计中具体考虑，两种性能需要在实际工程中作出合理的取舍。在设计混合料的过程中，可依据图 10.21 中推荐的级别，在某个固定沥青用量上下微调，在满足空隙率要求下预判高温和疲劳性能的级别，可以迅速确定混合料某层混合料的沥青种类和沥青用量。

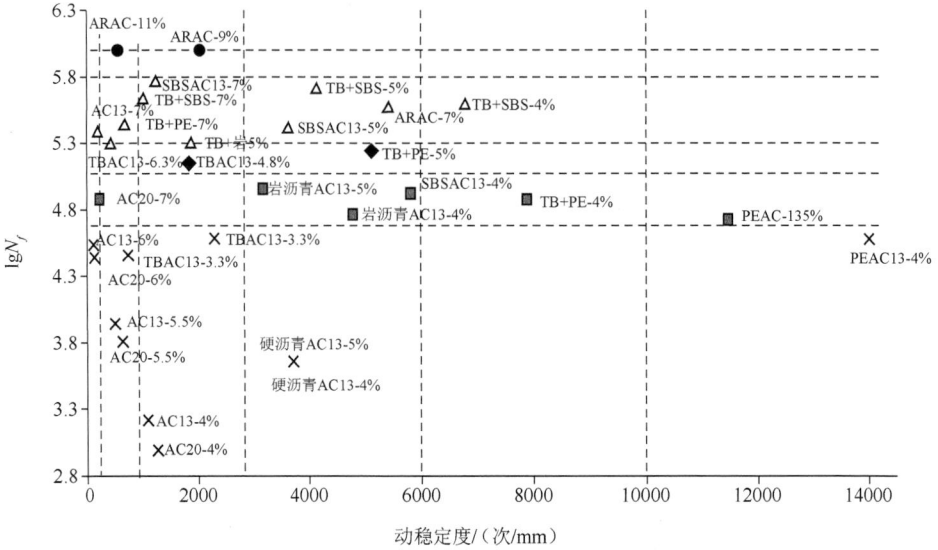

图 10.21　本书所涉及沥青混合料的疲劳性能对数值与高温性能的散点图

　　沥青用量可在具体的设计中具体考虑，纵观本书所涉及的沥青用量范围，在相同高温性能分级情况下，混合料疲劳性能排序为 A 级（DS＞6000）：Terminal Blend+SBS、Terminal Blend+PE、PE；B 级（DS2800～6000）：ARAC、SBS、岩沥青、硬沥青；C 级（DS1000～2800）：Terminal Blend+岩沥青、Terminal Blend、基质沥青；D 级（DS300～1000）：高沥青用量的 ARAC、高沥青用量的 Terminal Blend、高沥青用量的基质沥青；E 级（DS≤300）：SBS 和橡胶沥青应力吸收层类。

10.2　考虑疲劳性能的混合料设计建议方案

10.2.1　设计概述

　　诸多研究表明[58,67,129,183]，路面结构层承受的应变量的大小、其空隙率和沥青用量是决定沥青混合料疲劳性能的关键因素，它们对所研究的所有混合料的疲劳性能有显著影响；随着混合料粒径的增大，混合料本身的高温抗车辙性能越强，而处于上面层的混合料直接受到车辆轮载剪切，就越容易受到车辙的侵袭。实践经验发现，反射裂缝是疲劳开裂的主要来源，大多呈 down-top 类型[185]，这个过程自基层出现裂缝开始，直至上面层出现裂缝结束。目前基层的裂缝无法避免，研究者需做到的是如何改善与基层接触的面层的开裂或延缓裂缝在面层中的开裂速度。

　　目前国内常见的重载路面结构，在下面层设置厚度很厚的 AC25 沥青层来抵御反射裂缝的产生，但往往沥青用量通常偏低；延续 9.1.2 节的研究可知从疲劳性能角度出发，大粒径的混合料用在下面层将不再合理，另外从第 4 章的试验过程可以看到，即使加大 AC25 混合料的沥青用量来改善疲劳寿命的方法也不可取，原因是在成型的过程中，沥青用量过高会出现严重的泛油和离析，这是因为 AC25 级配的石料较小的比表面积没有足够的吸附沥青空间，沥青在混合料中呈流动状态，无石料裹附与黏结，混合料也无法达到提高疲劳性能的效果。

根据之前的研究，若提高疲劳性能，必然导致选用优质沥青或提高沥青用量，不推荐加大压实度的方法（原因在第 6 章已进行详细阐述），沥青混合料成本会提高 50% 以上，但随着疲劳性能的提高，如果将其用在沥青路面的下面层，可用于半刚性路面及白加黑防治反射裂缝，也可用于桥面铺装与机场加铺等对疲劳性能要求较高的沥青路面，结构寿命的延长可抵消成本的增加。由于疲劳开裂是沥青面层厚度的决定因素，如果从根本上改变了混合料的疲劳性能，且在将来其等效厚度的换算关系得到实际工程验证与确认后，这种混合料还可用于减薄沥青路面的结构厚度，这将会降低路面工程造价并延长路面寿命。

SHRP 对沥青混合料的疲劳性能研究较为深入，其研究结果值得深入讨论。在 SHRP-A-404 中，混合料设计分析系统的几个步骤如下[26]。

（1）确定设计要求的可靠度（避免接受有缺陷的组合的概率）和性能（允许的疲劳开裂的程度）。

（2）确定预期分布原位路面温度。

（3）估计设计交通量的需求（ESALs）。

（4）选择试拌混合料。

（5）按要求准备试验样品和仪器环境。

（6）测试试拌混合料劲度模量。

（7）设计路面结构部分。

（8）确定设计标准轴载下的压力。

（9）测定试拌混合料的疲劳寿命（N_{supply}）或者进行回归估计。

（10）应用的预计交通量修正因子考虑到用于实验室和现场条件的差异（如交通漂移和裂纹扩展）。

（11）比较交通需求的 N_{demand} 和混合料能够提供的 N_{supply}。

（12）若 $N_{demand} > N_{supply}$，则应重新设计当前的试验组合选取趋于疲劳预估更大的指标进行试拌，进行二次或多次迭代的过程。

本次基于疲劳的设计方法是以马歇尔方法为基础的修正，凸显出疲劳性能或者疲劳与高温结合的重要性在内，充分结合 SHRP-A-404 中推荐的 $N_{demand} > N_{supply}$ 的形式，满足马歇尔稳定度、流值、沥青饱和度、矿料间隙率等设计指标的同时，对疲劳性能作全面的分析，加入了在混合料设计之前与结构设计相结合的环节，需输入的路面设计参数更多。具体设计过程和参数将在 10.2.2 节中提出。

10.2.2　设计水平与流程

本书将设置两个水平等级进行混合料设计检验，水平 1 的核心为参照本书研究结果中推荐的拟合方程进行疲劳和高温性能预估完成混合料设计，水平 1 适用于三、四等级公路非改性沥青混合料设计；水平 2 涉及参照本书研究结果推荐的影响因素来进行全面的混合料设计，实测出疲劳和高温性能来实现混合料设计，水平 2 适用于高速公路和一、二级公路的基质沥青混合料以及改性沥青混合料设计。其中水平 2 包含三种结构层混合料设计方法，分别对应上面层、中面层和下面层（含应力吸收层）。

图 10.22～图 10.25 为两个水平下的沥青混合料目标配合比设计过程。

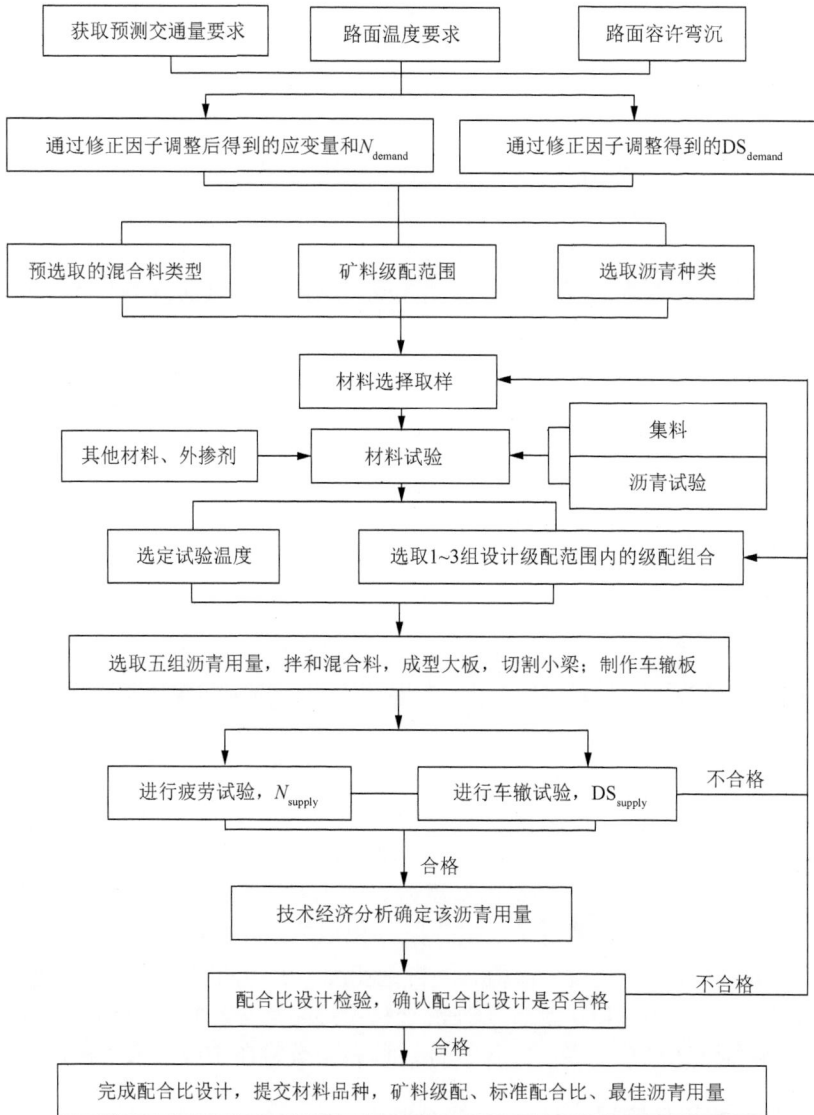

图 10.22　水平 2 非下面层沥青混合料目标配合比设计流程图

```
┌──────────────────────┐              ┌──────────────────┐
│   获取预测交通量要求     │              │   路面温度要求      │
└──────────┬───────────┘              └────────┬─────────┘
           │                                   │
           └─────────────────┬─────────────────┘
                             ▼
        ┌──────────────────────────────────────────┐
        │ 通过修正因子调整后得到的相应的应变量和 $N_{demand}$ │
        └──────────────────────┬───────────────────┘
                               │
    ┌───────────────┬──────────┴──────────┬───────────────┐
    ▼               ▼                      ▼
┌────────────┐  ┌────────────┐       ┌────────────┐
│ 预选取的混合料类型│  │  矿料级配范围  │       │  选取沥青种类  │
└──────┬─────┘  └──────┬─────┘       └──────┬─────┘
       └───────────────┴─────────────────────┘
                       ▼
                ┌──────────────┐
                │  材料选择取样   │◄───────────────────┐
                └──────┬───────┘                     │
                       ▼                             │
   ┌──────────────┐  ┌──────────────┐  ┌──────────┐  │
   │  其他材料、外掺  │─►│   材料试验     │◄─│   集料    │  │
   └──────────────┘  └──────┬───────┘  ├──────────┤  │
                            │          │  沥青试验  │  │
                            │          └──────────┘  │
            ┌───────────────┴──────────────┐         │
            ▼                              ▼         │
      ┌──────────────┐        ┌─────────────────────────┐
      │  选定试验温度   │        │ 选取1~3组设计级配范围内的级配组合 │◄─┤
      └──────────────┘        └──────────────┬──────────┘  │
                                             │             │
                       ┌─────────────────────┘             │
                       ▼                                   │
   ┌───────────────────────────────────────────┐          │
   │ 选取五组沥青用量，拌和混合料，成型大板，切割小梁   │          │
   └──────────────────────┬────────────────────┘          │
                          ▼                               │
              ┌──────────────────────┐        不合格        │
              │  进行疲劳试验，$N_{supply}$ │───────────────────┘
              └──────────┬───────────┘
                         │ 合格
                         ▼
         ┌──────────────────────────┐
         │   技术经济分析确定该沥青用量    │
         └────────────┬─────────────┘
                      ▼
   ┌────────────────────────────────────────────┐    不合格
   │ 配合比设计检验（或车辙性能验证），确认配合比设计是否合格 │──────────┐
   └──────────────────────┬─────────────────────┘          │
                          │ 合格                           (返回)
                          ▼
  ┌──────────────────────────────────────────────────┐
  │ 完成配合比设计，提交材料品种，矿料级配、标准配合比、最佳沥青用量 │
  └──────────────────────────────────────────────────┘
```

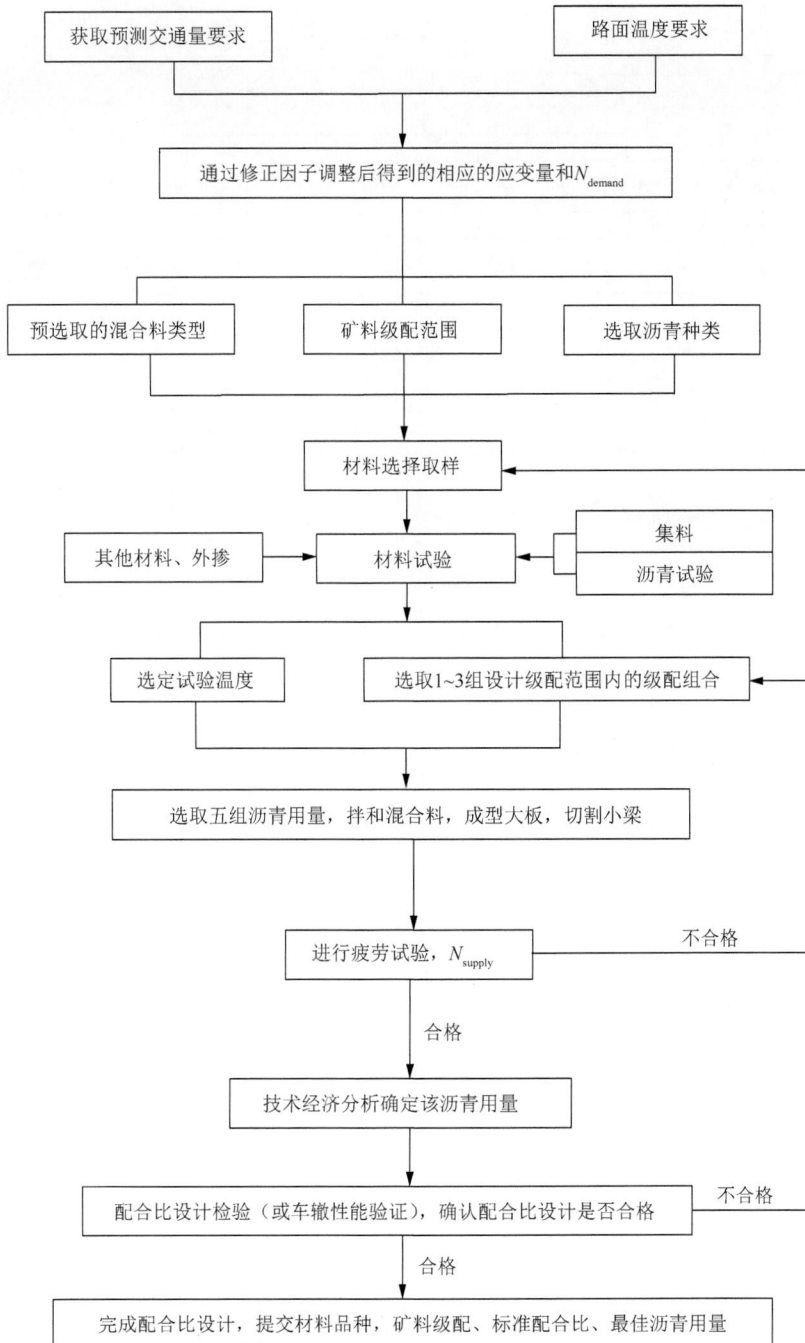

图 10.23　水平 2 下面层沥青混合料目标配合比设计流程图

```
┌─────────────────┐   ┌─────────────────┐   ┌─────────────────┐
│  获取预测交通量要求  │   │   路面温度要求    │   │   路面容许弯沉    │
└─────────────────┘   └─────────────────┘   └─────────────────┘

┌──────────────────────────────────┐   ┌──────────────────────────────┐
│ 通过修正因子调整后得到的应变量和 N_demand │   │ 通过修正因子调整得到的 DS_demand │
└──────────────────────────────────┘   └──────────────────────────────┘

┌─────────────────┐   ┌─────────────────┐   ┌─────────────────┐
│  预选取的混合料类型  │   │   矿料级配范围    │   │   选取沥青种类    │
└─────────────────┘   └─────────────────┘   └─────────────────┘

            ┌──────────────────────┐
            │    按推荐材料选择取样    │
            └──────────────────────┘

            ┌──────────────────────┐
            │  根据工程经验选取目标空隙  │
            └──────────────────────┘

            ┌──────────────────────┐
            │     选定沥青用量      │
            └──────────────────────┘

            ┌──────────────────────┐  不合格
            │ 根据既定应变量和回归公式计算确定 │
            └──────────────────────┘
                  │合格
            ┌──────────────────────┐
            │  技术经济分析确定该沥青用量 │
            └──────────────────────┘

            ┌──────────────────────┐  不合格
            │ 配合比设计检验,确认配合比设计是否合格 │
            └──────────────────────┘
                  │合格
┌──────────────────────────────────────────┐
│ 完成配合比设计,提交材料品种,矿料级配、标准配合比、最佳沥青用量 │
└──────────────────────────────────────────┘
```

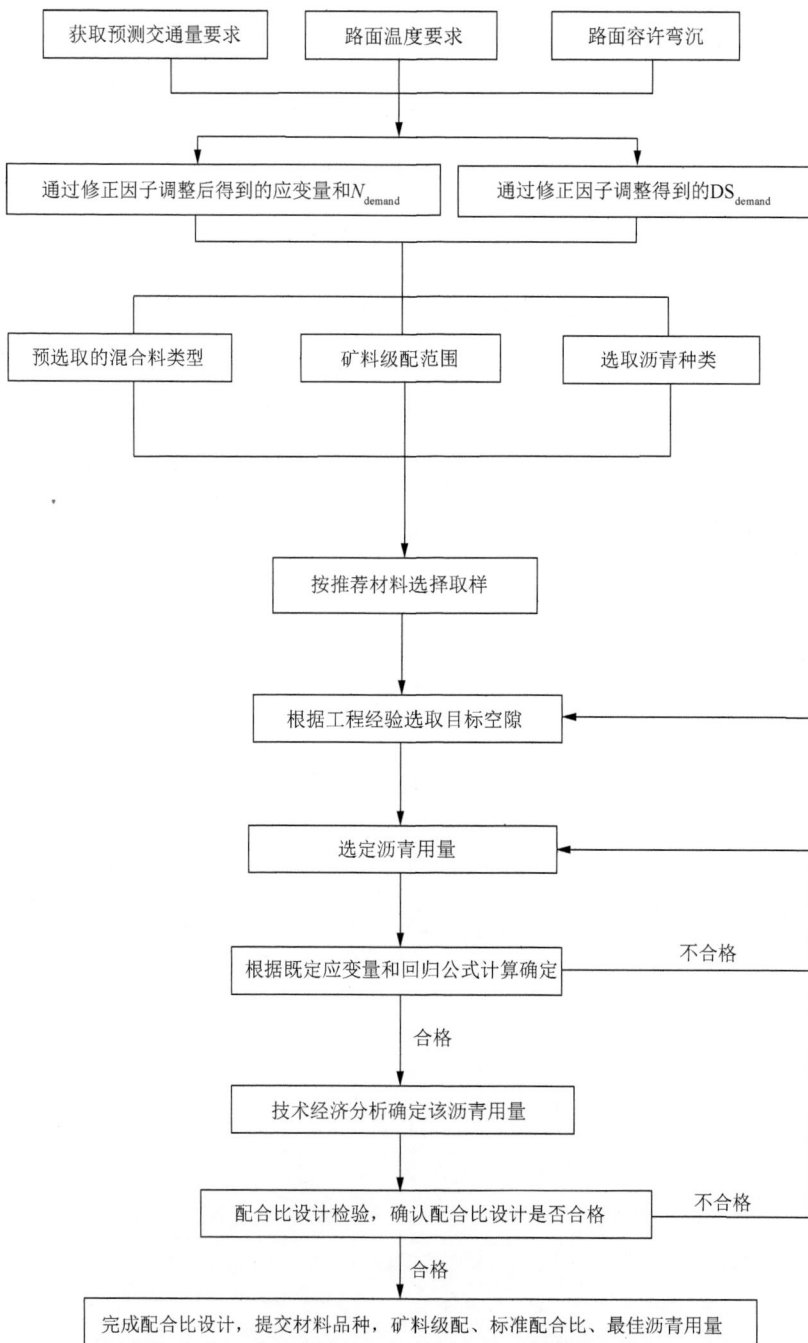

图 10.24 水平 1 非下面层沥青混合料目标配合比设计流程图

```
┌─────────────────────┐              ┌─────────────────────┐
│  获取预测交通量要求   │              │    路面温度要求       │
└─────────────────────┘              └─────────────────────┘
           │                                    │
           └──────────────┬─────────────────────┘
                          ▼
        ┌──────────────────────────────────────┐
        │  通过修正因子调整后得到的应变量和        │
        └──────────────────────────────────────┘
                          │
         ┌────────────────┼────────────────┐
         ▼                ▼                ▼
┌──────────────┐  ┌──────────────┐  ┌──────────────┐
│预选取的混合料类型│  │ 矿料级配范围   │  │ 选取沥青种类   │
└──────────────┘  └──────────────┘  └──────────────┘
         └────────────────┼────────────────┘
                          ▼
              ┌──────────────────────┐
              │  按推荐材料选择取样     │
              └──────────────────────┘
                          │
                          ▼
        ┌──────────────────────────────┐
        │  根据工程经验选取目标空隙        │◄──────────┐
        └──────────────────────────────┘            │
                          │                          │
                          ▼                          │
        ┌──────────────────────────────┐            │
        │     选定沥青用量                │◄──────┐    │
        └──────────────────────────────┘        │    │
                          │                      │    │
                          ▼               不合格 │    │
        ┌──────────────────────────────┐────────┘    │
        │  根据既定应变量和回归公式计算确定 │              │
        └──────────────────────────────┘              │
                          │合格                         │
                          ▼                            │
        ┌──────────────────────────────┐              │
        │  技术经济分析确定该沥青用量      │              │
        └──────────────────────────────┘              │
                          │                      不合格 │
                          ▼                            │
┌────────────────────────────────────────────────┐───┘
│ 配合比设计检验（或含车辙性能验证），确认配合比设计是否合格 │
└────────────────────────────────────────────────┘
                          │合格
                          ▼
┌────────────────────────────────────────────────────┐
│ 完成配合比设计，提交材料品种，矿料级配、标准配合比、最佳沥青用量 │
└────────────────────────────────────────────────────┘
```

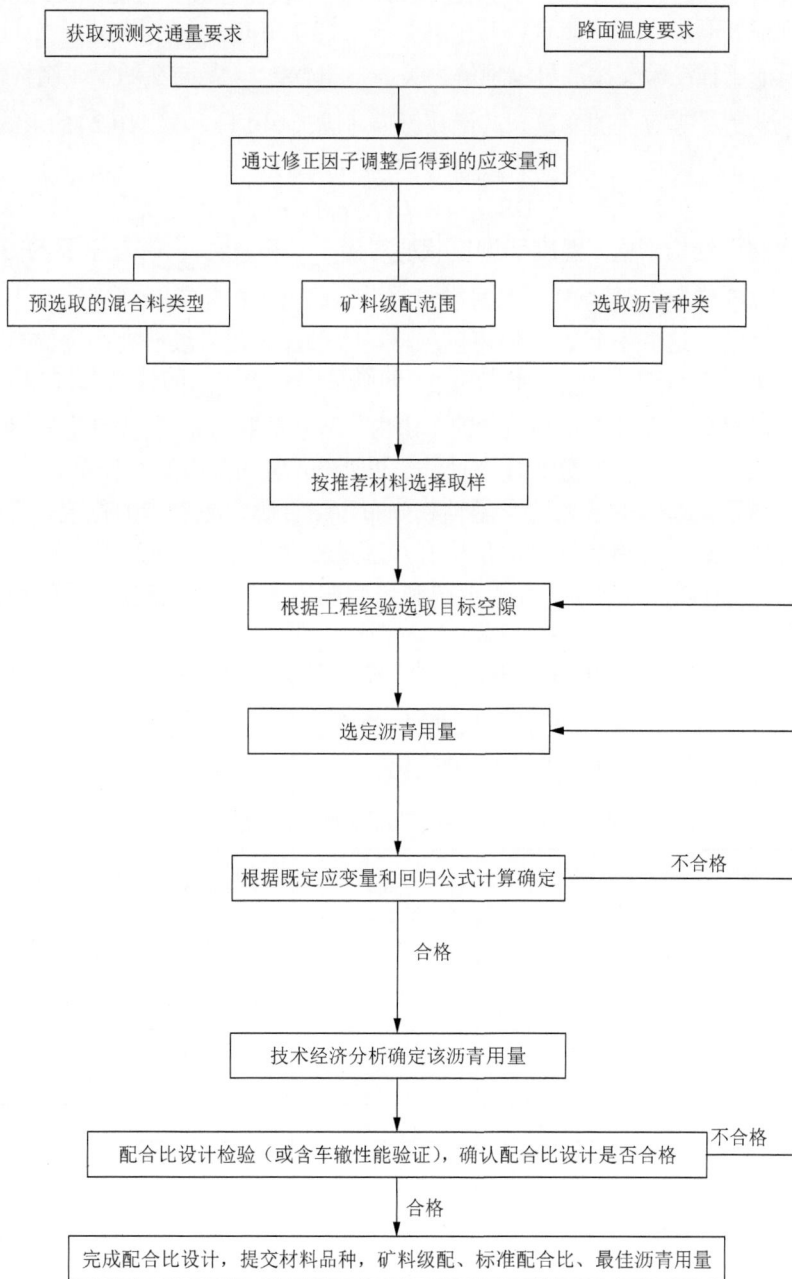

图 10.25　水平 1 下面层沥青混合料目标配合比设计流程图

上述目标配合比设计是一种基于马歇尔设计方法的修正疲劳性能检测的设计方法，在水平 1 时它强调对疲劳性能和高温性能的预估，在水平 2 设计时注重对试验的设计与安排，在与半刚性基层接触的下面层仅考虑疲劳性能，在其他面层考虑疲劳性能和高温性能相结合。其中具有决定性作用的 N_{demand} 和 $\text{DS}_{\text{demand}}$ 的确定要基于大量的工程经验支撑，可以理解为 N_{demand} 和 $\text{DS}_{\text{demand}}$ 是与交通量、结构形式 c、温度 T、湿度 m 等有关的变量。其函数可描述成式（10.1）和式（10.2）的形式：

$$N_{\text{demand}} = f_1(N, c, T, m) \tag{10.1}$$

$$\text{DS}_{\text{demand}} = f_2(N, c, T, m) \tag{10.2}$$

沥青路面结构形式、温度和湿度状况对 N_{demand} 和 $\text{DS}_{\text{demand}}$ 有着重要的影响，但鉴于篇幅与研究重心的考虑，本书在实例中仅提出了车轮荷载作用，暂不考虑其他因素的影响，这并不代表它们可以忽略，本书建议在后续研究中需综合其他三个因素或更多因素加入 N_{demand} 和 $\text{DS}_{\text{demand}}$ 的确定中。N_{demand} 的计算过程如下。

当量轴载分布在整幅宽度为 l 的车道内，车道系数为 η，首先获取宽为 d 的一个车道上实测的轮迹横向分布概率曲线（以 25cm 宽的条带为统计单元），计算出轮迹中心带至路边缘的各处的当量轴载分布，结合确定轮迹带的位置，弯拉应变最不利点为轮迹中心带的沥青面层层底，通过轴载计算累计响应后的最不利点的应变，最后通过材料疲劳试验测定或利用回归方程反算相应应变下的疲劳次数 N_{demand}。

$\text{DS}_{\text{demand}}$ 方面，根据温度场研究可知，沥青面层的剪应力随着深度的加大面层所处温度不一样，而剪应力与车辙试验的动稳定度存在一定关联。相关研究可见表 10.10 和式（10.3），沿用研究[181]的结论。

表 10.10　轮压为 0.7MPa 的路面剪应力场

深度/cm ＼ 路表温度/℃	68.3	55.4	42.5	29.5
0	0.363	0.403	0.474	0.503
1	0.423	0.453	0.482	0.515
2	0.460	0.511	0.551	0.551
3	0.475	0.535	0.599	0.613
4	0.516	0.565	0.623	0.651
5	0.523	0.572	0.631	0.662
6	0.512	0.532	0.555	0.557
8	0.462	0.493	0.524	0.541
10	0.390	0.431	0.473	0.507
12	0.494	0.476	0.458	0.438
14	0.368	0.372	0.375	0.380
16	0.224	0.255	0.285	0.320
18	0.218	0.322	0.313	0.342
20	0.234	0.245	0.235	0.330

沥青混合料的动稳定度大致与抗剪强度存在以下关系[181]：

$$DS = 3220\sigma - 770 \qquad (10.3)$$

结合表 10.10 和式（10.3）可推算出各层混合料的动稳定度要求。计算结果见表 10.11。

表 10.11　轮压为 0.7MPa 的路面动稳定度要求　（单位：次/mm）

深度/cm　　路表温度/℃	68.3	55.4	42.5	29.5
0	398.86	527.66	756.28	849.66
1	592.06	688.66	782.04	888.3
2	711.2	875.42	1004.22	1004.22
3	759.5	952.7	1158.78	1203.86
4	891.52	1049.3	1236.06	1326.22
5	914.06	1071.84	1261.82	1361.64
6	878.64	943.04	1017.1	1023.54
8	717.64	817.46	917.28	972.02
10	485.8	617.82	753.06	862.54
12	820.68	762.72	704.76	640.36
14	414.96	427.84	437.5	453.6
16	248.72	351.1	247.7	360.4
18	422.34	372.34	302.32	312.01
20	259.86	355.23	277.22	377.40

根据表 10.11 的要求，进行车辙试验，根据不同层位所处的位置，判断经由疲劳性能优先设计出的混合料配合比是否满足最低高温车辙要求。若不满足，则需从头设计。

无论疲劳性能指标验证或是高温性能验证，现都缺少工程经验支撑，它的应用在开始实施阶段通常需要试验段和大量工程应用的逐渐累积；由于在疲劳性能的验证过程中，考虑高温性能的影响因素尚处于理论阶段，混合料在工程实际中所产生的车辙隐患具有较大的不可预见性，推荐在最初试验阶段选取较保守的设计，即尽可能选取动稳定度较高的方案。

10.2.3　设计方法的实例评价

1. 设计参数

为进行路面设计的验算，根据水平 2 进行下面层混合料设计。选取第 5 章用到的混合料 SBS-AC13，过程与第 5 章中完全一致，沿用其混合料沥青用量（7%）。利用旋转压实成型混合料计算静态模量，Φ100mm×150mm 高度的旋转压实试件，按试验规程，采用 MTS-810 测试其混合料的静态模量。对比试验选取了用目标空隙率 4%的方法设计的旋转压实试件，对比试验结果如表 10.12 所示。

表 10.12　静态模量试验结果

项目	沥青用量/%	静态模量/MPa			
		1	2	3	4
水平 2 设计	7	630	641	689	660
目标空隙率设计	4.6	1323	1402	1378	1433

需要说明的是，一级公路改高速公路，根据我国路面设计规范，需选取弯沉与拉应力为控制指标，仅通过 HDPS2003 路面设计软件对两种路面设计进行验算即可。但面临层底因反射裂缝带来的开裂问题，这种方法所考虑的设计参数是不足以评价的。有研究学者经过长期研究得到如下结论[67]：对于半刚性基层反射裂缝和旧水泥混凝土路面沥青混凝土加铺层接缝（裂缝）开裂，研究发现，沥青结构层的疲劳寿命主要为裂缝扩展阶段的寿命，此时不应采用传统的疲劳力学进行研究和结构层设计。

此间过程可以简单叙述为：水稳基层所产生的温缩和干缩开裂，交通荷载的反复外力作用下，会导致裂缝的尖端附近的沥青混凝土材料在内部产生应力集中，导致原先的裂缝会在沥青加铺层相同的位置出现，反射裂缝逐渐形成。而反射裂缝扩展主要是剪切型开裂，且偏荷载是导致剪切型开裂的主要因素。限于篇幅和研究方向，这里不详细讨论剪应力是如何发展，裂缝最终是如何形成的。

从表 10.12 中可见，用此法设计出来的混合料模量较低，将模量较低的面层或应力吸收层设置到与基层接触的下面层，能够有效减少应力集中，延缓路面反射裂缝的产生。

现将上海市嘉定区曹安公路（312 国道）列为设计实例模拟分析的改造路段。此公路是连接上海与江苏苏州重要的一级公路，交通量大，重车较多，在此按上海嘉定区曹安公路交通流量计算作为辅助一级公路改造高速公路案例，作者分别于 2012 年 9 月和 2013 年 3 月在曹安公路嘉松中路至绿苑路段（黄渡段）进行了两次早中晚三次高峰时段的交通量调查，将日交通量取平均后，对其他时段交通流量进行预估。结果如表 10.13 所示。

表 10.13　案例中交通流数据

项目	设计年限/年	车道系数	竣工后第一年日平均当量轴次	设计年限内单车道上累计当量轴次
指标	15	0.4	8094	16323096

经实测绘制一条宽为 3.75m 的标准车道，轮迹分布概率曲线（以 25cm 宽的条带为统计单元）如图 10.26 所示。

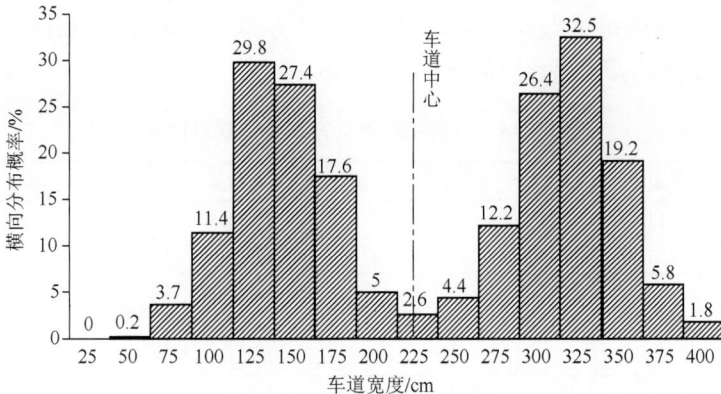

图 10.26　分车道单向车道轮迹横向轴载频率分布

通常轮迹中心带的沥青面层层底弯拉应变是最不利位置，接下来选取合适的力学分析软件进行路面应变量的分析。考虑到要将应变（而并非应力）作为控制指标，本节将选用 Shell 推出的 BISAR3.0 计算软件。

根据研究，模量越大的结构层越容易在有裂缝有偏荷载作用下产生应力集中，产生更大的剪应变；而在没有裂缝的情况下，模量越大则结构层的层底拉应变越小。故沥青层开裂是由拉应变引起，还是由剪应变引起，还是两者均有影响，或者沥青层一旦产生开裂，两者对裂缝的发展又有着何种影响，是一个复杂的过程，它与基层是否存在裂缝以及裂缝的大小、变化程度、沥青层性质、温湿度等多种因素相关。

在 BISAR3.0 计算中，本书假设偏荷载所带来的层底剪应变与层底拉应变在某种程度上具有负相关性，除此之外在计算过程中还满足以下基本假定[184,185]。

（1）新筑路面的沥青面层、夹层、带有贯通裂缝的基层、底基层和土基层均为均匀、连续、各向同性的线弹性体。

（2）各层间竖向，水平位移连续。

（3）不计路面结构自重的影响。

（4）基层尚无裂缝产生，沥青层的开裂全部由层拉应变造成。

（5）基层出现裂缝后的层底剪应变可由层底拉应变估算。

将图 10.26 中的分布输入 BISAR 软件中的位置（position(x,y)），并输入相应的轴载（vertical load）。

2. 对比方案

本节以上海市嘉定区曹安公路的改造为例，设置六种路面结构，改变与基层接触的面层的材料，选取采用基于疲劳性能优先的混合料设计方法。成本计算过程主要考虑沥青混合料的材料费用、碾压费用、运输费用以及拌和费用四项，最终将合计值平均到每平方米的路面。结构设计方案与成本如表 10.14 所示，计算过程中用到的材料参数见表 10.15 和表 10.16。

表 10.14　六种结构设计方案及其成本计算

结构层	方案 1	方案 2	方案 3	方案 4	方案 5	方案 6
第 1 层	AC13, 4	AC13, 4	AC13, 4	AC13, 4	AC13, 3	AC13, 3
第 2 层	AC20, 6	AC20, 5	AC20, 5	AC20, 5	AC20, 8	AC20, 8
第 3 层	AC25, 8	ARAC-13, 4	SBS 沥青 AC13, 4	Terminal Blend-SBS 沥青 AC13, 4	橡胶沥青应力吸收层, 2	SBS 沥青应力吸收层, 2
基层	水泥稳定碎石	水泥稳定碎石	水泥稳定碎石	水泥稳定碎石	水泥稳定碎石	水泥稳定碎石
底基层	水泥石灰稳定土	水泥石灰稳定土	水泥石灰稳定土	水泥石灰稳定土	水泥石灰稳定土	水泥石灰稳定土
土基	—	—	—	—	—	—
面层总厚度, h/cm	18	13	13	13	13	13
面层成本, C/（元/m²）	304	334	387	326	513	562
增加开支/%	—	16.45	27.30	7.24	68.75	84.87

*方案中数字为层厚，单位为 cm。

表 10.15　常量材料参数

项目	AC13	AC20	水泥稳定碎石	水泥石灰稳定土	土基
弹性模量/MPa	1800	1400	1700	700	40
泊松比	0.25	0.25	0.2	0.2	0.3
导热系数	1.3	1.2	1.2	1.1	1
温缩系数	2×10^{-5}	2×10^{-5}	1.2×10^{-5}	1.0×10^{-5}	0.5×10^{-5}
容许拉应力/MPa	0.47	0.34	0.53	0.31	—

表 10.16　变量材料参数

项目	AC25	ARAC-13	SBS 沥青 AC13	SBS-Terminal Blend 沥青 AC13	橡胶沥青应力吸收层	SBS 沥青应力吸收层
弹性模量/MPa	1000	600	650	700	350	370
泊松比	0.25	0.25	0.25	0.25	0.35	0.3
导热系数	1.2	1.3	1.4	1.4	1.4	1.4
温缩系数	2×10^{-5}	2×10^{-5}	2×10^{-5}	2×10^{-5}	2×10^{-5}	2×10^{-5}
容许拉应力/MPa	0.27	0.69	0.77	0.83	1.31	1.65

将层厚与材料参数转化为 BISAR 可识别的数据输入程序中，再分别确定程序中拉应变点的计算位置（position(z)），如图 10.27 所示。

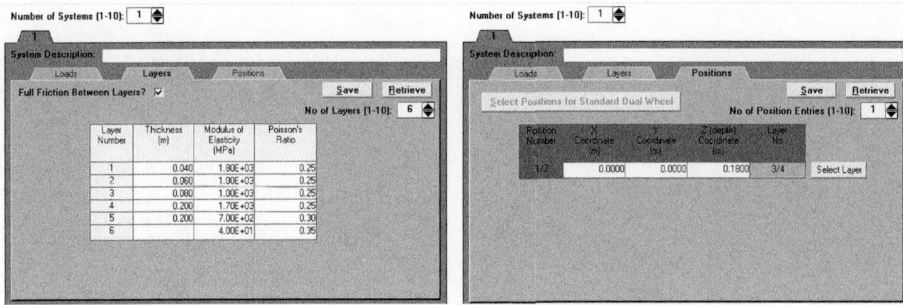

图 10.27　参数的输入和拉应变 Position 的选择

计算结果如表 10.17 所示。

表 10.17　层底拉应变计算结果

结构层	方案 1	方案 2	方案 3	方案 4	方案 5	方案 6
与基层接触层	AC25	ARAC-13	SBS 沥青 AC13	SBS-Terminal Blend 沥青 AC13	橡胶沥青应力吸收层	SBS 沥青应力吸收层
层底距顶面高度/cm	18	13	13	13	13	13
该层底拉应变	92	168	155	137	287	232

将计算值代入各自行为方程，计算其疲劳寿命，其中 SBS-Terminal Blend 沥青 AC13 单独完成两次疲劳试验取两次结果的平均值。按式（10.4）计算方案性价比 r，结果如表 10.18 所示[186]。

$$r=C/N_f \qquad (10.4)$$

表 10.18　层底拉应变计算结果

结构层	方案 1	方案 2	方案 3	方案 4	方案 5	方案 6
与基层接触层	AC25	ARAC-13	SBS 沥青 AC13	SBS-Terminal Blend 沥青 AC13	橡胶沥青应力吸收层	SBS 沥青应力吸收层
动态模量/MPa	4800	3200	3500	3100	830	880
该层底拉应变	92	168	155	137	287	232
层底剪应变*	170	43	54	72	35	39
疲劳寿命，N_f/次	1740293	11203482	8214606	8038310	8782300	6842200
性价比，r/（次·m²/元）	5724.6	31648.3	21226.4	24657.4	17119.5	12174.7

*层底剪应变是估计值，不参与计算仅供参考。

对比计算结果，将成本增幅、疲劳寿命和性价比作柱状图，如图 10.28～图 10.30 所示。

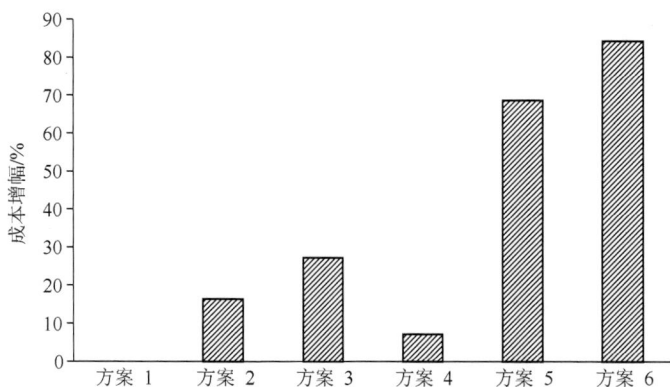

图 10.28　五种方案相对方案 1 的成本增幅

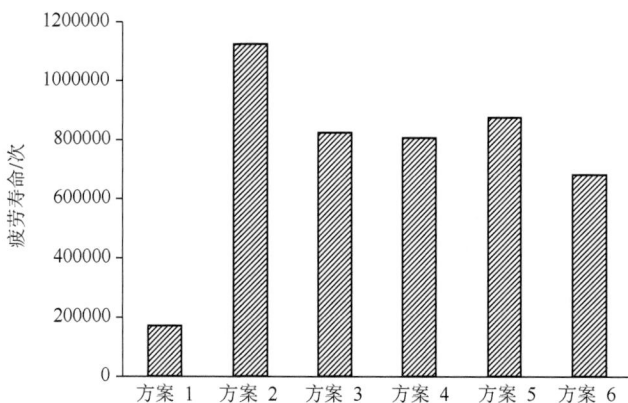

图 10.29　六种疲劳寿命对比图

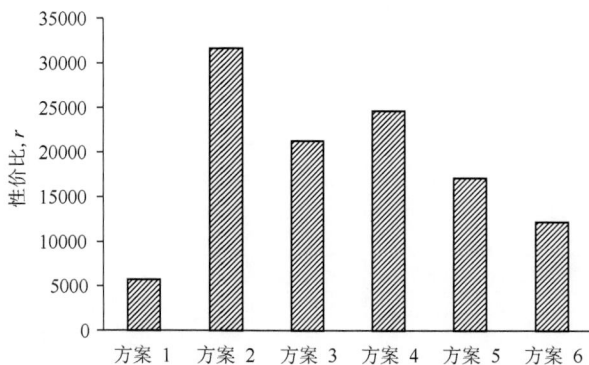

图 10.30　六种方案性价比对比图

　　从计算结果来看，方案 2～方案 6，无论选取何种方案均比原始设计方案 1 要更优，这也再次证明了低沥青用量和采用马歇尔设计方法设计出来的 AC25 等大粒径混合料不适宜用做与基层接触的沥青下面层。

对比之下，采用橡胶沥青的方案 2 的性价比最高，其次是 Terminal Blend-SBS 复合改性沥青的方案 4，这与胶粉改性沥青拥有较好的疲劳性能和废旧胶粉这种改性剂相对低廉的价格有关。而单纯的 SBS 应力吸收层的选用会带来一定的抗反射裂缝的效果，但其改性沥青较为昂贵，工艺略显复杂。若仅考虑成本因素，方案 4 成本仅增加了 7.24%；若考虑获得最佳疲劳性能，则推荐橡胶沥青方案 2。综上，通过调整结构设计，选用疲劳性能优先的混合料设计方法是可行的，它能够有效缓解反射裂缝的产生，并可以通过减薄路面厚度来抵扣成本开支。

在此申明，本例的计算是仅以交通荷载为参数利用 BISAR 软件计算出层底弯拉应变，亦假设了层底弯拉应变与剪应变存在某种线性关系，计算结果仅作为设计指标的参考，更为周全的计算过程还有待基于工程实践的深入研究。

3. 高温性能验证

将以上各方案的混合料进行高温性能检测，除了 AC25 的高温性能检测是在设计之后进行，这里仅给出设计过程中高温性能的验证后的最终结果，并不是在设计已经完成后单独进行高温性能检测，结果如表 10.19 所示。

表 10.19　方案中各种混合料的车辙性能

所属方案	方案 1	方案 2	方案 3	方案 4	方案 5	方案 6
第三层混合料	AC25	ARAC-13	SBS 沥青 AC13	Terminal Blend-SBS 沥青 AC13	橡胶沥青应力吸收层	SBS 沥青应力吸收层
变形量/mm	2.812	3.455	2.712	1.716	5.145	5.034
动稳定度，DS /（次/mm）	2372	1477	2606	4212	910	881

结合混合料的高温性能，方案 4 中采用的 Terminal Blend-SBS 复合改性沥青混合料表现最为优异。

结合本例的高温车辙试验结果，最严苛的要求为所处 9cm 的混合料的动稳定度 DS_{supply} 要大于或等于 972.02 次/mm，所处 11cm 的混合料的动稳定度 DS_{supply} 要大于或等于 862.54 次/mm。从表 10.11 的车辙试验结果可见，上述所有方案均满足要求，除方案 5 和方案 6 刚刚达到最低要求"涉险过关"外，其他方案均超出要求较多。根据在最初试验段阶段选取较保守的设计的原则，在本例中的方案 4，可适当舍弃一些高温性能过低的方案，如方案 5 和方案 6，待有大量工程和研究支撑以及时机成熟方可实施。

4. 厚度减薄验算

此前的六种适用的对比方案，结构各层厚度不同，不足以体现考虑疲劳性能的设计给路面减薄带来的直接效果；本小节将给出基于方案 1 的路面减薄对比，即方案 7、方案 8 与方案 1 的结构设计全部一样，除了第 3 层。当达到同样疲劳次数时，给出基于三个实践的解决方案，如表 10.20 所示。

表 10.20　同样疲劳次数时的结构厚度验算

结构层	方案 1	方案 7	方案 8
第 1 层	AC13，4cm	AC13，4cm	AC13，4cm
第 2 层	AC20，6cm	AC20，6cm	AC20，6cm
第 3 层	AC25，8cm	ARAC-13，$x_1$cm	SBS 沥青 AC13，$x_2$cm
基层	水泥稳定碎石	水泥稳定碎石	水泥稳定碎石
底基层	水泥石灰稳定土	水泥石灰稳定土	水泥石灰稳定土
土基	—	—	—
面层成本，C/（元/m²）	304	$184+39.6x_1$	$184+44.7x_2$
该层底拉应变/$\mu\varepsilon$	92	$f_1(x_1)$	$f_2(x_2)$
疲劳寿命，N_f/次	1740293	1740293	1740293

为保证不出现泛油，验算时暂将空隙率取为定值。当 N_{supply} 仅需达到 N_f 时，暂取方案 7 中 ARAC-13 为 4%空隙率，沥青用量为 8.6%，SBS-AC13 为 3.5%空隙率，沥青用量 6.1%，代入各自行为方程可计算得到达到 N_f=1740293 次的破坏相应的应变量。计算式见式（10.5）与式（10.6），可计算出相应的应变量 ε。

方案 7：

$$\varepsilon_7 = \left[1.7403\times10^6 \div \left(1.068\times10^{8.061} \times e^{0.214\times0.093-0.376\times0.04} \right) \right]^{-1.253} = 233 \qquad （10.5）$$

方案 8：

$$\varepsilon_8 = \left[1.7403\times10^6 \div \left(3.959\times10^{7.812} \times e^{0.312\times0.061-0.262\times0.04} \right) \right]^{-12.096} = 201 \qquad （10.6）$$

将方案 7 的 ARAC-13 设计参数代入 BISAR 中设置第 3 层厚度分别为 1cm、2cm、3cm、4cm，进行迭代计算，结果如表 10.21 所示。

表 10.21　BISAR 迭代计算结果

第 3 层层厚/cm		1	2	3	4
第 3 层底应变量/$\mu\varepsilon$	方案 7	373	256	182	122
	方案 8	345	221	153	104

将此计算结果作结果拟合图，如图 10.31 所示。

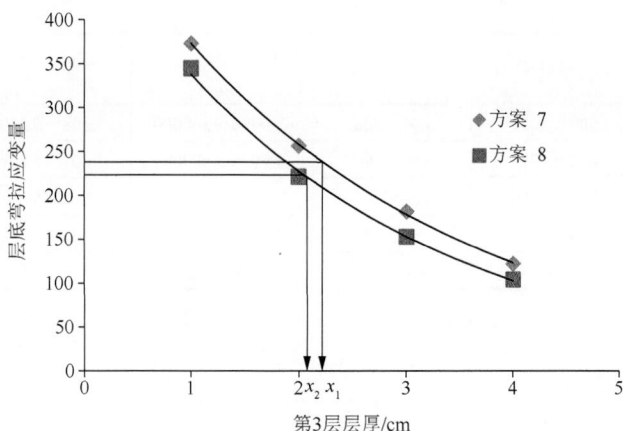

图 10.31　BISAR 迭代计算结果拟合

在图 10.31 中取方案 7 和方案 8 的相应应变量,中人工迭代计算,得到近似值,x_1=2.41,x_2=2.26。代入表 10.17 中面层成本计算得到方案 7 为 279.436 元/m^2,方案 8 为 285.022 元/m^2。

由计算结果可知,仅考虑拉应变情况下,方案 7 和方案 8 给沥青层厚度的减薄很明显,成本上相比方案 1 的 304 元/m^2 有明显的降低,方案 7 略优于方案 8。且当基层开裂(当量轴载增加、温缩干缩开裂等原因)后,则有剪应变加入作用中,三种方案可提供的 N_f 会随之减少,方案 7 和方案 8 的成本和性能优势将会体现得更加明显;而模量较小的方案 7 会使得沥青层底抵抗剪应变更有优势,预计方案 7 优于方案 8。

10.3　满足不同工况的混合料适用方案

由于路面结构方案众多,本节设置典型的路面结构层,在下面层与基层中间设置柔软的应力吸收层。本书通过 BISAR3.0 估算出各高度下的应变量,提出基于水泥路面加铺和半刚性基层加铺两种形式的各层位推荐沥青混合料疲劳性能级别,如表 10.22 和表 10.23 所示。

表 10.22　水泥路面加铺的不同层位推荐沥青混合料

距离水泥面层/cm	弹性模量/MPa	应变量/$\mu\varepsilon$	折算为 1000$\mu\varepsilon$ 下的 N_{1000f}	lgN_{1000f}	对应沥青混合料级别
0~2	100~500	800~1000	800000~1000000	5.903~6.000	A$^+$
2~3	200~400	400~800	500000~800000	5.699~5.903	A$^+$/A
3~4	400~1000	300~500	350000~600000	5.598~5.752	B

距离水泥面 层/cm	弹性模量/MPa	应变量/με	折算为1000με下的 N_{1000f}	$\lg N_{1000f}$	对应沥青混合 料级别
4~6	500~1000	200~400	250000~500000	5.398~5.699	B
6~8	600~1200	150~400	200000~500000	5.301~5.699	B
8~10	800~1500	100~200	140000~250000	5.146~5.398	B/C
10~12	800~1500	50~120	70000~160000	4.845~5.204	D
12~14	1000~1600	40~100	60000~140000	4.778~5.146	D
14~16	1000~2200	20~80	30000~120000	4.477~5.079	D
16~18	1000~22000	15~60	20000~80000	4.301~4.903	E
18~20	1000~2500	10~40	15000~60000	4.176~4.778	E

表 10.23　半刚性基层路面不同层位的推荐沥青混合料

距离半刚性基 层/cm	弹性模量/MPa	应变量/με	折算1000με 的 N_{1000f}	$\lg N_{1000f}$	对应沥青 混合料级别
0~2	200~500	400~800	500000~800000	5.699~5.903	A$^+$/A
2~3	300~400	400~500	500000~700000	5.699~5.845	A
3~4	400~1000	200~400	250000~500000	5.398~5.699	B
4~6	500~1000	150~400	200000~500000	5.301~5.699	B
6~8	600~1200	100~300	140000~400000	5.146~5.602	B/C
8~10	800~1500	75~150	100000~200000	5.000~5.301	C
10~12	800~1500	50~120	70000~160000	4.845~5.204	D
12~14	1000~1600	40~100	60000~140000	4.778~5.146	D
14~16	1000~2200	20~80	30000~120000	4.477~5.079	D
16~18	1000~22000	15~60	20000~80000	4.301~4.903	E
18~20	1000~2500	10~40	15000~60000	4.176~4.778	E

　　根据上述两表可以看出，为了能够缓解因应力集中给沥青面层所带来的往复性破坏，相对而言用于铺装在水泥路面板上的沥青混凝土对其疲劳性能要求更高，这也是通常在"白改黑"的路面改造中常常加入应力吸收层或是玻纤布等作为夹层的原因。

10.4　本 章 小 结

　　（1）对比了相同沥青用量下不同沥青混合料的疲劳性能，包括 AC13、AC20、SBS-AC13、ARAC-13 和 TB-AC13。认为究竟选用何种沥青（以及相应级配）应视结构层设计和交通量决定；对比了不同粒径大小的混合料，AC13、AC20、AC25 和 TB-AC13、TB-AC20。发现无论基质沥青混合料或是 Terminal Blend 胶粉改性沥青混合料，它们的疲劳寿命都随混合料粒径的增大而减少，且 AC25 对比 AC20 的降幅高达 46.9%。建议在设计水平 2 设计中舍弃 AC25 混合料作为沥青下面层。

（2）给出了按照相同体积设计目标下、最优设计下以及相同高温性能等级下的疲劳性能分级，三种分级方法可以在实际设计中进行应用，通过微调沥青用量的方法可以使不同层位的混合料实现目标功能设计，并通过理论计算给出了各个级别所适用的面层层位。

（3）提出了水平 1（低水平）和水平 2（高水平）下的两个级别的基于疲劳性能优先的混合料设计方案。每个级别分下面层和非下面层混合料设计控制指标，在与基层接触的下面层考虑疲劳性能作为控制指标，其他面层考虑疲劳性能与高温性能相结合作为控制指标。

（4）假定了层底弯拉应变与剪应变存在某种负相关性，再通过 BISAR 计算既定交通量下的某层层底弯拉应力，计算基层没有出现裂缝的情况下，给出了一个基于交通量观测和预测下的道路改造加铺沥青路面的完整设计实例，最后再通过修正实例验算了厚度减薄的程度，提供考虑疲劳性能后设计的混合料的成本和性能方面的参考。

第 11 章 结论与展望

本书经过前期的广泛阅读、分析相关文献资料，掌握了国内外最新的研究动态之后，通过室内试验、理论分析、数据分析和拟合，工程试验段铺筑、案例设计分析等手段，运用全面设计法安排试验和统计学中相关性分析和回归分析处理数据，定量地研究出各种因素对沥青混合料疲劳性能的影响程度；针对基质沥青、SBS 改性沥青、橡胶沥青、Terminal Blend 胶粉改性沥青进行疲劳性能研究和多种沥青混合料的考虑自愈合的疲劳性能的广泛对比分析，并结合沥青路面设计理论，以高温性能为辅，提出了分级理论以及基于疲劳性能优先的混合料设计方法。

11.1 结   论

（1）基质沥青 AC13、AC20 和 AC25 的 N_{fNM} 与 N_{f50} 比值的均值为分别为 5.80、2.56 和 2.111，标准偏差分别为 4.33，1.35 和 0.88。可见在整个基质沥青的 AC 级配混合料中，随着粒径的增大，这两种判断疲劳破坏的标准越发接近，从自愈合的角度分析，则是混合料的粒径越大自愈合现象越不明显，达到 50%劲度模量后的劲度模量下降迅速，自我恢复能力较弱。再者从数据的稳定性分析，N_{f50} 较 N_{fNM} 的变异性更小，说明 N_{f50} 适合评价基质沥青混合料的疲劳性能。

（2）改性沥青方面，SBS-AC13 的 N_{fNM} 与 N_{f50} 之间的差距倍数平均为 11.86 倍（标准偏差为 4.28），ARAC-13 疲劳试验结果除去 N_{fNM} 大于 10^6 的情况，N_{fNM} 与 N_{f50} 的比值平均为 10.19（标准偏差为 9.69），Terminal Blend 胶粉改性沥青 AC13：经对比 N_{f50} 与 N_{fNM} 可以发现，N_{fNM} 与 N_{f50} 之间的倍数差距，平均为 7.308（标准偏差为 2.05），远低于 SBS 改性沥青和橡胶沥青，接近基质沥青的 5.80 倍，Terminal Blend 胶粉改性沥青与基质沥青性质较为接近，相同的是这三种改性沥青混合料的 N_{fNM} 数据稳定性优于 N_{f50}。原因在于改性沥青劲度模量较大在第 50 次的劲度模量值波动较大，导致改性沥青混合料 N_{f50} 数据不够稳定；与初始劲度模量无关的 N_{fNM} 变异系数较小，相对稳定，可信度更高。

（3）以沥青用量、空隙率和应变量为变量，按全面设计安排疲劳试验，回归出了疲劳行为方程，AC13 混合料为 $N_f = 1.451 \times 10^{4.901} \times e^{0.6862AC - 0.4269AV} \times \varepsilon^{-1.908}$，AC20 混合料为 $N_f = 9.3417 \times 10^{4.6898} \times e^{0.3890AC - 0.4375AV} \times \varepsilon^{-1.0741}$，AC25 混合料为 $N_f = 3.9563 \times 10^{3.832} \times e^{0.31763AC - 0.5362AV} \times \varepsilon^{-0.9873}$；SBS 改性沥青 AC13 混合料的疲劳行

为方程为 $N_f = 3.959 \times 10^{7.812} \times e^{0.312AC-0.262AV} \times \varepsilon^{-0.477}$，$R^2$=0.784，但相关性相对偏低；ARAC-13 级配的橡胶沥青混合料的疲劳行为方程为 $N_f = 1.068 \times 10^{8.061} \times e^{0.214AC-0.376AV} \times \varepsilon^{-0.798}$，$R^2$=0.9404；经过高温车辙性能的验证，给出了回归曲线；AC13 级配的 Terminal Blend 胶粉改性沥青混合料的疲劳行为方程为 $N_f = 2.632 \times 10^{6.561} \times e^{0.357AC-0.214AV} \times \varepsilon^{-0.834}$，$R^2$= 0.936。从公式分析疲劳性能的理论大小排序为 ARAC＞SBS＞Terminal Blend＞基质沥青，疲劳性能受沥青用量变化的敏感性方面，基质沥青＞Terminal Blend＞ARAC＞SBS，受空隙率变化的敏感性方面，基质沥青＞ARAC＞SBS＞Terminal Blend，受应变量变化的敏感性方面，Terminal Blend＞ARAC＞SBS＞基质沥青。

（4）验证了沥青混合料的自愈合效果。橡胶沥青混合料的自愈合情况优于 SBS 沥青混合料，对自愈合的条件的依赖也较小；自愈合能力与 N_{fNM} 和 N_{f50} 的倍数有一定的相关性，总体趋势是倍数越大，自愈合能力越强。对于具有较高自愈合能力的改性沥青混合料和较高沥青用量的基质沥青混合料，在试验过程中，自我愈合现象每时每刻均在发生，N_{f50} 都过于低估了它们的疲劳寿命，N_{fNM} 的判断标准更为适合。

（5）自愈合影响因素的内因方面，疲劳自愈合效率与沥青用量成正比，与破坏程度和空隙率成反比，SBS 掺量在 4.5%时劲度模量恢复率达到最大，在 6%时 N_{fNM} 恢复率达到最佳，当胶粉掺量在 20%时劲度模量和疲劳次数同时达到最佳；外因方面，橡胶沥青混合料的疲劳自愈合效率与自愈合时间成正比，与应变大小成反比，与自愈合温度和荷载强度的关系是当自愈合温度和荷载强度分别为 50℃ 和 5KPa 时最佳；愈合补偿后的 SBS 改性沥青和橡胶沥青混合料疲劳寿命与应变水平、空隙率和沥青用量亦存在较好的相关性，其行为方程分别为 $N_{fNM} = 4.5442 \times 10^{8.236} \varepsilon_t^{-0.526} e^{0.458AC-0.267AV}$，$N_{fNM} = 1.9475 \times 10^{10.884} \varepsilon_t^{-1.577} e^{0.828AC-0.41AV}$，其中相关性系数分别为 0.779 和 0.782。

（6）相同沥青用量情况下：在相同的 7%沥青用量下的不同沥青混合料的疲劳性能排序为 SBS-AC13（16.93）、Terminal Blend +SBS（13.58）、ARAC-13（11.25）、Terminal Blend +岩沥青（10.96）、Terminal Blend -AC13（8.85）、Terminal Blend +PE（8.06）、岩沥青-AC13（3.50）、PE-AC13（1.71）、AC13（1）、AC20（0.79）、硬沥青-AC13（0.71）。

（7）粒径大小方面，无论基质沥青混合料或是 Terminal Blend 胶粉改性沥青混合料，在相同沥青用量下，它们的疲劳寿命都随混合料粒径的增大而减少。且基质沥青混合料随着粒径的增大，疲劳寿命对于沥青用量、空隙率和应变量的变化的敏感程度也在增大。

（8）相同的体积设计目标情况下，疲劳性能排序为 ARAC-13（144.39）、Terminal Blend+SBS（107.55）、SBS-AC13（37.99）、Terminal Blend+岩沥青（34.85）、Terminal

Blend-AC13（25.90）、Terminal Blend+PE（18.07）、岩沥青-AC13（12.85）、PE-AC13（7.08）、硬沥青 AC13（1.19）、AC13（1）。

（9）可进行最优疲劳性能设计混合料仅有 5 类，它们的疲劳性能排序为 ARAC-13（72.87）、Terminal Blend+岩沥青（45.40）、SBS-AC13（40.78）、Terminal Blend-AC13（24.73）、硬沥青-AC13（4.56）。

（10）相同高温性能分级情况下；混合料疲劳性能排序为 A 级（DS＞6000）：Terminal Blend+SBS、Terminal Blend+PE、PE；B 级（DS2800～6000）：ARAC、SBS、岩沥青、硬沥青；C 级（DS1000～2800）：Terminal Blend+岩沥青、Terminal Blend、基质沥青；D 级（DS300～1000）：高沥青用量的 ARAC、高沥青用量的 Terminal Blend，高沥青用量的基质沥青；E 级（DS≤300）：SBS 和橡胶沥青应力吸收层类。

11.2　本书的创新点

（1）进行大量的疲劳试验，提出了四种沥青混合料（基质沥青 AC13、SBS 改性沥青 AC13、橡胶沥青 ARAC13 和 Terminal Blend 胶粉改性沥青 AC13）基于三个影响因素（空隙率、沥青用量和应变量的）下疲劳行为方程。全方面、多角度地对比了基质沥青、SBS 改性沥青、橡胶沥青、Terminal Blend 胶粉改性沥青、Terminal Blend 复合改性沥青、PE、岩沥青、硬沥青等多种市面上常见的沥青混合料的疲劳性能。

（2）提出了一种新的可以用于发泡处理的环氧沥青，可以有效地解决当前环氧沥青施工性能较差、可操作时间短、进而导致早起损坏与疲劳破坏严重等问题。

（3）通过疲劳试验数据分析和自愈合能力分析，提出了 N_{f50} 适用于基质沥青，N_{fNM} 适合改性沥青判断标准的结论。

（4）在疲劳性能的对比的过程中考虑了混合料的自愈合因素。通过试验分析了加载频率对即时自愈合的影响，自愈合条件和沥青用量对自愈合的影响；并以 SBS 改性沥青和橡胶沥青为例，分析了影响沥青混合料疲劳性能自愈合效果的内外八种因素，提出了推荐的标准自愈合环境（条件）。并在最终的疲劳性能对比中加入了自愈合恢复后的疲劳次数。

11.3　需进一步研究的问题

本书所涉及的研究取得的成果集中于沥青混合料的疲劳性能，旨在对混合料设计和施工提供参考，限于时间、条件和能力，尚需大量的试验、研究和实践来论证本书的观点，验证本书的成果，完善疲劳性能研究和设计体系。在接下来的研究工作中，期望可以对以下问题进行深入研究。

（1）条件允许的情况下，将耗散能法引入疲劳破坏分析，拓宽界定疲劳破坏所达到的阶段的方法，从理论上确保更精准的疲劳破坏定位，加强室内试验疲劳破坏程度与真实路面破坏的关联和匹配。

（2）对于基质沥青的 N_{f50} 疲劳破坏的定义存在一定的缺陷，取第 50 次加载时的劲度模量变异性太大，取 50%劲度模量衰减即为结束无理论依据，N_{f50} 法所取的疲劳寿命具有一定随意性；尚需提出新的疲劳寿命定义的方法，验证更加标准客观评价基质沥青混合料的疲劳破坏状态。对于改性沥青的 N_{fNM} 法试验时间较长，效率一般，在之后的研究中，可进行多种疲劳破坏判断标准研究，以丰富和完善疲劳性能更为精确的定义。

（3）温度场对于各层沥青混合料的车辙性能影响是显著的，建议在接下来的工作中对各层材料的温度场与动稳定度场的关系进行深入研究。

（4）由第 6 章的工程实践部分可知，沥青混合料中纤维的加入会给其疲劳性能带来显著的提升，深入的研究应考虑混合料加纤维的效果。研究应以市场上常见的纤维，如木质纤维、聚丙烯腈及矿物纤维等为例。验证哪种纤维的效果最佳，以及验证哪种沥青加入纤维后疲劳寿命提高效果最明显，通过全面设计，完成疲劳试验，给出加纤维后的疲劳行为方程。并且随着沥青种类的不断增多，有必要对更多的沥青进行疲劳研究，形成完整的纵横向对比的疲劳性能评价体系。

（5）考虑更多疲劳自愈合的因素，实现动静荷载对疲劳自愈合恢复能力的准确模拟，在应用过程中不断更新和完善考虑自愈合的疲劳性能分析方法。

（6）路面结构设计方面，除弯拉应变导致沥青层底开裂外，由偏荷载带来的剪应变进而导致的反射裂缝亦是路面疲劳破坏的主要因素，这是一个十分复杂的过程，在本书中仅假设了材料劲度模量与剪应变存在负相关性，在接下来的研究中对剪应变与劲度模量、疲劳寿命进行定量的分析与论证是完善混合料设计的重要步骤。

参 考 文 献

[1]   宋子康. 材料力学[M]. 上海：同济大学出版社，1998.

[2]   赵复笑，余天庆，金生吉. 沥青路面反射裂缝机理及夹层结构应力分析[J]. 沈阳建筑大学学报（自然科学版），2010, 26(2)：296-300.

[3]   朱洪洲，何兆益，吴国雄，等. 基于疲劳性能的沥青混合料组成优化[J]. 重庆交通学院学报，2006, 25(4):89-92.

[4]   Tsai B W, Jones D, Harvey J T，et al. Reflective cracking study: first-level report on laboratory fatigue testing[R]. Research Report UCPRC-RR-2006-08, Institute of Transportation Studies, Davis: University of California, 2008.

[5]   邓学均，黄晓明，杨军. 半刚性路面疲劳特性的环道试验研究[J]. 东南大学学报，1995, 25（1）：94-99.

[6]   刘英军. 改性沥青与基质沥青的不同性状表现[J]. 北方交通，2008，（10）：5-7.

[7]   Scofield L A. The history of development and performance of asphalt rubber at ADOT[R]. Special Report. Final Report. Arizona、Arizona Department of Transportation, 1989.

[8]   Kim Y R, Little D N. Evaluation of healing in asphalt concrete by means of the theory of nonlinear viscoelasticity[J]. Transportation Res. Rec.: Transportation Res. Board 1228，1989：198-210.

[9]   JTJ F40-2004. 公路沥青路面施工技术规范[S]. 北京：人民交通出版社，2004.

[10]   JTJ 014-97. 沥青路面设计规范[S]. 北京：人民交通出版社. 1997.

[11]   郝培文,刘涛. 利用 SHRP 结合料规范评价改性沥青的技术性能[J]. 公路交通科技,2003,（1）：11-13.

[12]   朱洪洲.柔性基层沥青路面疲劳性能及设计方法研究[D]. 南京：东南大学，2005.

[13]   姚祖康.对我国沥青路面现行设计指标的评述[J]. 公路，2003，（2）：43-49.

[14]   高英,曹荣吉. 超重交通荷载作用下沥青路面的应力分析[J]. 公路交通科技,2001,18(6)：25-27.

[15]   Fontes L P, Trichês G，Jorge C P, et al. Pereira.Evaluating permanent deformation in asphalt rubber mixtures[J]. Construction & Building Materials, 2010, 24（7）：1193-200.

[16]   Jones D, Harvey J, Monismith C. Reflective cracking study: summary report[R]. University of California Pavement Research Center. Davis: University of California, 2007.

[17]   Qi X C, Shenoy A, Al-Khateeb, ea al. Laboratory characterization and full-scale accelerated performance testing of crumb rubber asphalts and other modified asphalt systems[C]. Proceedings, Asphalt Rubber 2006 Conference, Palm Springs, 2006.

[18]   Harvey J, Deacon J B, Tsai B W, et al. Fatigue Performance of Asphalt Concrete[R]. Mixes and Its Relationship to Asphalt Concrete Pavement Performance in California, Asphalt. Research Program, CAL/APT Program, 1995.

[19] Rao T, Craus S C, Monismith C, et al. Summary report on fatigue response of asphalt aggregate mixtures[R]. Institue of Transportation Studies University of California, 1990.

[20] Finn F N, Monismith C, Markevich N J.Pavement performance and asphalt concrete mix design[M]. Association of Asplult Paving Techologists, 1983.

[21] El-Basyouny M, Witczak M. Calibration of alligator fatigue cracking model for 2002 design guide[J]. Transportation Research Record: Journal of the Transportation Research Board, 2005,1919: 77-86.

[22] Xiao F P. Development of Fatigue Predictive Models of Rubberized Asphalt Concrete (RAC) Containing Reclaimed Asphalt Pavement (RAP) Mixtures D. Clemson: Clemson University, 2006.

[23] Moninsmith C, Long F, Harvey J. California's interstate-710 rehabilitation: mix and structural section designs, construction specifications[J]. Journal of the Association of Asphalt Paving Technologists, 2001, 70:762-799.

[24] Read J, Whiteoak D. The Shell Bitumen Handbook[M]. London: Thomas Telford, Ltd., 2003.

[25] 虞将苗. 沥青层疲劳开裂预估模型研究报告[R]. 西部交通建设科技项目. 2010.

[26] University of California, Berkeley. SHRP-A-404: Fatigue response of asphalt-aggregate mixes[R]. Asphalt Research Program Institute of Transportation Studies, National Research Council. Washington, 1994.

[27] Monismith C, Deacon J A. Fatigue of asphalt paving mixtures[J]. Transportation Engineering Journal, 1969,95(2): 317-346.

[28] Bonnaure F, Huibers A, Boonders A. A laboratory investigation of the influence of rest periods on the fatigue characteristics of bituminous mixes[J]. J. Assoc. Asphalt Paving Tech., 1982,51: 104-128.

[29] Baburamani P. Asphalt fatigue life prediction models-a literature review[R]. Research Report ARR 334

[30] Fonseca O A, Witczak M W. A predictive methodology for the dynamic modulus of in-place aged asphalt mixtures[J]. Journal of the Association of Asphalt Paving Technologists, 1996, 65:532-567.

[31] 法国 RST "沥青混合料的设计" 工作组. 法国沥青混合料设计指南[M]. 中法美沥青路面技术比较研究项目组, 译. 南京: 2010.

[32] Harvey J ,Deacon J , Tsai B ,et al. Fatigue performance of asphalt concrete[R]. Mixes and its Relationship to Asphalt Concrete Pavement Performance in California. Berkeley :University of California ,1995.

[33] Guo R H.Prediction of in-service fatigue life of flexible pavements based on accelerated pavement testing[J]. Journal of Testing and Evaluation, 2009, 37(5): 449-453.

[34] Jiménez P, Valdés G A. Approach to fatigue performance using Fénix test for asphalt mixtures[J]. Construction and Building Materials, 2012, 26(1): 372-380.

[35] Lee H J, Daniel J S, Kim Y R. Continuum damage mechanics-based fatigue model of asphalt concrete[J]. Journal of Materials in Civil Engineering, 2000, 12(2): 105-112.

[36] 虞将苗. 沥青混合料疲劳性能研究[D]. 广州：华南理工大学，2005.

[37] 袁燕. 改性沥青胶浆的疲劳性能评价[D]. 广州：华南理工大学，2005.

[38] 吴旷怀. 大样本条件下沥青混合料疲劳试验研究[D]. 广州：华南理工大学，2006.

[39] 郝培文，张景涛，张登良，等. 不同级配类型沥青混合料抗疲劳特性研究[J]. 石油沥青，1998, (2):20-24.

[40] 李智慧，谭忆秋. 沥青胶结料疲劳性能研究现状分析[J]. 石油沥青，2008, 22(5)：59-62.

[41] 黄卫，邓学钧. 沥青混合料疲劳响应新模型研究[J]. 中国公路学报，1995，(1)：56-62.

[42] 朱洪洲，唐伯明，何兆益，等. 柔性路面沥青稳定基层疲劳设计准则[J]. 中外公路，2009，29（1）：57-60.

[43] 仰建岗. 基于局部应变预估沥青路面疲劳开裂寿命的研究[D]. 西安：长安大学，2007.

[44] 周志刚. 交通荷载下沥青类路面疲劳损伤开裂研究[D]. 长沙：中南大学，2003.

[45] 张华.浇注式沥青混凝土（GA）疲劳性能研究[D]. 重庆：重庆大学，2010.

[46] Deacon J A, Tayebali A, Rowe G M, et al.Validation of SHRP A-003A flexural beam fatigue test[J]. ASTM Special Technical Publication, 1995, (1265): 21-36.

[47] 许志鸿，李淑明，高英，等. 沥青混合料疲劳性能试验[J]. 交通运输工程学报，2001，1(1):20-24.

[48] Baburamani P. Asphalt fatigue life prediction models.a literature review[R]. Research Report 344，ARR,1999.

[49] Zhou F J, Sheng H, Scullion T, et al. A balanced hma mix design procedure for overlays[J]. Proceedings of the Association of Asphalt Paving Technologists, 2007,76：45-52.

[50] Yoo P J, Al-Qadi I L. A strain-controlled hot-mix asphalt fatigue model considering low and high cycles[J]. International Journal of Pavement Engineering，2010,11(6)：565-574.

[51] Rowe G M, Bouldin M G. Improved techniques to evaluate the fatigue resistance of asphaltic mixtures[C]. Proceedings of 2nd Euro asphalt and Euro bitumen Congress. Barcelona, 2000: 754-763.

[52] ASTM. Standard test method for determining fatigue failure of compacted asphalt concrete subjected to repeated flexural bending[S]. ASTM-D7460-10.

[53] Al-Khateeb G, Shenoy A. A distinctive fatigue failure criterion[J]. Journal of the Association of Asphalt Paving Technologists, 73.2004.

[54] Al-Khateeb G, Shenoy A. A simple quantitative method for identification of failure due to fatigue damage[J]. International Journal of Damage Mechanics 2011 20(1): 3-21.

[55] Carpenter S H, Jansen M. Fatigue behavior under new aircraft loading conditions[C]. Aircraft/Pavement Technology in the Midst of Change.1997.

[56] Ghuzlan K A, Carpenter S H. Fatigue damage analysis in asphalt concrete mixtures using the dissipated energy approach[J]. Canadian Journal of Civil Engineering, 2006,33(7): 890-901.

[57] Shen S H. Dissipated Energy Concepts for Hma Performance Fatigue and Healing[D]. Urbana: University of Ilinois at Urbana-Champaign Civil Engineering in the Graduate College, 2006.

[58] 李本亮. 应力吸收层防治反射裂缝效果实验研究[D]. 上海：同济大学. 2011.

[59] 朱洪洲，高爽，唐伯明.沥青混合料常应变小梁弯曲疲劳试验[J]. 华中科技大学学报（城市科学版），2009, 26（2）：5-8.

[60] 谢晶，李娉婷. 掺加不同纤维对 SMA 疲劳性能的影响[J]. 公路工程，2008, 33（10）：150-153.

[61] 孙兆辉，杨国峰，于保阳，等. 中、下面层沥青混合料疲劳性能研究[J]. 沈阳建筑大学学报（自然科学版），2011, 27（6）：1093-1098.

[62] 刘宏富，郑健龙，钱国平，等. 硬质沥青及其混合料疲劳性能对比试验研究[J]. 中外公路，2011, 31（5）：205-209.

[63] Mcleod N W. Designing standard asphalt paving mixtures for greater durability[J]. Canadian Technical Asphalt Association，1971：53-93

[64] Campen J F, Smith J R, Erickson L G, et al. The relationships between voids, surface area, film thickness and stability in bituminous paving mixtures[J]. Proceedings of AAPT, 1959, 28：68-82.

[65] Coree B J, Hislop W P. The Difficult Nature of Minimum VMA: A Historical Perspective[R]. Auburn: National Center for Asphalt Technology, 1998.

[66] 邹桂莲，张肖宁，王绍怀，等. 富沥青混合料的 CAVF 法设计[J]. 公路，2002, (3):76-79.

[67] 周富杰，孙立军. 防治反射裂缝的措施及其分析[J]华东公路，1996, （5）：25-31.

[68] 樊叶华，杨军，钱振东，等. 国外浇注式沥青混凝土钢桥面铺装综述[J]. 中外公路，2003, 23（6）：1-4.

[69] 廖卫东,陈拴发,刘云全.STRATA 应力吸收层抗疲劳特性研究[J].武汉理工大学学报,2003, 25(12):1-4.

[70] 廖卫东. 基于应力吸收层的旧水泥混凝土路面沥青加铺层结构与材料研究[D]. 武汉：武汉理工大学，2007.

[71] 石昆磊. 高粘性沥青应力吸收层防治沥青路面反射裂缝的研究[D]. 哈尔滨：哈尔滨工业大学，2006.

[72] 李祖仲，陈拴发，张登良，等. 应力吸收层沥青混合料的路用特性[J]. 长安大学学报（自然科学版），2008, 28（2）：5-8.

[73] 戴鹏. 半刚性基层沥青路面沥青砂应力吸收层研究[D]. 南京：东南大学，2008.

[74] 刘朝晖. 连续配筋混凝土刚柔复合式沥青路面研究[D]. 长沙：长沙理工大学. 2007.

[75] Saboundjian S. Fatigue Behavior of Conventional and Rubber Asphalt Mixes [D]. Fairbanks：University of Alaska Fairbanks, 1999.

[76] Raad L, Saboundjian S. Fatigue Behavior of Rubber - Modified Pavements[J]. Transportation Research Record, 1998, 1639(1): 73-82.

[77] Xiao F P, Putman B J, Amirkhanian S N. Laboratory investigation of dimensional changes of crumb rubber reacting with asphalt binder[C]. Proceedings of the Asphalt-Rubber 2006 Conference, Palm Springs, 2006: 693-714.

[78]　Bazin P, Saunier J. Deformability, fatigue and healing properties of asphaltmixes. International conference on structural design asphalt pavements; 1967.

[79]　Kim Y, Little D, Lytton R. Fatigue and healing characterization of asphalt mixtures[J]. J. Mater. Civ. Eng., 2003，75（15）：75-83.

[80]　Carpenter, Samuel H, Shen S H. Dissipated energy approach to study hot-mix asphalt healing in fatigue[J]. Transportation Research Record, 2006，1970：178-185.

[81]　Castro M, Sa'nchez J A. Estimation of asphalt concrete fatigue curves——A damage theory approach[J]. Construction and Building Materials, 2008,（28）：1232-1238.

[82]　Zhang Z. Identification of Suitable Crack Growth Law for Asphalt Mixtures Using the Superpave Indirect Tensile Test [D]. Gainesville：University of Florida, 2000.

[83]　虞将苗. 沥青层疲劳开裂预估模型研究报告[R]. 西部交通建设科技项目. 2010.

[84]　Institute of transportation studies u. O. C., Berkeley, Fatigue Response of Asphalt-Aggregate Mixes [R]Washington DC: National Research Council, 1994.

[85]　García A, Schlangenb E, Venc V D, ea al. Optimization of composition and mixing process of a self-healing porous asphalt[J]. Construction and Building Materials, 2012, 30：59-65.

[86]　Piau J M. Modélisation thermomécanique du comportement des enrobés bitumineux[J]. Bulletin de Liaison des Laboratoires des Ponts et Chaussées, 1989, 163: 41-54.

[87]　Ericsson M, Sandstrom R. Influence of welding speed on the fatigue of friction stir welds and comparison with MIG and TIG[J]. International Journal of Fatigue, 2003,25: 1379-1387.

[88]　Lee H, Daniel J, Kim Y. Continuum damage mechanics-based fatigue model of asphalt concrete[J]. Journal of Materials in Civil Engineering, 2000, 12(2): 105-112.

[89]　Palvadi S, Bhasin A, Little D. Method to quantify healing in asphalt composites by continuum damage approach[J]. Transportation Research Record: Journal of the Transportation Research Board, 2012, 10(2296-09)：86-96.

[90]　Daniel J, Kim Y. Laboratory evaluation of fatigue damage and healing of asphalt mixtures[J]. Journal of Materials in Civil Engineering, 2001, 13(6)：434-440.

[91]　Nilsson B, Chehab G, Kim Y. Application of a viscoelastoplastic continuum damage tensile model to asphalt mixes in Sweden[J]. Road Materials and Pavement Design, 2004，1080（10）：133-161.

[92]　单丽岩. 基于粘弹特性的沥青疲劳——流变机理研究[D]. 哈尔滨：哈尔滨工业大学, 2010.

[93]　姜皖. 沥青胶浆自愈合能力研究[D]. 武汉：武汉理工大学, 2011.

[94]　孙大权，张立文，梁果. 沥青混凝土疲劳损伤自愈合行为研究进展(1)——自愈合行为机理与表征方法[J].石油沥青，2011, 25（5）：:7-11.

[95]　孙大权，张立文，梁果. 沥青混凝土疲劳损伤自愈合行为研究进展(2)——自愈合能力增强技术[J]. 石油沥青，2011, 25（6）：8-11.

[96]　曹林辉，孙大权，梁果，等. 沥青混凝土疲劳损伤自愈合行为研究进展(3)——自愈合理论与行为方程[J]. 石油沥青，2012, 26（4）：1-5.

[97]　栾利强. 考虑损伤与愈合的沥青混凝土疲劳性能研究[D]. 长沙：长沙理工大学，2011.

[98] Carpenter S H, Shen S H. A dissipated energy approach to study HMA healing in fatigue[C]. 85th Annual Meeting of the Transportation Research Board, Washington, 2006：421-433.

[99] Pronk A C, Hopman P C. Energy dissipation: the leading factor of fatigue // Proceedings of the Conference on the United States Strategic Highway Research Program: Sharing the Benefits. London: Thomas Telford, 1991：55-67.

[100] Rashid K, Al-Rub A, Masoud K D, et al. A micro-damage healing model that improves prediction of fatigue life in asphalt mixes [J]. International Journal of Engineering Science, 2010, (48):966-990.

[101] Kim Y R. A simple testing method to evaluate fatigue fracture and damage performance of asphalt mixtures[C].Association of Asphalt Paving Technologists. Proceedings of the Technical Sessions 2006 Annual Meeting，Savannah Georgia, 2006：755-787.

[102] Kessler M R, White S R. Self-activated healing of delamination damage in woven composites[J]. Composites Part A: Applied Science and Manufacturing，2001, 32(5)：683–699.

[103] 谢涛. 基于 CT 实时观测的沥青混合料裂纹扩展行为研究[D]. 成都：西南交通大学，2006.

[104] 余叔藩.美国最新性能试验路和试验设施[J]. 国外公路，1997，(6)：48-51.

[105] 高川. 橡胶沥青混合料疲劳性能研究[D]. 上海：同济大学，2008.

[106] 黄晓明，赵永利，高英.沥青路面设计理论与方法[M]. 北京：人民交通出版社，2006.

[107] Kim Y R, Kim N K, Paul N. Effects of aggregate type and gradation on fatigue and permanent deformation of asphalt concrete[J]. Symposium on Effects of Aggregates and Mineral Fillers on Asphalt Mixture Performance, 1992, 1147: 310-328.

[108] JTG E20-2011. 公路工程沥青及沥青混合料试验规程[S]. 北京：人民交通出版社，2011.

[109] 李颖，刘涛，栾培峰.MTS 试验机构件疲劳试验方法的尝试[J]. 冶金分析，2004, 24（Z2）：503-504.

[110] Mansaray A Y，黄明. 加载模式与夹具的选择对环氧沥青混合料疲劳性能检测的影响[J]. 重庆交通大学学报（自然科学版），2010, 29（6）：891-895.

[111] Montazeri S. Assessing Repeatability of Four-point Bending Method for Estimating Fatigue Cracking of Hot Mix Asphalt[D]. El Paso：University of Texas at El Paso, 2009.

[112] 黄卫东，王翼，高川，等. 橡胶沥青混合料疲劳性能[J].同济大学学报（自然科学版），2009, 37（11）：1482-1486.

[113] 张肖宁. 沥青与沥青混合料的粘弹力学原理及应用[M]. 北京：人民交通出版社. 2006.

[114] 姚祖康. 对国外沥青路面设计指标的评述[J]. 公路，2003，(3)：49-56.

[115] JTGE42-2005. 公路工程集料试验规程[S]. 北京：人民交通出版社，2011.

[116] 葛折圣，黄晓明. 沥青混合料疲劳性能影响因素的灰关联分析[J]. 交通运输工程学报. 2002，2（2）：8-11.

[117] Pell P S, Taylor I F. Asphalt road materials in fatigue [C].Proceedings Association of the Asphalt Pavement Technologists, Los Angeles, 1969：577-593.

[118] 贾渝，关永胜.Superpave 沥青胶结料性能规范的最新进展[J]. 石油沥青，2008,22(4)：35-40.

[119] Shatnawi S, Long B. Performance of asphalt rubber vs. thin overlays[C].Proceedings, Asphalt Rubber 2000 Conference, Vilamoura, 2000：1-19.

[120] 刘红瑛. 沥青膜厚对沥青混合料工程性能的影响[J]. 公路交通科技，2004，（3）：30-34.

[121] 蔡氧，陈炳生. 重载沥青路面的沥青膜厚研究[J]. 中国市政工程，2005，（5）：11-13.

[122] 朱洪洲，黄晓明. 沥青混合料疲劳性能关键影响因素分析[J]. 东南大学学报(自然科学版)，2004,34（2）：260-263.

[123] 黄卫东，高川，李昆. 橡胶沥青混合料疲劳性能影响因素研究[J]. 同济大学学报（自然科学版），2009,37（12）：1608-1614.

[124] 袁志发，周静芋. 多元统计分析[M]. 北京：科学出版社，2002.

[125] 李宇峙，刘峰，黄云涌.SBS 改性沥青、宽域沥青和重交沥青疲劳性能试验研究[J]. 公路，2004，（6）：116-119.

[126] 徐鸥明，韩森，段小琦.SBS 改性沥青混合料疲劳极限拉应变研究. 建筑材料学报，2010,13（2）：193-197.

[127] 虞将苗. 基于多指标的沥青路面结构设计方法研究——沥青层疲劳开裂预估模型研究专题结题报告[R]. 西部交通建设科技项目. 广州：华南理工大学，2010.

[128] 孙兆辉，范文孝，于庆斌，等. 中面层沥青混合料改性前后疲劳性能对比研究[J]. 公路，2013，（9）：192-196.

[129] 杜群乐，孙立军，黄卫东，等. 不同设计方法下沥青混合料疲劳性能研究[J]. 同济大学学报（自然科学版），2007,35（9）：1204-1208.

[130] 何雄伟，朱文琪，刘松，等.STRATA 技术在武黄高速公路上的应用[J]. 公路，2002,（11）：27-30.

[131] 沈金安. 沥青与沥青混合料路用性能[M]. 北京：人民交通出版社，2003.

[132] Hicks R G. Asphalt Rubber Design and Construction Guidelines Volume I-Design Guidelines [S]. Sacramento, CA.2002.

[133] 黄卫东，王伟，黄岩，等. 橡胶沥青混合料高温稳定性影响因素试验[J]. 同济大学学报（自然科学版），2010, 38（7）：1023-1028.

[134] Morris G R, Carlson D D. The Arizona asphalt-rubber project review part 1: evaluation of a-r pavements constructed before 1992[R]. Arizona Department of Transportation and the Rubber Pavements Association, Dewey, 2000.

[135] State of California Department of Transportation. Asphalt Rubber Usage Guide[M]. Sacramento, CA. USA.2003.

[136] Arizona Department of Transportation. Standard Specifications for Road & Bridge Construction[S]. Phoenix : Department of Transportation Engineering Records Section , 2000.

[137] 黄卫东，高川，李昆. 橡胶沥青混合料疲劳性能影响因素研究[J]. 同济大学学报（自然科学版），2009, 37（12）：1608-1614.

[138] McDonald C H. Recollections of Early Asphalt-Rubber History, National Seminar on Asphalt-Rubber, 1981.

[139] 邱清华，贾德民，王飞镝.废胶粉利用研究进展[J]. 橡胶工业，1997，（11）：691-695.

[140] 黄明，郑茂，李彦伟，等. 橡胶沥青混合料 RAC-G 级配空隙率变化[J]. 长沙理工大学学报（自然科学版），2012,9（1）：23-28.

[141] Zareh A, Way G B. 35 years of asphalt-rubber in Arizona[C]. Proceedings, Asphalt Rubber 2006 Conference, Palm Springs, 2006.

[142] Shatnawi S, Stonex A, Hicks R G. An update on the asphalt rubber pavement preservation strategies used in California[C]. Proceedings of Asphalt Rubber 2006 Conference, Palm Springs, 2006:45-57.

[143] Xiao F P, Zhao W B, Amirkhanian S N. Fatigue behavior of rubberized asphalt concrete mixtures containing warm asphalt additives[J]. Construction and Building Materials, 2009,23: 3144-3151.

[144] 王旭东，李美江，路凯冀. 橡胶沥青及混凝土应用成套技术[M]. 北京：人民交通出版社，2008.

[145] 杨戈，黄卫东，李彦伟，等. 橡胶沥青混合料高温性能评价指标的试验研究[J]. 建筑材料学报，2010,13（6）：753-758.

[146] 中国专利 CN 200810197322. 高稳定性废胎胶粉改性沥青的生产工艺[P]. 2008，10.

[147] DB/T29-161-2006 J10732-2006. 天津市废轮胎胶粉改性沥青路面[S]. 天津：天津市建设管理委员会，2006.

[148] Elle H Y, Sebaaly P E, Edgard H, et al. Performance evaluation of terminal blend tire rubber HMA and WMA mixtures[J]. Asphalt Paving Technology: Association of Asphalt Paving Technologists-Proceedings of the Technical Sessions, 2011,80：665-696.

[149] 关庆文，王仕峰，张勇，等. 脱硫胶粉改性沥青的研究[J]. 特种橡胶制品，2009，30（1）：28-30.

[150] US Patent 5,704,971. Homogeneous crumb rubber modified asphalt[P].

[151] Epps J A. Uses of recycled rubber tires in highways, NCHRP synthesis of highway practice 198[R]. Transportation Research Board National Research Council, Washington, 1994.

[152] Santucci L. Performance graded (PG) polymer modified asphalts in California, technical topic No.7, technology transfer program[R]. Institute of Transportation Studies. Berkeley: University of California, 2006:1-8.

[153] 曹荣吉，陈荣生. 橡胶沥青工艺参数对其性能影响的试验研究[J]. 东南大学学报（自然科学版），2008,38（2）：269-273.

[154] Fontes L P, Pereira P A, Paulo A A, et al. Performance of wet process method alternatives: terminal or continuous blend[C]. Proceedings, Asphalt Rubber 2006 Conference, Palm Springs, 2006:1-18.

[155] Mohamed A, Magdy A. Enhancing the performance of crumb rubber-modified binders through varying the interaction conditions[J]. International Journal of Pavement Engineering, 2009,10(6): 423-434.

[156] Hunt E A. Crumb rubber modified asphalt concrete in Oregon[R]. Federal Highway Administration, Salem, 2002.

[157] Takallou H B, Hicks R G, Esch D C. Effect of mix ingredients on the behavior of rubber-modified asphalt mixtures[J]. Transportation Research Record, 1986：68-80.

[158] 中国专利 CN200510022110，一种改性沥青及其制备方法[P]. 2005.

[159] 中国专利 201010285776.4，生产胶粉改性沥青的卧式连续聚合反应釜[P]. 2010.

[160] 丰晓，叶奋，黄彭. 基于沥青老化的红外光谱羰基吸光度分析[J]. 建筑材料学报，2008，11（3）：375-378.

[161] 饶枭宇，周进川，张智强，等. 星、线型 SBS 改性效果对比研究[J]. 重庆交通学院学报，2005, 24（6）：79-82.

[162] 钟科，曹东伟，刘清泉. 岩沥青改性沥青胶结料流变特性研究[J]. 公路交通科技，2007，24（7）：15-19.

[163] 樊亮，申全军，张燕燕. 天然岩沥青改性对沥青路面性能的影响[J]. 建筑材料学报，2007，10（6）：740-744.

[164] 王飞. 高模量沥青混凝土性能评价体系研究[D]. 西安：长安大学，2011.

[165] Bhasin A, Palvadi S, Little D N. Influence of aging and temperature on intrinsic healing of asphalt binders[J]. Transportation Research Record: Journal of the Transportation Research Board, 2011，（2207）：70-78.

[166] Metcalf C T. Flexural of paving materials for orthotropics steel plate bridge[J].Highway Research Record, 1967:54-60.

[167] Fondriest F F, Snyder M J. Addendum report paving practices for wearing surfaces on wearing surfaces on orthotropic steel bridge decks[J].Am-Iron Steel Inst.: Steel Research and Construction Bulletin, 1971, 10(20):20-26.

[168] Wang H F. Fatigue Performance Evaluation of WesTrack Asphalt Mixtures Based on Viscoelastic Analysis of Indirect Tensile Test[D]. Raleigh: North Carolina State University，2002:12-23.

[169] Ghuzlan K A. Fatigue Damage Analysis in Asphalt Concrete Mixtures Based Upon Dissipated Energy Concepts[D]. Urbana-Champaign: University of Illinois at Urbana-Champaign, 2001: 22-25.

[170] 黄卫，钱振东，程刚，等. 大跨径钢桥面环氧沥青混凝土铺装研究[J]. 科学通报，2002，47（24）：1894-1897.

[171] 黄明，黄卫东. 摊铺等待时间对环氧沥青混合料性能的影响[J]. 建筑材料学报，2012，15（1）：122-125

[172] 孙曼灵. 环氧树脂应用原理与技术[M]. 北京：机械工业出版社. 2002.

[173] Hurley G C, Prowell B D. Evaluation of evotherm for use in warm mix asphalt[R]. - NCAT Report 06-02, 2006.

[174] Huang M, Huang W. Analyses of viscosity variation in solidifying procedure of epoxy asphalt[C]. Proceedings of the Third International Conference on Transportation Engineering, Chengdu, 2011：1439-1444.

[175] 徐剑，黄颂昌，秦永春，等. 乳化沥青和泡沫沥青冷再生混合料性能研究[J]. 公路交通科技，2010,27（6）：20-24.

[176] Zhang Z, Roque R, Birgisson B. Identification and verification of a suitable crack growth law[J]. Journal of the Association of Asphalt Paving Technologists, 2001,70: 206-241.

[177] García A. Self-healing of open cracks in asphalt mastic[J]. Fuel, 2012, (93): 264-272.

[178] Bhasin A, Little D N, Bommavaram R, et al. A framework to quantify the effect of healing in bituminous materials using material properties[J]. Road Mater Pavement Des EATA , 2008, 9(Sup1): 219-242.

[179] Seo Y G, El-Hag O, King M, et al. Air void models for the dynamic modulus, fatigue cracking, and rutting of asphalt concrete[J]. Journal of Materials in Civil Engineering, 2007,10:874-883.

[180] Castro M, Sánchez J A. Fatigue and healing of asphalt mixtures: Discriminate analysis of fatigue curves[J]. Journal of Transportation Engineering, 2006,132(2): 168-174.

[181] 俞方英. 基于沥青路面温度场的车辙标准研究[D]. 西安：长安大学，2007.

[182] Daniel J S, Kim Y R. Laboratory evaluation of fatigue damage and healing of asphalt mixtures[J]. Journal of Materials in Civil Engineering, 2001,13:434-440.

[183] 姚祖康. 公路设计手册-路面[M]. 北京：人民交通出版社，1999.

[184] 武和平. 高等级公路路面结构设计方法[M]. 北京：人民交通出版社，1999.

[185] Valkering C P, Stapel F D R. The shell pavement design method on a personal computer[C]. International Conference on Asphalt Pavements, Nottingham, 1992: 351-374.

[186] 刘国政，赵凤山. 工程技术经济学[M]. 哈尔滨：东北林业大学出版社，1990.

编 后 记

  《博士后文库》（以下简称《文库》）是汇集自然科学领域博士后研究人员优秀学术成果的系列丛书。《文库》致力于打造专属于博士后学术创新的旗舰品牌，营造博士后百花齐放的学术氛围，提升博士后优秀成果的学术和社会影响力。

  《文库》出版资助工作开展以来，得到了全国博士后管委会办公室、中国博士后科学基金会、中国科学院、科学出版社等有关单位领导的大力支持，众多热心博士后事业的专家学者给予积极的建议，工作人员做了大量艰苦细致的工作。在此，我们一并表示感谢！

《博士后文库》编委会